읽기만 해도 열리는

요한계시록

Open the Revelation

Open the Revelation

극동방송 세미나 교재

읽기만 해도 열리는
요한계시록

김형종 지음

솔로몬

읽기만 해도 열리는

요한계시록

2018년 3월 2일 초판7쇄 발행

지은이 김형종
펴낸이 박영호
펴낸곳 도서출판 솔로몬

등록번호 제 16-24호
등록일 1990년 7월 31일

주소 : 서울시 동작구 사당3동 207-3 신주빌딩 1층
TEL : 599-1482 FAX : 592-2104
직영서점 : 596-5225

ISBN : 978-89-8255-463-6 (03230)

서문

저자가 계시록을 강의하면서 제안한 방법을 가지고 계시록을 잘 읽을 수 있도록 적용하여 설명하고 다시 읽을 때, 아래와 같이 고백하는 놀라운 일이 일어났다. 그것은 이 강의를 듣고 참가했던 많은 선교사들과 목회자 및 모든 사람들이 이구동성으로 고백했던 말도 아래와 같다.

> "강의대로 잘 읽는 방법을 따라 계시록을 읽으니 계시록 전체가 그림처럼 분명하게 보이고 이제 나도 계시록을 이 방법으로 가르치고 적용하여 모든 성도들로 하여금 잘 읽고 적용하여 복을 받는 책으로 만들 수 있게 되었습니다. 지금까지 계시록을 해석하려고만 했던 내 자신을 부끄럽게 생각합니다."
>
> – 계시록 강의를 들은 박사과정의 수백 명의 목회자들의 고백

> "저는 계시록을 강의에서 배운 방법대로 함께 읽으면서 지금까지 창세기부터 계시록까지 끼었던 안개가 완전히 걷히고 모든 성경이 퍼즐을 완성하듯 성경 전체가 열리는 체험을 했습니다. 이제부터 저는 계시록

을 사랑하고 단지 읽는 것만으로 충분히 복 받는 책이라는 사실을 믿습니다."

– 중국에서 한족 대학생 사역을 십년 넘게 사역하는 한 선교사의 고백

"저는 계시록을 강의에서 배운대로 읽을 때 자신이 천상에 있는 것 같은 감격을 고백하지 않을 수 없습니다. 저는 이제부터 제가 가지고 있는 계시록에 관련된 수십권의 책을 쓰레기통에 다 버릴 것을 약속합니다."

– 중동권에서 십년 넘게 사역하는 한 선교사의 고백

이제부터 교회가 계시록을 잘 읽고 이 시대에 잘 적용하며 살 수 있도록 설명하자는 저자의 주장이 이 책의 결론이다.

오늘날 설교자의 사명은 계시록을 해석할 것이 아니라 성도로 하여금 이 예언의 말씀을 잘 읽을 수 있도록 도와주고 이미 해석되어진 내용이 무엇인지를 알려주어 더 이상의 혼란이 없도록 바로 잡는데 있다고 본다. 그렇게 순종하면 당신도 계시록을 읽는 것 만해도 축복의 주인공이 된다. 더 나아가 목회자들이 계시록을 통하여 다른 사람들에게 복의 통로가 되는 삶을 살아야 한다. 계시록은 실로 마지막 때에 복 받는 책으로

주신 하나님의 선물이기 때문이다.

이 책은 히브리 사고의 문장구조를 배우기 위해서 십년이 넘도록 한 길만 걸어온 저자에 대한 하나님의 선물이라고 고백하고 싶다. 저자의 은사인 코헨 박사와 강신권 박사를 영원한 영적 멘토로 모시고 저자가 전 세계를 따라 다니며 배운 계시록의 강의를 정리한 것이 이 책의 결과이다.

지난 25년동안 교회와 가정을 세워가며 기도해준 아내 신월선 사모의 인내의 결과라고 고백하고 싶다. 그리고 코헨대학교 박사원 과정에서 공부하며 격려해준 모든 동역자 및 주찬양교회와 해피하우스의 모든 식구들에게 감사를 전한다. 끝으로 이 책을 위해서 생명을 다해 기도로 동역한 은혜교회와 그 식구들에게도 감사를 전하고 싶다.

2009년 7월 초에

저자 김형종

목차

Open the Revelation

읽기만 해도 열리는
요한계시록

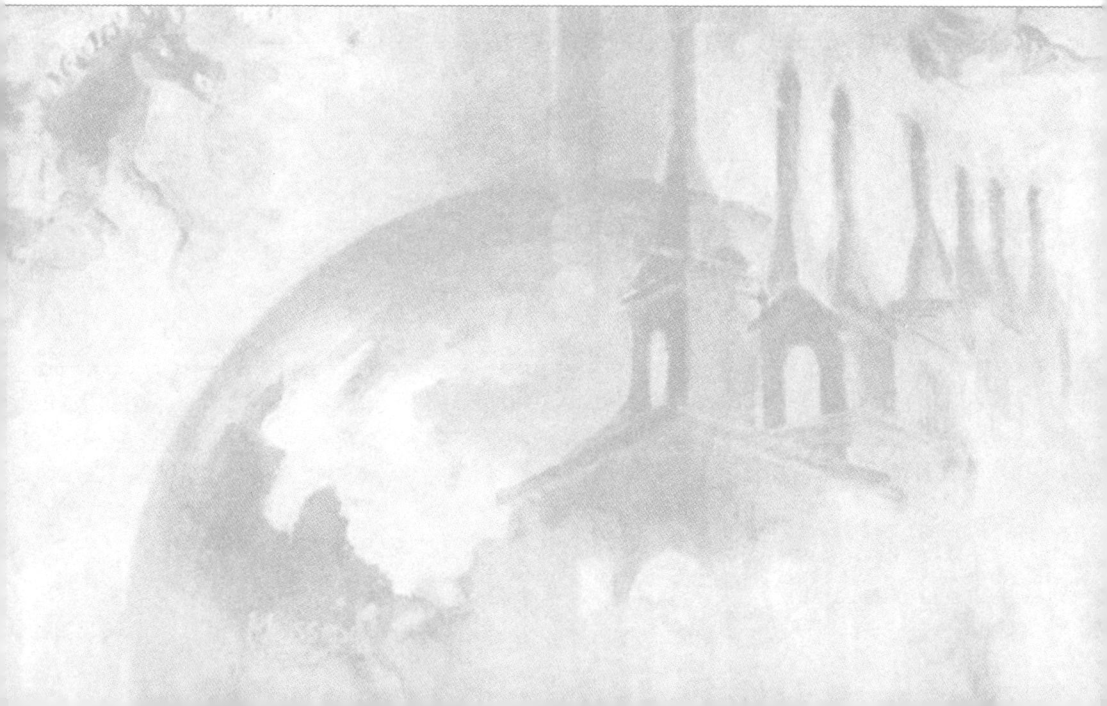

읽기만 해도 열리는 요한계시록

첫째, 왜 요한계시록을 잘 읽어야 하는가?

이상한 책 요한계시록

요한계시록은 역사적으로 볼 때 해석하면 해석할수록 더 혼란과 무질서가 가중되는 책이 된 것이 사실이다. 이런 결과들은 정말 요한계시록 때문에 일어난 수천 년의 역사적 아이러니가 아닐 수 없다. 우리가 계시록을 설교하면 할수록 주님이 주신 미래에 대한 예언의 문제가 더 분명하고 확실한 것이 아니라, 도리어 무질서와 혼란 그리고 수많은 분파와 교단이 갈라지고 더욱 더 계시록으로 인해 이단들이 판치는 현상이 일어나는 것이 보편적인 현상이다. 왜 우리가 이 시점에서 잘못된 현상이 계시록 해석에서 지난 이천년 간 계속되었는가 하는 심각한 질문을 던져야한다. 만약 그렇다면 하나님이 주신 요한계시록이 역사적으로 혼란과 무질서를 만드는 이상한 책이라고 말할 수 있는가

하는 문제도 심각하게 질문해야 한다.

그러면 왜 이렇게 계시록만 나오면 혼란하고 많은 문제들이 야기되고 있는가에 대하여 우리는 반드시 그 이유와 아울러 대답을 찾아야 한다. 하나님께서 우리에게 선물로 주신 마지막 예언이 기록된 계시록을 해석할 때마다 더 큰 혼란을 주시려고 의도한 것이 결코 아니라는 관점에서 우리는 다시 시작해야 한다. 그러므로 우리는 계시록으로 인해 왜 이런 극단적인 혼란이 일어나는 현상의 원인이 무엇인지를 찾아야 한다. 이는 하나님이 주신 계시록을 우리들이 잘못 해석했기 때문에 일어난 잘못된 결과이다. 하나님께서 주신 요한계시록은 종말에 대한 예언의 책으로 미래에 일어날 수많은 문제들을 미리 예언하시고 우리의 신앙생활에 절대적인 도움을 주기 위하여 주신 것이 틀림없는 사실이다. 그러므로 하나님께서는 우리가 계시록을 읽고 들으면 들을수록 미래를 정확하고 분명하게 미리 알려주기 때문에, 이로 인해 우리가 미래를 대비하고 준비해서 승리의 삶을 살도록 주신 것이 틀림없다.

그렇다면 역사적으로 계시록을 해석하므로 인해서 일어난 이런 혼란은 과연 누가 책임져야 하는가? 계시록을 우리에게 주신 하나님의 책임인가, 아니면 계시록을 잘못 해석한 인간의 책임인가? 그 책임이 하나님께 있는 것이 아니라 그 모든 책임은 잘못 해석한 사람들이 반드시 져야 한다. 만약 하나님이 계시록 때문에 엄청난 혼란과 무질서가 일어날 것을 아셨다면, 처음부터 이 책을 우리에게 주실 이유가 없기 때문이다. 결국 계시록을 해석하는 사람들이 다 잘못 해석했기 때문에 일어난 역사적인 비극이라고 결론지을 수 있다. 이제라도 하나님이 우리에게 계시록을 주신 목적을 바로 알고 잘못된 많은 문제들을 바로 잡는 작업이 절대적으로 요청된다. 그러므로 저자는 계시록을 강의하고 집필하면서 확신하게 되었다. 하나님께서 우리에게 요한계시록을 주신 목적이 바로 마지막 때를 준비하며 살고 대비한 삶을 살도록 배려한 축복과 은혜의 책으로 주셨다는 사실이다.

한편 주님은 이런 혼란을 미리 아시고 계시록의 예언들이 미래에 되어 질 중요한 문제이기 때문에 자세하게 해석하고 설명하여 마지막 시대를 살아가는 성도들로 하여금 잘 준비해서 승리하는 삶을 살도록 예비하신 가장 귀한 마지막 시대의 말씀으로 주신 책이 틀림없다. 따라서 이 책의 저자는 하나님께서 우리에게 마지막을 대비하기 위하여 계시록을 선물로 주신 그 이유를 분명히 알았다. 이런 주님의 마음을 우리가 알고 계시록이 마지막 성도들에게 어떻게 읽혀져야 하는지를 잘 가르쳐주는 일이 마지막 시대의 목회자들의 사명이라고 생각한다. 이 책의 저자가 요한계시록으로 가장 혼란을 겪는 이때에 더 이상 해석하지 말고 그냥 읽기만 해도 충분하다고 주장하는 또 한권의 요한계시록의 책을 쓰는 목적이 여기에 있다.

이단들의 전유물인 이상한 책인 요한계시록

역사적으로 정말 계시록 때문에 벌어진 이상한 일은 또 있다. 실제로 교회는 해석하면 문제가 더 커지는 관계로 인하여 계시록을 덮었고, 그와 때를 같이해서 열어서는 절대 안 되는 이단들은 계시록을 활짝 열어 자신들에게 유리한 해석으로 혼란을 가중되게 했다. 이를 증명이라도 한 것처럼 개신교의 대표적인 신학자로 자타가 인정하는 존 칼빈은 계시록을 주석하는 것조차 회피하고 말았다. 실제로 칼빈은 요한계시록이 마지막 때의 예언이 숨겨져 있어서 너무 어렵기 때문에 주석하지 않았다고 했다.

역사적으로 교회는 요한계시록이 미래의 예언이기 때문에 이런 신비한 책을 함부로 열면 잘못되기 쉽다는 이유로 덮었고, 이와 반대로 이단들은 자신들만이 이 예언의 신비적인 내용들을 해석할 수 있다고 궤변을 늘어 놓으며 계시록을 활짝 열었다. 그들은 자의적인 해석과 아울러 자기 집단의 합리화를 위하여 계시록을 마음대로 해석했다. 그런 가운데 교회는 요한계시록이 어렵고 혹시 잘못 건드려 이단 시비에 휘말릴지 몰라 아예 그들의 해석이 무엇이 잘못되었다는 것을 말하는 것조차 포기하고 말았다. 그런 사이에 이단들은 자신들의 교주를 신격화하고 천년왕국화하는 자기들만의 엉터리 해석을 하면서도 교회의 침묵을 즐기는 신기한 현상을 우리는 지금 목격하고 있다. 한편 이단들은 한걸음 더 나아가 자기 집단을 광신도로 만드는 목적으로 요한계시록을 요리하고 난도질해도 결코 교회는 이를 반발하고 조목 조목 반격하는 시도조차 거의 하지 않은 것이 작금의 현실이다.

또한 개신교의 성도들 중에 신비한 은사와 계시록에 빠진 사람들이 교회가 침묵하는 것과 동시에 이단들은 자기들의 때라고 생각해서 일제히 입을 열어 자기 집단에 들어와야 구원받는 십사만 사천의 공동체가 된다는 논리로 무장한 이단들에 속수무책으로 유혹 당하고 있다.

특히 개신교의 신비주의자들이 이단들의 제 일순위의 포교대상 최우선 대상자들이 되고 말았다. 정말 이 땅의 성도들이 교회의 침묵으로 인해 이단에 무방비로 노출되고 이단 집단의 일원이 되는 결과로 나타났다. 그럼에도 불구하고 이런 사실을 알면서도 교회는 성도들에게 이단들과는 접촉하지 않는 것이 최선이라는 소극적인 대처로 말미암아 교회는 이단 문제에 대하여 결과적으로 해결하기 어려운 심각한 지경에 빠진 것이 지금의 현실이다.

정말 이상한 일은 교회가 이단 시비를 피하기 위해서 계시록을 덮고 있는 그 순간에도 이단들은 계시록이야말로 신께서 자신들에게 주신 놀라운 책이라고 열었다. 더 놀라운 것은 계시록을 열어 해석하면서 이단 시비에 자유로운 사람이 거의 없는 것도 또 하나의 특징이다. 저자가 볼 때 이렇게 된 이면에는 주님이 해석하지 말고 그냥 읽어 주라고 명령하신 사실대로 순종하지 않았기 때문에 일어난 당연한 결과라고 생각한다. 이는 주님께서 해석하지 말라고 한 계시록을 굳이 열어본 사람들이 무조건 해석했기 때문에 일어난 당연한 현상이 아닐 수 없다. 이런 결과에 놀란 다른 목회자들은 아예 계시록을 잘못 건드리는 실수를 할 것 같아 더 이상 건드리지도 않았다.

한편 교회는 이단 시비에 휘말리기 싫어서 계시록 자체를 덮고 말았다. 그리고 계시록을 열어 이단 시비에 휘말리는 사람들은 도리어 계시록에다 생명을 거는 양상이 나타났다. 이런 현상은 역사 가운데 계시록을 슬그머니 덮어 비겁한 사람이 되거나 아니면 용감한 이단으로 계시록을 여는 극단적인 현상으로 나타났다. 이로 말마암아 교회는 계시록 때문에 회복하기 힘들 정도의 깊은 상처를 받았다. 그 상처들은 극단적 신비주의에 대한 반작용들과 수만 명, 수천 명 모이는 이단 집단들이 우후 죽순처럼 생겼다가 사라지고 또 비슷한 것들이 생겨나도 교회는 이 문제를 해결할 수 있는 능력이 전혀 없게 된 것이 더 큰 비극이라고 생각한다. 저자가 이런 상황에서 계시록을 지금처럼 해석하지 말고 하나님의 말씀대로 잘 읽고 이 모든 잘못된 현상들을 바로 잡아보고자 하는 충정에서 이 책을 쓰고 있다.

한편 교회는 계시록을 여는척하다가 무작정 덮어 두었다면, 이단들은 닫는척하다가 자기들의 전유물처럼 열어 놓아 세뇌의 도구로 삼아 정상적인 사고를 포기한 광신도들을 양산했다. 많은 사람들이 계시록을 열려고 하다가 난무한 해석들로 인해 더 어렵다고 다시 닫고 말았다. 너무 다양한 해석들이 오히려 자신에게 혼란을 가중하게 하는 결과로 나타났다. 너무도 다양한 천년왕국설 문제로 교단이 갈라지고 교파가 나누어지는 결과가 나타났다. 이로 인한 결과로 보수주의와 진보주의의 대립이 수백 년간 계속되었다. 역사 속에서 교회는 계시록을 정경논란까지 부추겨 가면서도 오히려 덮었고, 이단들은 계시록이야 말로 자신만의 성경이라고 자의적으로 열었다. 교회는 해석하기 난해한 책이라고 의도적으로 덮을 때, 이단들은 날개를 달고 열었다. 역사는 요한계시록을 해석하기 어려운 판도라 상자처럼 열어서는 곤란한 책으로 교회가 엉거주춤하고 있을 때, 이단들은 정말 잘된 일이라고 여기면서 자신있게 열었다.

정말 어렵게 교회가 계시록을 열었다가도 결과적으로는 신학적 싸움만 난무하기 때문에 또 다시 닫아 버리는 일이 비일비재 했다. 한편 교회가 계시록을 열어 해석함으로 인해 이단들이 열어 해석한 때만큼 더 큰 혼란과 더 많은 문제들을 이슈화 시켰다. 과연 교회가 언제나 하나님의 의도대로 계시록을 열어 복 받는 책으로 읽힐 것인가의 문제이다. 저자는 이런 비극적인 현실 앞에서 계시록의 이 책을 써서 잘 읽고 많은 문제들이 해결되는 결과를 기대하는 이유 하나 때문에 이 책을 쓰고 있다. 이것이 저자가 이 책을 쓰는 목적이다. 계시록은 잘 열어 잘 읽고 들으면 문제가 있는 책이 결코 아니라 정말 주님의 말씀처럼 복이 있는 책이다. 정말 계시록 서론에 선언하는 하나님의 말씀인 1장 3절은 불변의 진리임에 틀림없다.

> "이 예언의 말씀을 읽는 자와 듣는 자들과 그 가운데 기록한 것들을 지키는 자들이 복이 있나니 때가 가까움이라" (계1:3)

둘째, 이 책의 특징

첫째, 이 책은 다른 주석들처럼 요한계시록을 해석한 책이 결코 아니다.

둘째, 이 책은 다른 설교집과 같이 요한계시록을 설교한 책이 결코 아니다.

셋째, 이 책은 요한계시록의 저자의 의도를 따라 어떻게 잘 읽을 것인가에 대하여 현시대에 맞게 적용하여 설명하는 책이다. 이 책은 계시록을 주신 하나님의 의도대로 읽기만 해도 전체가 열리는 책으로 설명하고 있다.

넷째, 이 책은 계시록 자체가 해석하고 있다는 점을 근거로 일차적 자료를 최우선으로 의지하고 부득이한 경우에만 다른 성경의 본문인 이차적 자료를 활용하여 보충 설명하고 있기 때문에 미진한 부분이 거의 없을 정도로 분명하게 계시록의 수천 년간의 미해결의 문제가 해결된다고 저자는 확신하고 있다.

물론 계시록을 주석한 좋은 책들은 역사적으로 많이 있다. 그러나 문제는 그 많은 책들이 계시록의 문제와 더 나아가 종말론의 수많은 이론들의 문제를 전혀 해결하지 못하고 있는데 있다. 그렇다고 한다면 지금까지 나온 계시록에 관한 책들이 문제를 해결하는 차원이 아니라 또 하나의 논쟁의 불씨를 당기는 책이라는 점이다. 그렇다고 하면 저자의 이 책은 과연 이러한 산적한 종말론의 문제를 해결할 수 있을 것인가에 대한 질문을 하지 않을 수 없다.

저자는 확신하건대 이 책으로 계시록의 수천 년의 난제가 다 해결된다고 생각하지는 않지만 이 책으로도 어느 정도 해결의 실마리를 제공하고 더 좋은 책들이 나와서 완전하게 해결되기를 고대할 수 있다는 희망이 있기 때문이다. 진정 이 책이 한국 교회와 세계 교회에 큰 희망의 씨앗이 되길 기대한다.

셋째, 요한계시록은 어떤 책인가?

서신으로서의 요한계시록

계시록은 편지의 형식으로 각 교회에 보낸 회람 서신서이다. 분명히 계시록은 1:4-5절과 22:21절에 보면 형식상 서간적인 체제를 갖고 있고 편지로 명칭되는 아시아 일곱 교회에 서신 형태로 보내지는 독립적인 말씀들을 기록하고 있다. 이에 대하여 캐논 무라토리(The Canon Muratory)는 요한계시록 전체가 서간체로 쓰여 졌다고 했다. 그리고 요한이 편지를 보낸 각각의 일곱 교회는 일괄적으로 볼 때 전 세계의 교회를 대표하는 것으로 해석된다. 예를 들어 요한이 기독교의 예배 정황에서 낭독을 용의하게 하기 위해 요한계시록을 편지의 형태로 배열했다는 주장은 타당하다(Vanni, La Struttura Letteraria, p.114-5). 바울 서신들의 결론 부분들이 예배 의도에 대한 분석이 시사하는 바와 같이 오래전에 그의 서신들에 의해 이미 증명되었다(골4:16). 마찬가지로 찰스(Charles, 1:8)는 "요한계시록 책 전체가 처음부터 끝까지 하나의 서신이다"라고 주장했다.[1)]

요한계시록이 서신형태를 가진 편지로 보내졌다는 것은 우리 모두가 알고 있는 사실이다. 초대교회의 사도들은 편지 형식을 사용하여 각 교회에 하나님의 말씀을 기록하여 보낸 것이 보편적으로 가장 쉬운 방법이었다. 자신들이 직접 방문할 때에는 직접 설교하고 가르치는 일을 할 수 있었지만 부득이하여 방문하지 못할 때에는 할 수 없이 편

1) WBC 52A, "요한계시록 52(상)" p.98-99, 솔로몬, 2007.

지 형태를 띤 말씀을 인편을 통하여 전달했다. 특별히 바울은 자신이 개척하여 세운 교회를 방문할 수 없는 상황에서 주로 감옥에 있을 때에 편지로 하나님의 말씀을 적어 각 교회에 회람하여 예배 시간에 읽어주도록 했다. 초대교회는 이런 사도들의 권면을 따라 수신된 편지를 읽는 것으로 하나님의 말씀을 대신할 수 있었다.

예언으로서의 요한계시록

요한계시록은 계시 형태를 빌려 예언의 말씀을 기록하고 있는 것이 다른 서신들과 달리 아주 독특한 점이다. 특별히 요한계시록은 마지막 때 될 일을 예언의 말씀으로 기록하고 있다. 그러면서도 요한계시록은 다른 묵시와도 완전한 차이가 있다. 묵시의 특징은 저자가 익명으로 되어 있는 것이라면, 요한계시록은 분명히 계시이면서 저자의 이름을 요한이라고 밝히고 있기 때문이다.

계시록의 저자인 요한은 자신의 환상에 대한 기록을 분명하게 예언의 말씀으로 묘사하고 있다(계1:3, 22:7, 10, 18, 19절).

한편 마자페리(Mazzaferri, Genre)는 이 문제에 대하여 더 강하게 "요한계시록은 묵시와 상관없이 구약성경의 예언 작품들과 동일한 하나님의 말씀이다"라고 주장했다.[2] 계시록에 기록된 예언의 말씀은 아주 확실하게 이미 해석하여 설교라는 방식으로 선포된 하나님의 말씀이다. 이것이 요한계시록을 우리에게 주신 목적이다. 이런 사실을 우리가 인식할 때 요한계시록으로 인한 해석상의 실수를 줄일 수 있는 기

2) WBC 52A, "요한계시록 52(상)" p.104, 솔로몬, 2007

본적인 개념이 된다. 계시록은 요한이 밧모섬에서 미래의 마지막 시대의 환상과 예언을 통해서 보고 들은 사실들에 대하여 설교라는 방법을 가지고 서신으로 보낸 하나님의 말씀이다. 그러므로 계시록은 다른 서신들과 마찬가지로 해석해야 하는 성경이 아니라 그냥 예배 시간에 읽어주는 것만으로도 충분한 예언의 말씀이 담긴 변할 수 없는 설교임에 틀림없다.

설교로서의 요한계시록

하나님이 우리에게 요한계시록을 주실 때 이미 해석하여 편지 형식을 가지고 설교문으로 주셨다. 따라서 요한계시록은 해석하거나 다시 설교하는 실수를 범하지 말아야 한다. 만약 우리가 지난 2000년간 계시록을 잘 해석하고 설교해서 그동안 역사 속에서 일어난 혼란이나 이단들이 무더기로 출현하지 않았다면 지금까지 우리가 해온 설교와 해석의 방법에 대하여 아무런 문제를 제기할 필요가 없다. 하지만 그렇게 많은 사람들이 해석하고 설교했음에도 불구하고 계시록으로 인한 혼란은 극에 달해있다고 해도 과언이 아니다.

그럼 이제 우리가 한번 깊이 생각해 보아야 한다. 그러면 계시록 해석에 있어서 무엇이 근본적으로 심각한 문제인가? 그것은 하나님이 우리에게 주신 계시록이 어떤 책인가를 몰랐기 때문에 벌어진 현상이다. 그 이유는 계시록이 하나님께서 요한을 통해 주실 때 이미 아주 자세한 해석과 함께 설교한 본문이기 때문이다. 이미 해석되고 설교되어진 본문을 오늘날 또 이상하게 해석하는 실수로 인해서 이런 혼란이 왔기 때문이다.

계시록은 예언의 말씀으로 잘 해석되어진 편지 형식의 책이다. 하나님은 계시록을 해석하면 이런 혼란을 이미 예견했기 때문에 예언의 말씀을 자세히 풀어 설교했다. 그리고 이제부터는 잘 읽기만 해도 복이 되는 설교 말씀으로 우리에게 주어졌다. 그러므로 계시록은 잘 해석해서 설교한 말씀이기 때문에 설교자가 읽어만 주어도 쉽게 알 수 있는 책이다. 초대교회는 이런 전통을 따라 설교하는 대신 계시록을 읽어주고 듣는 것으로 예배를 대신했다.

그러다가 유대인 기독교인들이 더 이상 믿지 않고 이방인 중심인 교부 시대가 되면서 계시록을 해석하고 설교하는 것이 아주 자연스럽게 자리 잡았다. 그 후 계시록은 설교하는 대신에 그대로 읽어주는 역사적 올바른 전통이 사라지고 당연히 설교하고 해석하는 책이 되었던 것이다. 이런 결과는 그 누구의 잘못도 아니다. 우리는 이런 사실을 지난 2000년간 몰랐기 때문에 해석하고 설교하는 일을 아무런 문제없이 해왔던 것이다. 실제로 계시록이 역사에 주어지고 수십 년 동안만 사도들의 권면을 따라 예배시간에 읽어주고 듣는 것만으로도 삶에서 주님의 재림을 대비하기에 충분하고 성도 개인이 축복을 받기에 충분했다. 그러다가 계시록은 해석하면서 혼란이 시작되었고 더 나아가 이단들의 책이 되었고 신비주의자들의 전유물과 같은 책으로 전락했다. 실로 역사적으로 계시록의 혼란은 이 책을 자의적으로 해석하기 시작한 이때부터이다.

그 후 약 1,900년간 계시록은 더 이상 예언의 말씀으로서 기능을 잃어버린 상태의 혼란을 가중하는 책이 되고 말았다. 이제부터라도 우리가 계시록을 또 다시 인위적으로 해석하는 실수를 하지 말아야 한다. 그러면 우리가 계시록을 어떻게 잘 읽을 수 있도록 목회자가 도와줄 것인가를 연구해야 한다. 우리가 계시록을 잘 읽으려면 우선 목회자가 다시 해석하는 것부터 중단해야 한다. 그러면 현재 우리 예배 가운데 가장 비중을 두고 있는 해석적인 설교를 하지 않으면 어떻게 그 시간을 대체해야 하는가? 그것은 해석하는 설교 대신에 계시록을 잘 읽기 위해서 적용적인 설명의 설교를 잘 해야 한다.

저자는 이제 해석한 설교대신 현대를 살아가는 성도들이 잘 이해하고 읽을 수 있도록 적용해서 설명하는 것을 설교라는 용어로 대신 사용하고자 한다. 따라서 적용적인 설교는 성도로 하여금 계시록을 잘 읽도록 돕는 역할을 해야 한다.

해석된 책으로서 요한계시록

요한계시록의 가장 중요한 특징은 이미 해석된 예언의 말씀이라는 사실이다. 우리가 계시록이 예언의 말씀이라는 이 사실을 간과하면 계시록을 해석하는 또 다른 실수를 또 하게 된다. 정말 계시록이 해석된 책이라는 사실은 이 책에 대하여 주석을 쓴 사람들은 대부분의 학자들이 인정하는 내용이다. 문제는 너무도 잘 해석해 놓은 예언의 말씀을 또 다시 자의적으로 해석하는 바람에 그 설교를 듣는 사람으로 하여금 더 큰 혼란에 빠지게 한다는 점이다. 왜 이런 실수가 수천 년간 계속될 수 있었는가의 문제가 이제부터 우리가 해결해야할 과제이다. 우리는 너무도 자연스럽게 신학교에 입학하면서 성경은 해석해야 하는 책으로 인정하고 당연히 역사 속에서 자연스럽게 해석하는 일을 해

왔다. 그리고 아무도 왜 해석해야 하는가에 대하여 질문하지 않았다. 성경은 어려운 책이기 때문에 그 시대의 상황과 언어를 배워서 해석하고 오늘에 적용해서 설교해야 한다고 모든 사람들이 그렇게 의심없이 받아들였다. 이로 인해 오늘날 엄청나게 잘못된 방향으로 성경 해석하는 것을 당연하게 받아들이고 설교하는 사람들은 아무런 문제의식 없이 설교해 왔다.

이 때문에 일어난 문제들에 대하여 아무도 책임지지 않으면서도 우리가 아무런 의식없이 성경을 해석하는 일과 설교하는 일의 주인공이 된 것이다. 저자는 구약과 신약의 모든 성경은 이미 해석되어진 설교 형식의 말씀이기 때문에 또 다시 해석하는 실수를 해서는 안 된다고 생각한다. 이제부터 설교자는 이미 성경 자체에 읽어도 충분할 정도로 해석해 놓은 말씀을 잘 읽고 이 시대에 적용해서 설명하므로 성도로 하여금 말씀의 사람으로 살아갈 수 있도록 돕는 사역으로 설교를 접근해야 한다. 우리가 지금까지 사용하고 있는 설교라는 용어를 써야한다면, 이제부터 설교는 해석해서 또 다시 설교하는 것이 아니라 이 시대의 사람들이 잘 적용할 수 있도록 돕는 것이 설교의 진정한 목적이 되어야 한다. 설교의 정의부터 다시 시작해야 우리가 계시록을 바로 이 시대의 사람들이 잘 읽고 적용해서 말씀을 따라 살아가도록 실제적으로 돕는 사역이 될 것이기 때문이다.

결론적으로 요한계시록은 예언의 말씀을 하나님께서 사도 요한을 통해서 잘 해석해 놓은 설교를 마지막 시대를 살아가는 우리들의 교회에 보내온 편지이다. 그러므로 계시록은 해석해야 하는 책이 아니라

이 시대의 사람들이 잘 적용해서 마지막 시대에 승리의 삶을 살아가도록 돕는 사역을 하는 것이 진정한 설교의 목적이라고 할 수 있다.

넷째, 지금까지 계시록을 어떻게 해석했는가?

과거적 해석

이 해석은 1614년 예수회 사제인 알카이저(Alcazar)에 의해서 시작되었다. 이는 간단히 말하면 계시록의 모든 예언이 과거에 다 성취되었다고 주장하는 해석이다. 그는 초대교회가 로마의 핍박으로 시작하여 콘스탄틴 황제 때 다 성취되었다고 해석하는 원리이다. 이런 해석이 나온 배경에는 개신교의 종교개혁자들이 요한계시록을 해석하면서 적그리스도가 교황일 가능성이 크다는 적용을 했다. 그러자 이에 당황한 천주교 학자들이 급조해서 계시록의 문제는 이미 과거에 로마의 황제들이 적그리스도이기 때문에 절대로 교황이 적그리스도가 될 수 없다고 해석하면서 과거적 해석이 시작이 되었다.

따라서 이 해석은 출발부터 문제가 잘못된 의도로 시작했기 때문에 천주교의 찻잔속의 태풍으로 끝나는 결과가 되고 말았다. 이 해석은 언급할 가치조차 없는 아주 저급한 해석학의 아류일 뿐이다. 개신교의 성경해석의 반작용으로 등장한 천주교의 해석은 이렇게 시작되었다. 아주 재미있는 사실은 성경해석의 역사를 보면 이렇게 역사적 해석의 반작용으로 시작하는 것이 그 특징이다.

미래적 해석

이 해석도 1685년 예수회 사제인 프란시스 리베라(Rivera)에 의하여 시작되었다. 이 해석을 리베라가 하게 된 배경은 계시록을 과거적으로 해석하자고 하니까 개신교의 학자들이 예언의 말씀은 대부분 미래적 현상이 중심이기 때문에 잘못된 해석이라고 강하게 주장을 하게 된 또 다른 반작용으로 시작된 해석이다. 이는 과거적 해석의 문제점에 대한 초점을 다시 미래에 집중하여 자신들에게 쏟아지는 스포트라이트를 피하기 위해 급조해서 만든 해석의 원리이다.

실제로 예수회는 종교개혁에 대한 반작용으로 시작된 반종교개혁의 집단이다. 이 해석이 천주교의 사제에 의하여 현재의 교황이 적그리스도가 아니라 미래의 어떤 사람이 나올 것이라고 미래에 초점을 맞추는 것에 대하여 어느 정도 성공을 거둔 해석의 원리이다. 왜냐하면 이 미래적 해석의 원리에 관심을 가진 사람은 개신교 학자인 존 다비(Darby)였다. 그는 요한계시록 1장 19절을 근거로 '장차될 일' 이라는 단어를 가지고 미래적 해석의 원리를 삼았다.

이때까지만 해도 계시록 해석에 있어서 해석하는 구체적인 원리가 제시되지 않았던 시대이다. 이런 상황에서 다비가 볼 때 미래적 해석의 틀이 계시록 해석의 좋은 원리라고 여겼던 것이다. 그는 미래적 해석에 세대주의 전천년설이라는 역사적으로 전무후무한 원리로 적용해서 계시록을 해석했다. 세대주의 계시록 해석이 세상에 등장하면서 대부분의 목회자들이 요한계시록을 해석하려고 시도를 했다. 이때부터 요한계시록은 더 큰 혼란에 빠지면서 각종 이단들의 책으로 전락하게 되었다. 정말 세대주의적 성경해석은 지난 200년간 세계 교회를 혼란과 함께 계시록에 심취하게 하는 길을 열고 말았다. 한편으로는 정말 비극적 성경해석의 시대가 도래하면서, 또 한편으로는 계시록을 보통 사람들도 깊은 관심을 가지는 계기를 만들어 주었다. 실제로 세대주의적 계시록 해석은 성경 해석사에 일대 파장을 일으킨 엄청난 결과를 가져왔다. 왜냐하면 성경을 가장 알레고리(Allegorical)의 방법으로 해석하는 길을 열어 놓았기 때문이다.

다비가 주장한 세대주의적 성경해석의 방법이 세상에 널리 알려진 것은 스코필드(C. Scofield)가 그의 성경(Scofield Bible)에 이 해석의 원리를 소개하면서부터 영향을 미치게 되었다.[3] 세대주의적 성경해석은 하나님께서 세상을 창조하실 때 7일 동안 하셨기 때문에 세상의 역사도 여기에 맞추어야 한다는 아주 매혹적이어서 무시할 수 없는 다소 무리한 적용으로 인해 발전된 해석학의 아류이다. 그런데 이런 해석이 엉뚱하게 성경구절 몇 개를 맞추어서 딱 맞아 떨어지는 일로 인해 폭발적인 반응이 전 세계적으로 일어나게 된다. 이는 베드로후서 3장 8절에 있는 "주께는 하루가 천년 같고, 천년이 하루 같은 이 한 가지를 잊지 말라"고 한 말씀에 7일 창조에 억지로 꿰맞추어 "하루가 천년으로 적용하여 7,000년의 역사가 종말이다"라는 주장과 함께 서기 2,000년과 시기적으로 딱 맞아 떨어지는 결과로 빚어진 참상이었다. 이와 때

3) 권성수, "요한계시록 주석" 선교횃불, 1999, p. 694. "존 다비(Darby)는 초기 플리머스 형제단 지도자로서 전천년설을 세대주의적으로 이해하게 되었다. 다비는 그리스도의 재림을 두 단계로 보고 첫 단계는 대환란 전에 교회가 휴거하기 위한 재림, 둘째 단계는 지상천년왕국을 세우기 위해 성도들과 함께 오는 재림으로 보았다. 다비의 세대주의는 당시 몰간(C. Morgan), 스코필드(C, Scofield)와 스코필드 바이블 등을 통해 현대의 많은 사람들에게 번지게 되었다. 결국 천년왕국에 대한 교회사적인 개관에서 천년왕국설이 시대정신에 영향을 받는 다는 사실을 보게 된다."

를 같이해서 제임스 엇서 감독이 구약의 연대를 연구해 보니까 4,004년이라는 또 한 번의 꿰맞추기 억지 성경해석이 세대주의적 주장에 기름을 부어 대한민국 땅에서는 시한부 종말론이라는 이장림 사건[4]이 일어나고 말았다.

이 미래적 해석에 가장 관심 있는 사람들은 성도가 대재앙을 당하지 않고 주님이 공중에 재림할 때 휴거한다는 매혹적인 해석 때문에 사람들의 관심을 끌었다. 이 해석에 따르면 더 이상 대재앙은 믿는 자에게는 없고 불신자들에게만 있다고 부추길 때 이에 동조한 무지한 사람들이 너무 많았다. 그리고 종말론에 관심이 있지만 너무 계시록이 어려운 책이라서 엄두를 내지 못하는 사람들조차도 무조건 세대주의 종말론자들로 말미암아 미혹되고 말았다. 이 해석을 따르는 사람들이 2,000년이 되기 전까지는 의외로 많았다. 이 해석에 따르면 교회시대는 3장에서 끝나고 그 이후에 성도들은 다 휴거된다고 주장을 했기 때문이었다. 의외로 이 해석에 주목한 사람들이 있었는데 그들이 바로 메시아닉 쥬(예수믿는 유대인)들이었다. 그 이유는 유대인들이 사도 바울의 예언을 따라 집단적인 구원을 받아야 하는데 바로 대재앙 때 유대인들이 집단적으로 구원을 받는다고 여겼기 때문이다. 어쨌든 세대주의적 종말론은 지금도 어느 정도 미국 침례교 신학대학을 중심으로 해석의 명맥을 이어가고 있는 실정이다. 하지만 세대주의 종말론은 이미 많은 부분에서 힘을 잃어가고 있는 것이 현실이다.

---

4) 이장림이 주장한 시한부 종말론의 사건은 전 세계의 미디어로도 생방송이 될 정도로 엄청난 파장을 일으킨 희대의 종말론 사기 쇼였다. 그는 세대주의 종말론자로 1992년 10월 28일에 주님이 공중재림한다고 외치며 자신을 따르는 광신도들과 함께 그날이 지나면서 몰락한 사건이다.

역사적 해석

이 해석을 따르는 사람들은 계시록의 예언이 예수 그리스도의 초림부터 재림까지의 역사에 대한 예언이라고 전제한다. 이 예언은 역사 속에서 일어날 교회에 대한 것과 함께 이방인을 심판하는 내용이라고 주장한다. 이 해석은 모든 일이 역사의 연대기적 역사의 순서에 따라 일어난다고 해석한다. 이 해석은 역사적 전천년설자와 세대주의적 전천년설자들의 해석이다.

계시록을 역사적인 원리를 따라 해석하는 사람들은 성경을 거의 대부분 문자적으로 해석을 한다. 계시록이 예언이라고 할지라도 문자 그대로 해석해야 한다고 그들은 한결같이 주장을 한다. 이런 주장이 상당히 잘못된 성경 해석의 방법들을 정리하는 도구는 되었지만 또 다시 상징적인 해석을 하는 사람들과 모든 이슈에서 서로 충돌하고 교단이 갈라지고 이단들이 생겨나는 빌미를 주고 말았다.

계시록을 해석함으로 일어난 수많은 혼란과 이단과 교파가 갈라지는 부분에 대한 책임을 누군가는 져야 한다. 그 책임이 계시록을 잘못 해석한 사람들에게 있다고 생각한다. 역사적 해석을 주장한 사람들은 주로 보수주의 교회와 교단을 중심으로 세대주의 종말론과 혼합되어 일어난 문자적인 성경해석을 해야 한다고 주장한 이들이다. 그들은 문자적 해석에 너무 강한 입장이기 때문에 다른 해석자들을 정죄하고 심지어는 원수같이 여기는 일을 너무 자연스럽게 받아들였다. 그러면서 계시록이 잘못된 해석의 책임을 서로에게 떠넘기는 잘못을 저지르고 말았다. 자신들이 주장하는 해석의 원리만 진리라고 믿는 맹목적인 원리가 결국은 교회의 무질서와 계시록을 잘못 해석하는 결과를 가져온 것이다. 저자의 생각에는 서로 계시록 해석의 장단점이 있는데 조금씩 양보해서 절충만 했어도 이런 혼란의 많은 부분은 해결되었을 것이다. 한편 우리가 신학적인 관점으로 성경을 해석할 때 형성되어진 잘못된 편견들은 역사적으로 뒤돌아보면 참으로 무서운 결과를 초래했다.

상징적 해석

이 해석은 계시록 전체를 상징으로 해석하면서 영적 측면을 강조한다. 상징적 해석을 따르는 사람들은 무천년설을 주장하는 대부분의 사람들이다. 실제로 학자들 중에 많은 사람들은 계시록에 상징들을 자체 해석을 한다고 주장했다. 그 중에 역사적 세대주의자로 알려진 왈부드(J. Walvoord)는 계시록 안에 상징적인 내용으로 기록되어 있는 것들의 대부분이 구체적인 해석을 제시하고 있다는 인정한다.[5] 그럼에도 불구하고 상징적으로 해석하는 사람들은 그 해석한 내용을 가지고 또 자신만의 해석을 한다. 계시록 해석의 혼란의 문제는 거기서 일어난다. 그들은 또 다시 계시록의 대부분의 사건과 내용들을 상징적인 것으로 해석한다.

실제로 예언의 말씀인 계시록을 상징으로 해석해 버리고 말면 실제

5) John Walvoord, "The Revelation of Jesus Christ" Chicago: Moody, 1966. p.23-30. "왈부드는 계시록의 일부 상징들이 자체적으로 해석을 하고 있다고 주장하면서 그 목록을 일일이 열거하고 있다. 따라서 그는 계시록에 상징에 대한 해석이 있기 때문에 아직도 해석이 되지 않은 내용을 해석하는데 많은 도움을 주고 있다."고 했다. 저자의 생각은 그가 계시록의 히브리 문장구조를 몰랐기 때문에 자체 해석만 가지고도 충분하다는 사실을 인식하지 못하고 더 구체적으로 해석해야 한다고 주장한 것으로 보인다.

로 계시록은 그 가치가 거의 없게 된다. 만약 그렇다면 하나님께서 기껏 상징적인 것으로 애매모호하게 말하려고 그 많은 내용들과 사건들을 언급한 것으로 해석하면 굳이 계시록을 기록할 이유가 없어진다. 만약 계시록이 단지 상징의 내용이 전부라면 몇 마디로 처리하고 끝내면 될 문제이기 때문이다. 물론 계시록은 상징적인 내용도 분명히 있다. 하지만 모든 내용과 사건들을 단순히 상징으로 해석하는 것은 심각한 문제가 된다. 물론 저자도 계시록을 상징적으로 설명해야 이해되는 것을 인정한다. 그렇지만 모든 부분과 내용을 상징으로 처리하는 것은 계시록을 너무도 잘못 알고 있는 사람이다.

상징적인 해석은 천년왕국에서 역사적으로 천년은 없고 초림과 재림 사이의 기간이 모두 천년이라고 해석한다. 이들은 신약시대 전체를 3년 반인 대환란의 기간으로 보고 주님의 초림과 재림의 기간이 천년의 기간이라고 계시록 전체를 해석한다. 그러면 실제로 천년이 없고 상징적인 기간으로 처리하면서 그 천년이 주님이 초림한 후 재림하는 기간을 천년이라고 상징적으로 설명한다. 저자의 생각에 천년을 상징적으로 처리했으면 그냥 그렇게 해석하면 됐지, 왜 또 상징적인 천년을 초림과 재림의 기간으로 보았다는 것은 상징이 갖는 의미를 잘못 적용한 것이라고 보여 진다. 물론 계시록을 상징으로 해석하는 모든 부분을 그냥 상징으로만 무조건 보자고 주장하면 할 말이 없다.

어떤 사건이나 숫자, 그리고 각 내용들을 상징으로 해석한 그대로 상징으로만 처리하면 좋겠지만, 또 다시 상징을 어떤 구체적 의미로 적용해서 해석하는 것은 논리적인 모순 중에 모순이 아닐 수 없다. 실제로 상징적 해석은 자기 해석의 기준을 따라 상징적 의미로 결정해 놓고 또 다시 그 상징적인 것을 구체화하는 해석의 자기 모순에 빠지는 것이 상징적 해석의 함정이라고 생각한다. 따라서 상징적 해석은 사실 논리적으로 보면 무리한 해석의 방법이 아닐 수 없다.

예를 들어 천년동안의 기간이 상징이라고 하면 우리는 단순히 그렇게 이해하면 된다. 그런데 상징이라고 하면서 또 자기들의 해석의 틀에 맞추어 구체적인 기간이라고 주장을 하는 것은 이중적 모순이 아닐 수 없다. 만약 상징이라고 잘못 해석한 것도 문제가 심각한데, 또 다시 그것을 구체적인 초림과 재림의 기간이라고 재해석하는 것은 두 번의 해석적 실수를 논리적으로 드러내는 결과에 빠진다. 그러므로 상징적 해석이라고 하는 것은 사실 해석이 아니라 해석하지 못하겠다고 선언하는 자리라고 저자는 보고 싶다. 이런 논리적인 모순을 가진 상징적 해석이 무천년을 주장하는 사람들이 가진 해석의 아이러니가 아닐 수 없다.

계시록을 상징으로 푸는 순간 그것은 자기모순을 밝히는 과정이고 자신은 이 말씀을 해석할 수 없다고 선언하는 자기고백을 하는 자리라고 말하고 싶다. 정말 계시록을 상징으로 해석하면 계시록이 있어야 할 이유가 없고 주님이 상징을 해석해 놓은 것조차 자기 해석의 논리로 무시하는 것이기 때문이다. 주님께서 단지 상징적인 의미를 주시려고 계시록을 기록한 것이라면 우리에게 오늘날 계시록이 무슨 의미가 있겠는가 말이다.

계시록 해석의 문제점

우리가 성경을 해석한다고 하면 그 어떤 사람이든지 자신만의 독특한 성경을 해석하는 원리를 가지고 있다. 우리가 어떤 자신만의 해석하는 원리를 가지고 계시록을 해석할 때 그 해석의 원리의 잣대라는 선입관을 가지고 출발하기 때문에 어떤 결과의 해석이 나오든지 문제가 있다. 실제로 우리가 성경을 해석하는 원칙은 있어야 하지만 어떤 자신만의 입장을 먼저 세워놓고 예언을 해석하는 것은 바른 태도가 될 수 없다. 우리가 신학적 입장에 따라 해석하는 어떤 설에 입각해서 성경에 접근하는 것은 가장 피해야할 해석자의 자세이다. 여기에 자유로운 계시록 해석자가 거의 없는 것이 문제이다. 계시록 해석의 다양성과 많은 해석의 혼재함이 여기에서 시작된다. 계시록 해석의 난해함과 혼란함이 여기에 있다.

예를 들어 우리가 역사적 전천년설의 입장에서 계시록을 해석할 때에 다음과 같은 실수를 하게 된다. 우선 계시록을 해석하는 자는 연대기적 순서로 보기 때문에 천년왕국을 다음과 같이 해석한다. 그들은 예수님의 재림 후에 지상에서 천년동안 그리스도와 함께 왕 노릇 해야 한다고 해석하기 때문에 다른 이론은 무조건 문제가 있는 것이라고 말한다. 이런 실수는 계시록을 문자적인 순서로만 보기 때문에 당연한 결과로 귀결된다.

사실 계시록은 히브리 사고의 문장구조로 편집되어 있기 때문에 히브리 사고로 보아야 한다. 예를 들어 유대인들이 구약성경을 읽을 때 따로 해석하는 사람이 없었다. 그리고 본문을 이런 뜻이라고 다시 설교하는 사람이 없이 읽는 것만으로 하나님의 말씀을 다 이해하고 알았다. 이런 전통은 포로에서 돌아온 에스라 시대까지 계속되었다. 단지 한번 바벨론에서 70년간 포로 생활을 하다 돌아온 사람들에게 시대적 간격으로 인해 에스라가 한번 해석해 주는 일 외에는 읽는 것으로 충분했다(느8:7). 이스라엘 백성들이 하나님의 백성으로 특별하기 때문에 하나님의 말씀을 읽어주는 것으로도 충분하다고 말할 수 없다. 왜냐하면 구약성경도 하나님께서 선지자들을 통하여 해석해서 설교로 보내준 말씀이기 때문에 읽는 것만으로도 충분했기 때문이다.

히브리 사고의 문장구조로 계시록 잘 읽기

계시록은 처음부터 끝까지 히브리 사고의 문장 구조로 기록한 예언의 말씀이다. 따라서 우리가 히브리 사고를 모르면 가장 실수를 많이 할 수 있는 말씀이라는 사실이다. 히브리 사고의 문장구조를 한 마디로 말하기는 어렵다. 하지만 히브리 사고의 문장구조는 우리가 지금까지 성경을 해석해온 원리와는 차이가 많이 있다. 그러면 히브리 사고의 문장 구조는 무엇인가? 그것은 앞에서 설명한대로 계시록과 성경이 어떤 책인가라는 설명에서 어느 정도 언급을 했기 때문에 이미 얼마 정도는 이해했으리라 생각한다. 히브리 사고는 하나님이 성경을 어떻게 생각하고 계시는가하는데 전폭적인 관심을 가진다. 그러므로 히브리 사고는 인간이 성경을 어떻게 생각하고 어떻게 보는가에 대한 문제는 상관하지 않는다. 지금까지 우리가 성경을 해석해 온 원리가 헬라 사고에 입각해서 보았다면, 히브리 사고는 하나님의 입장에서 성경을 보고 하나님이 주신 의도로 성경을 적용하는 것이라고 말할 수 있다. 히브리 사고로 하나님의 말씀을 해석할 때 가장 중요한 원리는 하나님이 말씀을 주신 의도가 무엇인가에 초점을 맞추는 작업을 선행한다. 이는 하나님의 의도가 가장 중요한 원리가 되어 본문을 이해하고 설명하려고 시도하는 작업이라고 말할 수 있다.

헬라 사고의 성경 해석은 인간의 이성으로 말씀을 분석하고 쪼개어 오늘날 우리에게 가르쳐 주는 것이라고 할 수 있다. 그러므로 헬라 사고는 분석적이고 과학적이고 인간의 이성적인 면이 강조된다. 하지만 히브리 사고는 하나님의 사고에 먼저 선행하고 우선시 한다. 히브리 사고는 쪼개는 개념이 아니라 붙이는 개념이고, 분석적인 개념이 아니라 종합적이고 통전적인 개념이다. 신•구약 성경이 히브리 사고의 문장구조를 가지고 기록되었다고 하는 점은 우리가 히브리 사고의 문장구조가 무엇인지를 알아야 한다는 기본적인 명제를 가진다는 사실이다. 히브리 사고의 문장구조는 히브리인이 아니면 알기가 힘든 독특한 문장의 형태를 가지고 있다.

이런 이유 때문에 지난 수천 년간 우리가 히브리인이 아니기 때문에 성경을 해석하는데 히브리 사고가 아닌 헬라 사고에 입장으로 해석을 하여 많은 문제점들이 드러나게 되었다. 따라서 오늘날 우리가 히브리 사고에 입각하여 성경을 해석해야 한다는 사실을 절대적으로 선행해야 한다는 점이다. 한편 히브리 사고의 문장구조는 키아즘(Chiasm)이라는 아주 독특한 문장 형태가 전제된다. 저자는 키아즘을 우리말로 '히브리 문장구조' 라고 번역을 하여 사용하고 있다.[6] 실제로 신•구약성경이 모두 키아즘[7]의 구조로 편집되어 있다. 하지만 여기서는 키아즘이 무엇인지에 대하여 자세히 다루지 못하기 때문에 이 문제를 잘 다루고 있는 책들을 참고하면 좋겠다. 현재는 히브리 문장구조에서 말하는 키아즘보다는 단순히 교차구조에 대한 관심을 가지고 있는 학자들이 많아서 점점 더 이 문제에 대하여 책을 출판하는 분들이 있어 연구하는데 적지 않은 도움을 받을 수 있다.

우리가 히브리 사고의 문장구조가 무엇인지 배우기 전까지는 성경을 이해하는 것이 쉽지 않다. 이 책을 쓴 저자도 히브리 사고의 문장구조인 키아즘을 접한 것은 최초의 메시아닉 쥬(Messiahnic Jew)가 세운 미국의 코헨대학교에서 박사과정을 공부하기 전까지는 배울 수 있는 기회가 전혀 없었다.[8] 히브리 사고의 문장구조는 성경을 해석할 수 있는 50여 가지 다양한 원리와 형태를 가지고 있는데 이것을 다 배워야 성경에 나타난 하나님의 의도를 우리가 잘 알 수 있게 된다. 안타까운 일이지만 히브리 사고의 문장구조에 대하여 아직까지 전체를 다 설명하는 책은 없다. 이 책은 요한계시록을 히브리 사고의 문장구조를 적용해서 구체적으로 설명한 최초의 책이라고 보면 된다.

---

6) Chiasm에 관하여는 저자가 쓴 "바울의 13가지 설교 원리"(처음출판사)를 보면 키아즘 뿐만 아니라 히브리 사고의 문장구조에 대하여도 자세히 알 수 있다. 누구든지 이 키아즘에 대하여 좀 더 연구하길 원하면 이 분야의 세계 최초로 신약성경 전체를 구조 분석해 놓은 서영환 교수의 "신약 구조분석 1-3권"(경향문화사)을 보면 많은 도움을 받을 수 있다.

7) 히브리 사고의 문장구조에서 키아즘은 병행구조인데 이는 크게 네 가지로 구분한다. 첫째, 동의적 병행으로 A와 A' 가 서로 같은 의미로 병행되는 문장을 말한다. 성경에 가장 많이 나타나는 병행이다. 둘째, 반의적 병행으로 A와 A' 가 반대적인 의미로 병행해서 설명하는 독특한 기법이다. 셋째, 비유적 병행이라고 부르는데 이는 비유와 비교, 그리고 은유적 병행을 가지고 설명하는 기법이다. 넷째, 점층적 병행이라고 말하며 이는 반복, 강조, 점층적 기법을 통해서 구체적으로 설명하는 기법을 말한다. 신구약 성경은 이 네 가지 병행을 통해서 저자의 의도를 드러내고 있다고 보면 된다.

8) 저자가 박사과정을 통하여 공부한 학교는 미국 캘리포니아에 소재한 Cohen University로 여기서 처음으로 히브리 사고의 문장구조인 키아즘에 대하여 배웠다. 이 학교는 제사장 집안의 아론의 후손인 세계적인 성경학자인 Gary Cohen 박사가 21년 전에 세운 학교이다. 이 학교는 코헨 박사의 히브리 사고의 성경해석을 배우고 히브리 문장구조를 가르치는 역사이래 최초의 신학교이다.

다섯째, 계시록 잘 읽기위한 전제

시간축(Temporal : Time Axis) : 시간적 초월성

계시록을 이해하는데 있어서 가장 혼란한 부분 중에 하나가 시간에 대한 개념이다. 계시록은 시간의 순서를 따라 기록된 내용이 아니다. 그럼에도 불구하고 계시록을 이해하고 해석하는데 있어서 우리가 흔히 실수하는 부분은 연대기적 시간의 순서를 따라 기록되었다고 당연히 받아들이는 점이다. 계시록을 잘 아는 사람이라고 할지라도 시간에 대한 혼동을 자주 한다는 것이다. 실제로 계시록은 같은 본문 안에서도 시간의 초월적인 혼합이 자주 나타난다. 이런 사실을 우리가 이해하지 않으면 요한계시록은 언제나 이해하기 난해한 부분이 너무도 많다. 예를 들어 계시록 12장 5-7절은 바로 앞에 나오는 시간과는 엄청난 차이가 있다. 그 내용은 계시록에 대표적으로 시간적 초월이 가장 크게 나타나는 부분이다. 5절과 6절은 예수 그리스도의 탄생과 관련된 시간대이다. 하지만 7절에는 사탄과 그의 사자들이 미가엘과 그의 사자들간에 하늘의 전쟁에서 사탄의 세력이 패하는 사건이 나타난다. 이 사건의 시간대는 창조사건이나 그 이전에 일어나는 사건이기 때문이다. 이런 급격한 시간적 초월들이 계시록에는 많이 나타나는 점이 해석하는 우리에게 큰 걸림돌이 된다.

이런 면에서 계시록을 우리가 잘 읽기 위해서는 시간축의 변화에 신경을 써야 한다. 우리가 시간축을 바로 이해할 때 계시록에 대한 혼돈과 혼란을 피할 수 있다는 사실이다. 계시록에 나타나는 시간적 초월은 창조 전과 창조 때의 장면이 나타나고 구약시대의 배경이 나오는 시간과 신약의 사람들이 나오는 과거의 시간축을 사용하는 것이 다양한 용례에 해당한다. 또한 예수 그리스도의 사역의 시간축에서 계시록 저자의 시간대로 접근하다가 갑자가 마지막 때의 시간축의 변화가 엄청나게 큰 것이 그 특징이다. 이런 면에서 보면 계시록을 읽을 때 시간의 초월성에 대한 바른 이해가 없으면 당장 무리한 해석하게 된다. 특히 마지막 때에 대한 예언이 많이 나오는 장면에서 시간축의 변화가 크기 때문에 더욱 시간에 대한 바른 이해가 절대적으로 요청된다고 하겠다.

우리가 시간에 대한 바른 이해를 위해서 계시록의 배경을 잘 아는 것이 필요하다. 그래야만 계시록의 가장 큰 비중을 차지하는 대재앙에 대한 바른 적용적인 설명이 가능하다. 계시록에서 가장 혼란한 부분 중의 하나인 천년왕국을 해석함에 있어서 시간축과 공간축의 잘못된 이해에서 출발하고 있다. 우리가 천년왕국을 해석할 때 시간축에 있어서 시간적 순서로 볼 때 역사적 전천년설을 주장한다. 다른 한편으로는 시간적 초월성을 가지고 논리적 순서로 보면 무천년설을 주장하는 아주 상반적인 해석을 하게 된다. 이 모든 것들이 시간축의 바른 이해의 부족에서 일어나는 현상이다. 우리가 시간축을 바로 이해하면 이런 문제점들을 일거에 해결할 수 있다.

저자는 계시록 전체의 구조를 시간축에 맞춘 시간적 순서로 도표화하면 좋겠다고 생각한다. 실제로 이런 작업은 계시록 해석사에 없던 새로운 시도이고 계시록을 잘 읽기 위해서 꼭 필요한 일이다. 과거와 현재 그리고 미래의 시제와 구체적인 시간의 도표는 정말 중요한 일이 아닐 수 없다. 계시록 1장은 현재의 시간으로 시작하여 과거와 미래를 넘나들다가 21장에 가면 시간의 개념이 필요 없는 영원한 시간으로 마감하고 있다. 그리고 다시 현재를 살아가는 우리가 어떻게 영원한 시간의 존재로 현재 살아갈 것인가로 마지막을 장식하고 있다. 계시록의 저자 요한은 우리가 마지막 시대의 주인공이 되기 위해서 종말지향적인 신앙을 가지고 현 시대를 살아갈 것을 권면하면서 계시록을 끝내고 있다.

공간축(Apatial : Space axis) : 공간적 초월성

계시록의 또 하나의 두드러진 특징은 현재에서 창조 때와 마지막 때의 공간 이동이 아주 빈번하게 교차하고 있다는 점이다. 우리가 계시록을 이해하고 잘 읽기 위해서는 공간축에 대한 개념을 바로 알아야 한다. 공간축이란 공간적 초월이 같은 내용 안에서도 자유자재로 나타나는 현상을 말한다. 현재 계시록의 본문이 어떤 공간을 말하고 있는가에 대한 바른 이해는 정말 중요한 일이다. 현재 사건이 지상에서 일어나는 일인가, 아니면 천상에서 일어나는 일인가를 바로 아는 것이 계시록을 잘 푸는 열쇠가 된다.

계시록 저자는 천상의 이야기 즉, 천국에 대한 이야기를 많이 하고 있다. 이에 반해 지옥에 대한 구체적인 언급은 상대적으로 거의 없다. 우리가 천상의 사건을 지상의 사건이나 입장에서 이해하면 혼란이 시작된다. 계시록은 이런 공간축의 혼란이 가장 많은 부분을 차지하고 있다.

특히 계시록의 본문이 공간축으로 볼 때 천상의 이야기인가, 지상의 이야기인가의 구분을 잘하면 대부분의 상징적 사건들이 자연스럽게 해결된다. 예를 들어 천년왕국이 천상의 일인가 아니면 지상의 일인가에 대한 다양한 해석들이 지난 이천 년간 계속된 신학적 논쟁이다. 우리가 아무런 선입관 없이 계시록 20장을 읽으면 천상의 일인지 지상의 일인지를 바로 알 수 있도록 기록되어 있다. 여기서 공간축이 바로 잡히면 천년왕국의 문제가 쉽게 해결된다. 또 하나는 하나님의 관점에서의 기록인가 아니면 인간적인 관점으로 기록한 것인가를 잘 알아야 한다.

다시 말해서 하나님의 관점의 기록을 인간의 측면으로 이해하면 계시록의 해석이 빗나갈 수밖에 없다. 역시 인간의 관점에서 기록한 것을 하나님의 관점에서 이해하는 것도 잘못이다. 이렇게 계시록은 처음부터 잘못된 선입관을 가지고 출발할 것이 아니라 이 책에 기록한대로 잘 읽기 위한 전제들을 바로 알고 읽으면 정말 쉽고 마지막 때를 살아가는 성도들에게 가장 큰 축복의 책이 아닐 수 없다.

요한계시록
1장~22장

1장
계시록 어떻게 잘 읽을 것인가?

1장 역사적 해석의 문제점

1. 계시록 1:3절의 예배 상황에 대한 바른 이해가 없었기에 혼란이 시작되었다.
2. 계시록 1:20절에 주님이 상징적인 내용을 처음으로 해석하고 있다는 사실을 독자들은 바르게 이해하지 못했다.
3. 계시록이 편지 형식을 가진 예언이면서 해석된 설교라는 이해의 부족 때문에 많은 혼란이 시작되었다.

첫째, 계시록은 예배드릴 때 처음부터 끝까지 읽어주도록 설교된 하나님의 말씀

"이 예언의 말씀을 읽는 자와 듣는 자들과 그 가운데 기록한 말씀을 지키는 자들이 복이 있나니 때가 가까움이라" (계1:3)

히브리 문장 구조로 계시록을 본 일부 성경 신학자들은 많은 신약 성경의 서신들이 "하나님 우리 아버지와 주 예수 그리스도로 좇아 너희에게 은혜와 평강이 있을지어다"라는 일반적인 편지 양식(롬1:7, 고전1:3, 고후1:2, 갈1:3, 엡1:2, 빌1:2, 살후1:2, 골1:2, 살전1:1, 딤전1:2)을 따라 시작하는 문안들이 기독교 예배를 시작하는 서두 인사 즉 예배로 들어가는 "예배형식"에서 나온 것이라고 했다(Delling, Worship, p.48-50 : Cullmann, Worship, p.23). 다시 말해 요한계시록이 예배 시간에 읽어주도록 편집된 편지형식의 예언의 말씀이라는 말이다. 이런 주장에 한걸음 더 나아가 바니(Vanni)는 요한계시록 1:4-8절이 예배의 대화를 반영한다고 했다. 그가 계시록을 가지고 예배형식에 도입했다고 주장하는 히브리 문장의 병행구조는 다음과 같다(Bible 57[1976] p. 460-461: id., L' Apocalisse, p. 107-8).[9]

설교자 / 예배 인도자

4b 이제도 계시고 전에도 계시고 장차 오실 이와
그 보좌 앞에 일곱 영과
5 또 충성된 증인으로
죽은 자들 가운데서 먼저 나시고
땅의 임금들의 머리가 되신 예수 그리스도로 말미암아
은혜와 평강이 너희에게 있기를 원하노라

회중 / 예배 참석자

우리를 사랑하사

9) WBC 52A, "요한계시록 52(상)" p. 352-3, 솔로몬, 2007

그의 피로 우리 죄에서 우리를 해방하시고

6 그 아버지 하나님을 위하여

우리를 나라와 제사장으로 삼으신

그에게 영광과 능력이 세세토록 있기를 원하노라 아멘

설교자 / 예배 인도자

7 볼지어다 구름을 타고 오시리라

각인의 눈이 그를 보겠고

그를 찌른 자들도 볼 터이요

땅에 있는 모든 족속이 그를 인하여 애곡하리니

회중 / 예배 참석자

그러하리라 아멘

설교자 / 예배 인도자

8 주 하나님이 가라사대

나는 알파와 오메가라

이제도 있고 전에도 있었고 장차 올 자요

전능한 자라 하시더라.

9 [중략]

[이후의 계시록의 모든 내용은 일방적으로 인도자가 읽다가 다시 끝부분에 가면 예배의 화답형식으로 끝맺음을 하고 있다.]

바니(Vanni)는 이 단락을 예배의 대화로 인식함으로 이곳에 분명한 불일치 문제가 해결된다고 했다. 그는 요한계시록 1:3절은 인도자 또는 설교자와 일단의 청중, 즉 회중의 존재를 보여주는 예배의 개념이 포함되어 있다는 사실을 증명한다고 했다. 특히 두 번의 아멘(6, 7절)은 이 구절에 예배의 개념을 확고하게 한다.[10] 계시록을 읽기 시작하는 설교자의 기원선언을 가지고 예배를 드리는 회중들이 두 번의 아멘을 통해서 자신들의 신앙고백임을 확인하는 응답인 것이다. 이를 증명하는 요소가 예배 인도자가 하나님의 기원선언에 대하여 회중들이 자신들의 신앙고백의 내용으로 "우리를 사랑하사… 우리를 해방하시고… 우리를 나라와 제사장으로 삼으신" 세 개의 1인칭 복수 명사의 자연스런 인칭 변화에서 그들이 하나님께 대한 예배 응답한 것으로 보아야 한다고 보았다.

요한계시록이 이런 하나님의 의도를 모르면 축복의 책이 아니라 혼란과 저주의 책이 될 가능성이 크다. 요한계시록은 지금까지 하나님의 말씀을 따라 읽지 않고 해석했기 때문에 가져온 역사적인 혼란은 수천 년간 잘못 해석해온 그들이 책임을 져야 한다. 계시록의 마지막에 표현을 빌리면 더 무서운 일이다. 계시록 22장 18절에 "내가 이 예언의 말씀을 듣는 모든 사람에게 증언하노니 만일 누구든지 이것들 외에 더하면 하나님이 이 두루마리에 기록된 재앙들을 그에게 더하실 것이요" 라고 말하는 것에 지금까지 해석한 사람들은 주목해야 한다. 그 이유는 '이 예언의 말씀을 듣는 모든 사람에게' 라고 말씀하신 것은 여기서도 '이 예언의 말씀을 해석하는 모든 사람에게' 라고 하지 않고 이

10) WBC, 52A "요한계시록 52(상)", p.352-353. 솔로몬, 2007.

말씀을 듣는 사람이라고 분명하게 선언하고 있기 때문이다.

이는 계시록 1:3절에 말씀하신 것처럼 22:18절의 말씀은 듣는 사람만 특별히 지명한 것이 아니라 읽는 자가 있다는 것을 전제하고 있다는 분명한 사실이다. 이 말씀은 듣는 사람만 이 예언의 말씀에다 무엇을 더하든지 빼는 자에게만 해당하는 것이 아니다. 실제로 이 계시록을 읽는 사람은 실제로 그대로 읽기만 하면 되기 때문에 당연히 포함되지 않았다는 것을 인식해야 한다. 그런데 문제는 너무도 자연스럽게 히브리적 문장 구조를 모르는 사람들이 지금까지 설교하고 해석하고 말았다. 이와 마찬가지로 계시록을 해석하는 사람들이 자신도 모르는 사이에 엄청난 실수를 해서 이 예언의 말씀에 더하고 빼는 실수를 저지르고 말았다. 저자는 지금까지 이 사실을 모르고 해석할 때 더하거나 뺀 사람들에 대하여 하나님이 어떻게 하실지에 대하여 언급할 마음은 없다. 하지만 이제라도 계시록에 하나님이 그렇게 단순히 읽어주라는 말씀에 관심을 가지고 성도들로 하여금 잘 읽을 수 있도록 도와주는 사역에 초점을 맞추어야 한다고 생각한다.

저자는 바니의 계시록 시작에 나타나는 예배 형식에 대한 증거로 계시록 마지막 장의 마지막 신앙고백에 다시 한 번 등장하는 설교자와 회중들의 기원선언과 응답을 가지고 계시록이 예배 가운데 읽는 자와 듣는 자가 인도자와 청중이 되어 서로 화답하는 신앙을 고백하는 설교라는 사실을 증명하고자 한다. 저자는 계시록에 나오는 이러한 예배 형식에 대한 병행구조는 하나님의 기원선언에 대한 회중들의 응답을 '예배화답' 이라고 이름을 붙이고자 한다.

설교자 / 예배 인도자

1 : 9 [앞부분 화답의 내용을 넘어서면 인도자가 일방적으로 읽는다.]

—

22:17 [내용생략]

22:18 내가 이 두루마리의 예언의 말씀을 듣는 모든 사람에게 증언 하노니 만일 누구든지 이것들 외에 더하면 하나님이 이 두루마리에 기록된 재앙들을 그에게 더하실 것이요

22: 19 만일 누구든지 이 두루마리의 예언의 말씀에서 제하여 버리면 하나님이 이 두루마리에 기록된 생명나무와 및 거룩한 성에 참여함을 제하여 버리시리라

22:20a 이것들을 증거하신 이가 가라사대 '내가 진실로 속히 오리라'

회중신앙고백 / 예배 참여자

20b 아멘! 주 예수여 오시옵소서.

설교자 / 예배 인도자

21a 주 예수의 은혜가 모든 자들에게 있을지어다.[축도]

다같이 / 인도자와 회중

21b 아멘!

[축도 후 모든 사람들이 함께 고백하는 '아멘' 으로 모든 예배를 계시록 안에서 모두 종결하는 히브리 문장 구조를 볼 수 있다.]

요한은 계시록을 마감하면서 "이것들을 증거하신 이가 가라사대 내가 진실로 속히 오리라"고 예언의 말씀에 주님이 속히 오신다는 종말 지향적인 삶을 살라는 선언을 하신다. 이 계시록 예언의 말씀을 듣는 모든 성도들에게 주님은 자신이 진실로 속히 오겠다고 마감 인사를 하고 있다. 여기서 '진실로'는 헬라어 나이(ναί)인데 이 말은 아멘과 동의어이다. 주님은 "내가 진실로 속히 오리라"는 높아지신 예수 자신이 종말을 마감하기 위하여 곧 오시겠다는 엄숙한 약속의 선언인데, 이 약속은 2:16, 3:11, 16:15, 22:7, 22:12절에도 동일한 말씀으로 반복하여 강조하고 있다. 이는 계시록의 예배 마지막 부분에 송영 선언하는 예수 자신이 아멘하시며 속히 오겠다고 약속하고 있는 것이 특징이다. 우리는 다시 한 번 마지막 시대에 살아가는 인간의 모든 수고가 주님이 다시 오심이 아니면 아무런 가치가 없다는 사실을 자각해야 한다. 또한 예수의 재림은 우리가 주님의 높아진 주권(Sovereignty)이 절대적으로 반영되는 기원선언의 자리임을 자각해야 한다.

"아멘! 주 예수여 오시 옵소서" 이 구절은 엄밀하게 말해서 기도문이 아니라 대화의 일부로서 앞에 나온 송영선언에 대한 신앙고백적인 회중들의 응답이다. 이 문장은 헬라어 현재 명령형으로 쓰여 있는데, 이는 청중들의 신앙고백이 강렬한 감정에 담겨져 강조되는 상황들에서만 사용되었다(Bakker, Imperative, p.82-83). 요한계시록 22장 20절에서 명령형 '에르코마이'(ἔρχομαι)는 속히 오시겠다는 그리스도의 약속에 대한 예배 상황에서의 화답으로 사용된 것으로 청중들의 신앙고백적인 간절한 심정을 표현하기 위한 문장 구조이다. 사도 요한은 예배의 청중들이 그리스도께 그분의 약속을 지키겠다는 감정적 고백을 담은 의지적 결단으로 현재 명령형 문장으로 사용하고 있다. 이 구절 전체는 "그렇습니다. 주님 속히 오실 줄로 저는 믿습니다"라고 말할 수 있다. 베커(Bakker)는 이 어구가 기도 상황이 아니라 대화 상황에서 사용되고 있기 때문에 요한이 현재 명령형을 사용하고 있는 것이라고 주장한다.

이 본문에 대해 슐츠(S. Schulz)는 초대 유대인 공동체가 아람어로 '마라나타, 아멘!' 으로 고백했다고 주장한다. '마라나타' 의 원래 의미는 예배 속에서 하나님의 임재를 환호하며 맞이하는 말이 아니라 예수의 임박한 파루시아(재림)를 바라는 간절한 기도 형식을 띤 신앙고백적 청중들의 화답이 틀림없다고 설득력 있게 주장했다(ZNW 53[1962] p.138.). 이런 일련의 주장들을 볼 때 계시록 마지막 부분은 계시록을 봉독한 설교자가 마지막 송영선언을 할 때 모든 회중들이 화답하는 가운데 예배의 마지막 고백으로 "아멘! 주 예수여 오시옵소서"라고 응답하는 장면이다.

하지만 요한계시록 22장 20절에서 "주 예수여 오시옵소서"는 몇 가지 구별되는 의미가 있다. 1) 이 구절을 성찬식으로 넘어가기 위한 일련의 예전 절차의 도입부로 본다면, 이 어구는 '예배 속에서' 예수의 오심을 기다리는 고백이라고 볼 수 있다. 2) 이 어구는 오로지 '종말론적인' 예수의 오심을 가리킬 수 있다. 3) 이 어구는 예배 속에서 및 종말론적으로 예수의 오심 둘 다 가리킬 수 있다. 이는 우리의 종말론적인 기대가 현재의 예배 체험 속에서 실현되는 차원을 지닌다.[11]

요한계시록의 저자가 "주 예수여 오시옵소서"라는 문구를 오로지 종말론적인 의미로만 사용하고 있다는 것을 시사해 주는 요소들로는 다음과 같은 것들이 있다. 역사적으로 초대교회부터 종교개혁 때까지 예배 시간마다 "아멘! 주 예수여 오시옵소서"(아람어인 아멘! 마라나타)라고 고백을 하면서 성찬식을 거행했다. 이로 미루어 볼 때 역사적으로 교회가 요한계시록의 봉독을 완료한 후에 성찬식이 거행되었다면, 이 문구는 성찬식의 종말론적인 차원에 초점을 맞춘 것일 수 있다(고전 11:29, 막 14:25, 마26:29, 눅22:16). 이 문구는 신실한 자들에게는 구원의 약속, 신실치 않은 자들과 경건치 않은 자들에게는 심판의 위협을 강조하는 요한계시록의 메시지가 참되고 중대하다는 것을 승인하는 기능을 할 수 있다.

끝으로 요한계시록 22장 21절은 설교자의 축도의 형식으로 예배를 마감하는 자리이다. "주 예수의 은혜가 모든 성도들에게 있을지어다"는 서신의 형식으로 기록된 글을 예배의 시간에 예언의 말씀을 읽고 듣는 모든 회중들에 대한 끝맺는 축도이다(롬16:20, 고전16:23, 고후13:13, 갈6:18, 빌4:23, 골4:18, 살전5:28, 살후3:18, 몬1:25, 딤전6:21, 딤후4:22b, 딛3:15, 히13:25). 그러므로 예배에 참석한 모든 사람들은 마지막 축도가 끝남과 동시에 '아멘!' 으로 화답하며 예배를 마치게 된다. 이에 대하여 캐버너(Kavanagh)는 21절을 예수의 이름으로 말하는 예배 인도자, 즉 설교자에 의한 예전을 끝맺는 축도라고 해석하고 있다(Apocalypse, p.132-33.).

저자가 정의하는 계시록은 이미 해석되어진 예언의 내용으로 편지로 기록한 설교임에 틀림없다. 이 해석된 설교문을 가지고 예배 인도

---

11) Aune, "The Significance of the Delay of the Parousia." p.103-9.

자가 읽고 이것을 듣는 청중들이 화답하는 예배 상황이라는 것을 마지막 시대를 살아가는 우리가 확인할 수 있다. 우리는 지금부터라도 이미 사도 요한에 의하여 해석해서 설교 형식으로 보내진 편지를 가지고 또 다시 해석이라는 알레고리(Allegorical)적인 방법으로 지난 2,000년의 혼란을 가중시키는 일은 그만해야 한다. 이제 우리는 요한계시록을 다시 본래의 저자의 의도대로 해석하는 책이 아니라 읽기만 해도 청중이 모두 알고 주님의 재림을 사모하는 가운데 예배 시에 읽어 주는 주도적인 방향으로 바뀌어야 한다. 그리고 성도 각자는 개인적으로 계시록을 예배의 마음으로 읽고 주님의 재림을 기다리고 고백하는 축복의 책으로 만들어야할 마지막 때의 사명이 있다.

둘째, 계시록은 읽고 듣고 지키며 복 받는 책

단지 계시록을 우리가 읽기만 했을 뿐인데 계시록이 너무도 쉽게 해결된다는 사실만이라도 상상이 가는가? 이에 대한 대답은 단지 그렇게만 해도 충분히 계시록은 해결된다. 그리고 더 이상 계시록을 해석하지 말자는 것이 저자의 논지이다. 저자가 계시록을 강의하면서 제안한 방법을 가지고 계시록을 잘 읽을 수 있도록 적용하여 설명하고 다시 읽을 때 아래와 같이 고백하는 놀라운 일이 일어났다. 그것은 박사과정에서 계시록의 강의를 듣고 참가했던 많은 선교사들과 목회자들과 및 모든 사람들이 이구동성으로 고백했던 말은 아래와 같다.

> "강의대로 잘 읽는 방법을 따라 계시록을 읽으니 계시록 전체가 그림처럼 분명하게 보이고 이제 나도 계시록을 이 방법으로 가르치고 적용

하여 모든 성도들로 하여금 잘 읽고 적용하여 복을 받는 책으로 만들 수 있게 되었습니다. 지금까지 계시록을 해석하려고만 했던 내 자신을 부끄럽게 생각합니다."

계시록 강의를 들은 박사과정의 수백 명의 목회자들의 고백

"저는 계시록을 강의에서 배운 방법대로 함께 읽으면서 지금까지 창세기부터 계시록까지 끼었던 안개가 완전히 걷히고 모든 성경이 퍼즐을 완성하듯 성경 전체가 열리는 체험을 했습니다. 이제부터 저는 계시록을 사랑하고 단지 읽는 것만으로 충분히 복 받는 책이라는 사실을 믿습니다."

중국에서 한족 대학생 사역을 십년 넘게 사역하는 한 선교사의 고백

"저는 계시록을 강의에서 배운대로 읽을 때 자신이 천상에 있는 것 같은 감격을 고백하지 않을 수 없습니다. 저는 이제부터 제가 가지고 있는 계시록에 관련된 수십 권의 책을 쓰레기통에 다 버릴 것을 약속합니다."

회교권에서 십년 넘게 사역하는 한 선교사가 눈물 흘리면서 한 고백

이제부터 교회가 계시록을 잘 읽고 이 시대에 잘 적용하며 살 수 있도록 설명하자는 것이 이 책의 결론이다. 오늘날 설교자의 사명은 계시록을 해석할 것이 아니라 성도로 하여금 이 예언의 말씀을 잘 읽을 수 있도록 도와주고 이미 해석되어진 내용이 무엇인지를 알려주어 더 이상의 혼란이 없도록 바로 잡아야 한다. 그렇게 순종하면 당신도 계시록을 읽는 것 만해도 복의 주인공이 된다. 더 나아가 목회자들이 계

시록을 통하여 다른 사람들에게 복의 통로가 되는 삶을 살아야 한다. 마지막 때에 계시록은 실로 복 받는 책으로 주신 하나님의 선물이기 때문이다.

셋째, 히브리 사고의 문장 구조를 따라 계시록 잘 읽기

계시록은 1장 3절을 어떻게 이해하느냐에 따라 우리가 어떻게 잘 읽고 들을 것인가의 모든 것이 해결되는 말씀이다. 지금까지 계시록 1장 3절을 바로 이해하지 못했기 때문에 축복의 책이 혼란의 책, 혹은 문제가 심각한 책으로 전락하고 말았다. 사도 요한은 분명하게 계시록의 서두에서 이 책이 어떤 책인가를 선언하고 있다. 하나님의 의도를 밝히고 있는 사도 요한은 계시록이 해석하는 책이 아니라 예배 시간에 단순히 읽어주는 책이라고 밝히고 있다. 본문에서 요한은 그 어떤 상황에서도 해석하라는 말을 하지 않고 있다.

이 구절은 계시록의 예언의 말씀이 무엇인지를 확실하게 규명하고 있기 때문이다. 요한은 계시록이 그냥 읽기만 해도 되는 책이라고 선언하고 있다. 이런 일관된 주장은 계시록 전체를 통해서 계속되는 약속이다.

이런 사실은 우리가 히브리 사고의 문장구조를 알고 있으면 해결될 수 있는 너무도 단순한 진리이다. 문제는 지난 2000년간 히브리 사고의 문장 구조를 모른 상황에서 역사적으로 해온 습관을 따라 성경을 해석하고 설교하는 일이 너무도 자연스러운 일이 된 것이 오늘날의 계시록의 혼란이 가중된 가장 큰 문제점이라고 생각한다.

1. 계시록은 해석하지 말아야할 책

초대교회의 전통처럼 계시록은 절대로 해석하지 말고 이 책의 저자인 요한의 권면을 따라 읽어주어야 하는 책이다. 하지만 이런 히브리 사고의 문장구조를 모르는 사람들이 계시록을 해석하여 설교하므로 역사 속에 혼란과 무질서가 가중되었다. 그럼에도 불구하고 또 다시 우리는 오늘도 계시록을 해석하는 일을 자연스럽게 하고 있다. 그 해석이 정답도 아니고 하나님의 의도가 분명하다는 확신이 없이도 해석하는 실수를 오늘도 자행하고 있는 실정이다.

주님은 분명히 해석하지 말고 단순히 읽어주라고 했는데, 사람들은 해석하는 것을 자신에게 주어진 역사적 사명으로 알고 살아가고 있는 현실이 참으로 안타까운 일이 아닐 수 없다.

저자는 이제부터라도 계시록의 저자가 선언한대로 예언의 말씀을 해석하지 말고 단순히 읽어주고 듣는 자들이 되고 그 가운데 기록한 것을 지키는 자들이 되어 축복의 주인공이 되어야 한다고 믿는다. 읽고 듣기만 해도 축복이 되는 책이 바로 요한계시록이기 때문이다.

2. 계시록은 단순히 읽기만 해도 깨달아지는 책

그러면 주님은 왜 계시록을 읽기만 하고 듣는 자들이 되어야 한다고 말씀하는가? 그 이유는 바로 계시록이 이미 해석해 놓은 책이기 때문이다. 이는 저자만 이러한 주장을 하는 것이 아니라 계시록을 조금만 연구한 학자라면 모두 동의하는 내용이다. 다만 저자는 이미 계시록만으로도 더 이상의 해석이 필요 없다고 주장하는 것과는 달리 그들은 비록 어느 정도 상징적인 내용들이 해석이 되었다고 하더라도 더 많은 해석이 필요하다는 점이다. 이것이 상징을 해석하는 사람들의 문제점이 아닐 수 없다.

권성수 교수는 그의 요한계시록 책에서 세대주의자인 왈부드(J. Walvoord)를 비판하기 위하여 그의 주장을 인용하면서 다음과 같이 계시록 자체에 이미 해석하고 있는 상징에 대한 구체적인 목록을 아래와 같이 열거하였다.[12] 권 교수는 왈부드의 책에서 계시록에 나오는 상징에 대하여 자체적으로 해석하고 있다고 주장하는 것만 간추려 아래에 열거하였다. 아래의 상징에 대한 해석을 하고 있다고 주장하는 것은 왈부드가 주장하는 내용이다.

일곱 별들(1:20) = 일곱 교회의 사자들

일곱 촛대들(1:20) = 일곱 교회들

일곱 등불(4:5) = 하나님의 일곱 영

금 대접의 향들(5:8) = 성도들의 기도

떨어진 별(9:1) = 무저갱의 사자

여자와 아이(12:1-2) = 이스라엘과 그리스도(12:5-6)

사탄에 대한 다양한 묘사 = 큰 용, 옛 뱀, 마귀, 사탄(12:9, 20:2)

한때 두때 반때(12:14) = 1,260일(12:6), 삼년 반

땅에서 나온 짐승(13:11-17) = 거짓 선지자(19:20)

음녀(17:1) = 큰 성(17:18), 바벨론(17:5)

---

12)권성수, "요한계시록" 선교횃불, p. 551-2에서 "계시록의 많은 상징들은 계시록 안에 직간접적인 해석들이 26개나 있다"고 했다.

여자가 앉은 물(17:1) = 세계 민족들(17:15)

어린양 = 만주의 주 만왕의 왕(17:14)

빛난 세마포 = 성도들의 의로운 행실(19:8)

백마 탄 자(19:11, 19) = 왕 중 왕 그리스도

불 못 = 둘째 사망(20:14)

다윗의 뿌리 = 예수 그리스도(22:16)

그는 왈부드의 책을 인용하면서 계시록 안에 상징들에 대한 해석들이 나옴으로서 해석의 패턴을 형성하기 때문에 계시록 전체를 해석하는데 상당한 도움을 준다고 주장했다. 그리고 그는 만약 우리가 계시록 전체를 모두 상징적으로 해석하면 계시록 전체를 무효화하고 계시록이 설명되지 않은 채 버려두는 결과를 초래한다고 하였다.[13] 결국 권교수도 상징적인 내용을 인정하면서 또 다시 상징적인 내용들을 자기 나름대로 신학적인 배경을 인용하면서 계시록을 자세히 해석하고 있다. 역사적으로 계시록을 주석한 학자들이 본문 안에 상징을 해석해 놓은 사실은 다 인정하면서도 또 다시 그 해석해 놓은 상징을 더 구체적으로 해석함으로 인해 더 많은 혼란을 가져온 것이 사실이다. 저자는 계시록에서 상징의 내용을 해석해 놓은 것에 대하여 더 이상 해석하는 실수를 범하지 말고 그대로 이해하고 받아들이자는 입장이다. 왜냐하면 우리가 아무리 상징에 대한 영적인 해석이나 합리적인 해석을 한다고 할지라도 주님이 해석해 놓은 그것보다 더 좋은 해석을 할 수 있는 지혜가 없기 때문이다.

13) 권성수, p. 552.

이미 계시록에는 다른 학자들이 주장하는 것처럼 상징에 대하여 많은 자체 해석하고 있다고 열거한 내용들 뿐만 아니라 더 구체적인 해석들이 전체 계시록 안에 있다는 점이다. 다만 위에 열거한 내용만을 요한이 해석한 내용의 전부일 것으로만 편협적인 시각으로 보고 있는 것이다. 저자는 계시록 전체는 상징적인 내용 뿐만 아니라 구체적인 내용까지도 대부분 구체적으로 해석하여 설교의 형식으로 기록해 놓았다는 전제아래 이 책에서 그 증거들을 제시할 것이다. 오늘날 계시록의 더 큰 문제는 그 내용이 계시록의 저자가 이미 해석한 것이라고 알고 있다고 할지라도 그 해석한 본문을 가지고 그들이 또 다시 더 깊은 의미를 해석하고 있기 때문에 빚어진 더 큰 혼란이라고 말할 수 있다. 단순히 계시록의 저자가 해석해 놓은 그 본문의 내용을 그대로 받아들이지 못하고 또 다른 뜻을 찾는 것이 성경해석자들이 수천 년을 이어온 엄청난 실수라고 본다.

그러므로 저자가 볼 때 사도 요한이 계시록에 해석해 놓은 것만 가지고도 충분히 그 뜻과 예언이 무엇인지 확실히 알 수 있다. 그런데 많은 학자들은 그것으로 충분하다고 생각하지 않는 사실에 문제의 심각성이 있다. 그 이유는 계시록을 연구하는 많은 학자들이 실제로 히브리 문장구조의 특성을 잘 모르기 때문에 일어난 결과라고 보여 진다. 이제라도 우리가 이런 생각들을 버리고 계시록을 성도들이 잘 읽을 수 있도록 지도해 주는 일이 성경 해석자의 사명을 다하는 것이다.

왜 계시록은 단순히 읽기만 해도 되는 책인가에 대한 부분을 말하고자 한다. 계시록은 마지막 때를 위한 예언의 내용을 담은 하나님의 말씀이다. 지금과 같이 계시록 때문에 교회가 혼란하고 많은 이단들이 생겨나고 수많은 문제들이 야기되는 것은 계시록 자체의 문제가 아니라 계시록을 잘못 해석했기 때문에 파생된 결과물이다. 그러나 저자는 사도 요한과 주님께서 계시록으로 인해 교회의 혼란과 무질서를 야기하는데 원인을 제공하는 일을 했다고 보지 않는다. 진짜 문제는 해석자들과 그 해석한 내용을 가지고 설교한 사람들에게 혼란의 책임이 크다고 할 수 있다. 주님은 이런 사실을 알고 이미 예언의 말씀인 계시록을 주실 때 아주 친절하게 해석해서 우리에게 주셨다. 그러므로 계시록은 창세기로부터 시작하여 마지막 때 되어 질 예언의 말씀을 해석해서 설교라는 형태로 우리에게 주신 것이다. 하지만 그 내용의 형식이 편지라는 히브리 사고의 문장 구조로 기록해 우리에게 보낸 것이다.

3. 초대교회는 요한계시록을 예배 때에 읽는 것으로 설교를 대신함 (골4:16)

실제로 초대교회는 사도들의 말씀대로 주일 날 모였을 때 자기 교회에 보내준 하나님의 말씀인 편지를 교인들에게 읽어주는 것이 예배였다(골4:16). 주로 사도 바울과 다른 사도들이 보낸 편지의 형태를 가진 하나님의 말씀은 그 당시 각 교회에 보낸 설교이다. 따라서 각 교회는 사도들이 보낸 편지를 그냥 읽어주는 것으로 설교를 대신했다. 왜냐하면 주님은 사도들을 통하여 각 교회에 보낸 편지들을 읽어주라고 명령했기 때문이다. 실제로 이미 그 시대에 복음에 대하여 자세히 해석하여 적용된 편지 형식을 가진 설교이기 때문에 그 말씀을 읽고 다시 설교하는 초대교회와 목사는 하나도 없었다. 그냥 읽어 주기만 해도 충분히 그 의미를 알고 이해했고 은혜를 받았기 때문이다.

초대교회는 다른 성경들도 무조건 해석하는 책이 아니라 예배에서 단순히 읽어주라고 했기 때문에 교회는 그러한 사도적인 권면을 그대로 받아 들였다. 골로새서 4:16절에 보면 바울은 골로새 교회의 목사에게 권면하기를 성도들에게 "이 편지를 너희에게서 읽은 후에 라오디게아인의 교회에서도 보내어 읽게 하고 또 라오디게아로부터 오는 편지를 너희도 읽으라"고 했다. 이 내용을 보면 초대 교회는 사도들이 보낸 회람 서신인 하나님의 말씀을 서로 사본으로 만들어 보내고 받으면서 성도들에게 읽어 주었다는 정황을 확증할 수 있다. 실제로 바울이 개척한 골로새 교회의 사정을 너무도 잘 알기 때문에 감옥에서 갈 수 없는 상황에서 그는 교회의 형편과 상황을 생각하면서 편지 형식의 설교를 써서 보내면서 이 편지의 하나님의 말씀을 교인들에게 단순히 읽어주라고 명령형으로 권면하고 있다.

하지만 하나님의 말씀인 편지형식의 설교문이 도착하였다고 할지라도 아무 때나 읽어 줄 수 없었다. 왜냐하면 평일에는 모두 사회에 나가 생업에 종사하고 주일에 모였을 때 읽어 줄 수 있었다. 결국 주일 예배 시간에 모든 회중들에게 예배 인도자인 목회자가 서신을 읽어주는 것으로 설교를 대신할 수 있었다. 이런 일들이 매 주일 반복되면서 한 서신만 읽을 수 없기 때문에 다른 교회에 보낸 서신들도 사본들을 만들어 회람하면서 읽어주는 것이 예배의 상황이고 설교의 전부였다. 이미 설교한 하나님의 말씀을 읽고 또 다시 설교하는 해프닝은 있지도 않았고 있을 수도 없었다. 그 이유는 모두 바울이나 사도들이 보낸 편지들은 그 시대에 꼭 필요한 교리와 삶이 적용된 하나님의 말씀이었기 때문이었다.

이런 편지 형식의 서신을 하나님의 말씀을 대신하고 설교를 대신하던 것이 어느 때부터 오늘날의 설교 형태로 바뀐 것인지는 좀 더 깊이 있는 연구가 필요하다. 한편 예배 시간에 성경을 읽어주던 전통이 오늘날의 설교 형태로 바뀐 것은 초대 교회의 문헌을 보면 교부 시대부터 본문을 해석하는 설교의 문헌에서 찾을 수 있다. 교부들이 성경을 해석한 이유는 히브리 사고의 문장 구조를 모르는 이방인들이 목회자가 되었기 때문이다. 그 때부터 성경은 읽어주는 책이 아니라 해석해서 설교하는 책으로 인식되었다. 한편 우리가 잘 알고 있는 알렉산드리아 교부인 오리겐은 히브리 사고의 문장 구조를 몰랐기 때문에 영적 해석이라고 알려진 알레고리(Allegory) 해석의 원조가 되었다. 실로 잘못된 성경해석이 싹트고 시작된 배경이다.

이런 해석의 원리가 오늘날 우리 시대에도 그대로 전수되어 성경을 잘 쪼개어 설교를 잘하는 사람들의 대부분이 알레고리에 가까운 해석을 하는 것을 볼 수 있다. 사실 성경을 잘 쪼갠다는 말은 참으로 무서운 개념이 그 안에 있다. 이는 헬라적인 개념으로 성경을 잘 분석하고 합리적으로 해석한다는 의미가 내포되어 있다. 이 말을 잘 살펴보면 하나님의 말씀을 갈기갈기 쪼개고 철저하게 나누는 개념으로 이는 말씀을 살리는 것이 아니라 죽이는 개념이 더 강하게 그 뜻을 내포하고 있다. 지금까지 분석적인 개념이 강한 헬라적인 사고에 의한 성경해석은 자신도 모르게 죽이는 개념이 강하게 담겨있다. 이에 반해 히브리 사고의 문장 구조의 붙이는 개념으로 성경 말씀을 해석하므로 사람을 살리는 개념이 더 강하게 포함되고 있다.

4. 성경만 읽어주면 그리스도의 비밀을 깨닫게 됨(엡3:4)

에베소서 3장 4절에서 바울은 "그것을 읽으면 내가 그리스도의 비밀을 깨달은 것을 너희가 알 수 있으리라"고 했다. 초대 교회의 성도들은 예배 시간에 설교대신 읽은 하나님의 말씀을 듣기만 해도 말씀의 비밀을 깨닫고 알게 되었다고 바울은 말하고 있다. 그 이유는 바울과 사도들이 해석하여 편지로 기록한 설교문만 읽어주어도 그 깊은 비밀의 의미를 알고 깨달았다는 점이다. 각 교회를 담임하는 목회자들은 또 다시 설교되어진 편지의 본문을 하나님의 말씀으로 알고 읽어주는 것으로 충분히 성도들이 알아듣고 깨달았기 때문에 설교했다는 기록이 없다.

다만 사도 바울과 베드로, 그리고 스테반이 사도행전에서 몇 번의 설교를 하는 것을 본다. 그때 그들의 설교는 거의 동일한 패턴이 반복되는 것을 볼 수 있는데 그 내용은 구약의 출애굽 사건으로 시작해서 예수 그리스도에 대한 십자가와 부활의 사건에 연결하여 말씀을 전하고 있다. 이것이 사도행전에 나오는 설교의 전부이다. 나머지는 서신서에 나오는 사도들의 설교가 초대교회에 행해진 설교이다. 그 후에는 설교는 하지 않고 사도들의 명령을 따라 편지들을 읽어주는 것이 예배 때 계속된 설교였다. 초대교회의 성도들은 성경을 읽어주는 것만으로도 설교를 대신할 정도로 충분했다. 이런 전통은 거의 한 세기 이상 계속되었다.

데살로니가 전서 5장 27절에도 보면 "내가 주를 힘입어 너희를 명하노니 모든 형제에게 이 편지를 읽어 주라"고 했다. 바울은 다른 본문들과 달리 여기서는 하나님의 명령으로 표현하고 있다. 그리고 교회의 모든 형제에게 이 편지를 읽어 주라고 명령형 문장으로 선언하고 있다. 이것은 모든 교회가 해도 되거나 안 해도 되는 문제가 아니라 무조건 명령에 순종해야 당연한 것으로 선언한다. 명령형 문장은 순종을 전제하는 것이 히브리 사고의 해석의 원리이다. 여기서도 바울은 데살로니가 교회의 목회자에게 명령형 문장을 사용하여 절대로 해석하지 말고 반드시 읽어 줄 것을 권고하고 있다. 바울은 주님의 이름으로 명령하고 있다고 강하게 선언한다.

이런 명령을 따라 초대교회는 예배 시간마다 각 교회에 보낸 편지들을 읽어주는 것으로 설교를 대신하였다. 바울이 디모데에게 보내는 개인적인 서신 어디에도 설교하라는 권면은 없고 그 서신 역시 읽어줄 것을 권면하고 있다. 디모데 전서 4장 13절에 보면 바울은 영적 아들인 디모데에게 "내가 이를 때까지 읽는 것과 권하는 것과 가르치는 것에 전념하라"고 권면하고 있다. 개인적인 편지에조차 바울이 디모데에게 갈 때까지 이 글을 읽는 것에 전념하라고 말씀하셨다. 그러므로 오늘도 우리가 성경을 해석하고 설교하는 일보다 더 중요한 것은 하나님의 말씀을 잘 읽을 수 있도록 도와주는 것이 시급하고도 가장 필요한 일이다.

넷째, 계시록 1장 잘 읽기 위한 적용

1:1 “예수 그리스도의 계시라 이는 하나님이 그에게 주사 반드시 속히 일어날 일들을 그 종들에게 보이시려고 그의 천사를 그 종 요한에게 보내어 알게 하신 것이라”

1:1 “Αποκάλυψις᾽ Ιησοῦ χριστοῦ, ἣν ἔδωκεν αὐτῳ ὁ θεός, δεῖξαι τοῖς δούλοις αὐτοῦ ἃ δεῖ γενέσθαι ἐν τάχει, καὶ ἐσήμανεν ἀποστείλας διὰ τοῦ ἀγγέλου αὐτοῦτῷ δούλῳ αὐτοῦ᾽ Ιωάννῃ,”

여기서 계시는 구약의 묵시라는 개념과 병행되고 있다. 물론 요한계시록은 구약의 묵시문학과는 차이가 있다. 그 이유는 요한계시록의 계시는 숨기기 위한 것이 아니라 보이기 위해 기록하고 있기 때문이다. 저자 요한이 비밀스런 예수 그리스도의 계시를 꼭꼭 감추기 위해서 읽는 사람으로 하여금 잘 알지 못하도록 기록한 것이 아니라 도리어 예배 때마다 읽어 주고 듣는 가운데서 삶의 현장에서 복 받고 마지막 시대를 준비하라는 입장에서 주신 것이기 때문이다. ‘계시’ 라는 헬라어 단어 자체가 ‘감추어진’ 이라는 헬라어 단어 ‘칼립시스’ (κάλυψις)를 ‘벗겨’ (아포, ἀπο) 밝히 보여 준다는 의미가 있다. 그러므로 계시는 가능한 많은 사람들이 알 수 없도록 감추는 기능이 강화된 묵시문학과는 많은 차이가 있다.

계시록의 저자인 요한이 계시라고 표현한 묵시문학의 특징을 한마디로 말하면 초월성이다(J. J. Collins, 9). 이것은 공간적 초월과 시간적 초월로 구분할 수 있다. 공간적 초월은 하늘을 의미하고 시간적 초월은 종말을 의미한다. 바로 묵시문학은 이 두 가지 초월, 곧 하늘과 종말에 대한 관심을 가진다. 그리고 하늘과 종말은 서로 깊은 관련성을 가지는데 종말과 관련된 미래적 사건들은 주로 하늘에서 결정되는 형식을 가진다. 하늘은 모든 종말적 사건들을 포함하며 그 전체 내용을 결정한다. 따라서 요한계시록은 계시적 성격에 맞게 하늘과 종말에 대한 관심으로 충만하다. 그러면서도 계시록은 묵시문학적 특징을 맹목적으로 따라가고 있지 않으며 그것을 창조적으로 변형하여 발전시킨다. 곧 그것은 하늘과 종말의 관련성에서 드러난다.

이는 한 마디로 종말은 하늘을 통해 현재적으로 나타난다. 종말적 축복의 현상이 하늘에서 현재적으로 나타날 때 이를 경험하는 주체는 교회 공동체이다. 하늘은 미래적 사건을 결정짓는 장소이기는 하지만 이를 미리 간접 경험할 수 있는 신비한 장소이다. 하늘을 통한 미래적 사건의 현재화, 이것이 매우 중요한 요한계시록 메시지의 뼈대를 형성한다(R. Bauckham, 1993a, 21-31).[14]

한편 1절의 또 하나의 특징은 계시 전달 경로에 있다. 하나님이 천사들을 통하여 요한에게 보여 주었고, 요한은 그가 본 것을 모든 시대의 종들에게 보여 주신다. 이러한 요한의 언급은 아주 중요한 계시의 특징을 보여주는 것이라 할 수 있다. 그것은 계시의 최초의 원천이 하나님이라고 밝히면서 이 예언의 말씀이 자기 자신의 것이 아닌 하나님이 직접 주셔서 종들에게 전달한 것이라고 분명히 밝히고 있다. 하나님은 마지막 시대에 되어 질 일들을 직접 그의 종들에게 보여주고자

14) 이필찬, "내가 속히 오리라" 요한계시록 주석 p. 26. 이레서원, 2007.

하셨다. 이는 마지막 때의 스케줄이 하나님의 손에 의해서 직접 진행되고 움직여 간다는 확고한 사실을 만천하에 공개하신 것이다.

이 예언의 말씀이 최종수신자가 마지막 시대를 살아가는 주의 종들이라는 사실은 상당한 의미가 있다. 그것은 마지막 시대의 모든 스케줄을 하나님의 종들과 함께 하신다는 그분만의 철저한 약속에 근거하기 때문이다. 하나님이 종말의 개괄적인 역사의 스케줄을 미리 보여주고 진행한다는 것은 마지막 시대를 살아가는 종들에게 큰 위안이며 소망이다. 우리는 이미 알고 마지막 시대를 맞이한다면 그 나머지 사람들은 아무것도 모르는 상태에서 마지막 시대를 살아가야 하는 차이는 엄청나기 때문이다.

1:3 "이 예언의 말씀을 읽는 자와 듣는 자들과 그 가운데에 기록한 것을 지키는 자들이 복이 있나니 때가 가까움이라"

1:3 "Μακάριο" ὁ ἀναγινώσκων καὶ οἱ ἀκούοντες τους λόγους τῆς προφητείας καὶ τηροῦντες τὰ ἐν αὐτῇ γεγραμμένα ὁ γὰρ καιρὸς ἐγγύ."

1) 읽는 자(단수) / ὁ ἀναγινώσκων

2) 듣는 자들(복수) / οἱ ἀκούοντες

3) 지키는 자들(복수) / τηροῦντες

오스본(Osborne)의 글을 인용한 이필찬 교수는 그의 책 요한계시록 주석에서 1:3절에 대하여 다음과 같이 주석하고 있다.[15]

"여기서 '읽는 자'는 단수로, '듣고 행하는 자들'은 복수로 사용된다. 이것은 그 읽는 자에게 어떤 특별한 의미를 부여하여 어느 특정한 사람만이 이를 읽을 수 있고 해석할 수 있다고 하는 것은 올바른 해석이 아니다. 그것은 그 당시의 예배 형태가 한 사람에 의해 성경이 읽혀지고 나머지 사람들은 그것을 듣고 행하도록 구성되어 있으므로 읽는 자는 단수로, 듣고 행하는 자들은 복수로 표현한다. 바울 서신의 경우에도 종종 예배 중에 읽도록 쓰여진 것이 존재한다(살전 5:27, 골 4:16, 엡 3:4). 이러한 예배 형태는 그 당시 유대적 예배 형태를 따르고 있다. 그래서 축제일에는 다섯 명의 읽는 자가 있었고, 속죄의 날에는 여섯 명, 또한 안식일 날에는 일곱 명의 읽는 자가 있어 예배 때 매일 번갈아 구약성경을 낭독하였다.(Osborne,p.57)."

이필찬 교수가 아니라도 계시록을 연구하는 학자라면 이 말씀은 분명히 예배의 개념이 포함되어 있다고 해석한다. 사실 이 교수의 주장처럼 "읽는 자, 듣는 자들, 지키는 자들"이란 배경이 유대적 예배 형태를 따르는 것은 결코 아니다. 초대교회는 사도 바울의 권면을 따라 예배시간에 설교대신 성경을 낭독했다. 이러한 개념은 계시록을 이해하는데 가장 중요한 요소가 된다. 읽고 듣는 자라는 개념은 당연히 예배의 상황으로 계시록을 접근해야 바로 계시록을 주신 목적을 성취할 수 있다. 이는 계시록이나 성경을 읽는 상황이 발생하는 것을 언제나 예배 상황과 연결되어 이해해야 한다. 결국 계시록은 1:3절이 해결되지 않으면 전체를 바로 해석할 수 없게 된다. 그 이유는 저자인 요한이 계시록을 통해서 의도한 목적을 상실했기 때문에 일어난 당연한 결과이다.

---

15) 이필찬, "내가 속히 오리라" 요한계시록 주석 p. 40. 이레서원, 2007.

초대 교회 당시에는 아무도 성경을 가지고 있지 않았기 때문에 상식적으로 성경을 개인적으로 읽는 것이 불가능했다. 만약 이것이 사실이라면 요한계시록의 말씀을 읽으라고 한 것은 바로 예배의 상황을 전제하고 권면하시는 명령이다. 즉 계시록은 예배의 상황을 전제하고 기록한 하나님의 예언의 말씀이다. 그러므로 계시록은 예배 시간에 인도자가 설교 대신에 읽어주는 말씀이다. 이런 목적에서 계시록은 편집되어 있다는 사실을 본문에서 찾을 수 있다. 정말 주님은 계시록을 예배 시간에 해석하는 것이 아니라 읽으라고 했다는 점이다. 어디에도 해석하라는 명령이 없는데 역사는 아무런 거리낌 없이 계시록을 해석했다는 사실이다. 계시록 전체에는 읽고 들으라는 권면만 나타나지 해석해야 한다는 개념은 전혀 나타나 있지 않다.

과연 우리는 누가 허락해서 계시록을 해석하는가? 이는 하나님의 말씀을 정면으로 반발하는 행위에 해당한다. 결국 계시록을 무조건 해석하는 행위는 자기 마음대로의 계시록 소설을 쓰는 것과 같다. 계시록의 저자인 요한이 읽으라고 명령했을 때는 그 충분한 이유가 있다. 이는 우리가 계시록을 읽는 것으로도 충분하다는 말씀이다. 그러면 우리가 왜 계시록을 읽지 않고 지금까지 해석하려고 시도했는지를 생각해 볼 필요가 있다. 그 이유는 계시록을 잘못 알고 바로 이해하지 못했기 때문에 일어난 큰 실수이다. 당시 초대교회는 다른 성경들도 무조건 해석하는 책이 아니라 예배에서 단순히 읽으라고 했기 때문에 초대교회는 그러한 사도적인 권면을 받아 들여 읽는 것으로 설교를 대신했다.

1) 골로새서 4:16 "이 편지를 읽어주고, 라오디게아 교회에도 읽게 하라."
2) 에베소서 3:4 "그것을 읽으면 그리스도의 비밀을 깨달은 것을 알게 된다."
3) 살전 5:27 "주의 이름으로 명하노니 모든 형제에게 읽어 주라"(선포적명령)

이는 계시록을 해석하는 중요한 원리로 작용한다. 그 이유는 이미 계시록 본문은 저자 요한이 마지막 때 혼란을 피하기 위해서 구체적으로 해석하고 적용하여 설교한 말씀이기 때문이다. 역사적으로 계시록은 자의적으로 해석하면서 수많은 문제가 발생했다. 그렇다고 해서 계시록을 전혀 해석하지 말라는 것은 결코 아니다. 물론 계시록은 시대적 간격으로 인해 마지막 시대를 살아가는 성도들이 잘 읽을 수 있도록 시대에 맞도록 적용적 설명 - 설교의 새로운 정의 - 이 필요한 것이지 오늘날과 같은 해석을 하면 계속된 혼란은 피할 수 없을 것이다. 그러나 분명하게 요한 사도가 해석하고 있는 것을 또 다시 엉뚱하게 해석하는 실수를 해서 혼란하게 하는 것은 정말 곤란하다.

'읽는 자와 듣는 자들' 이 예배의 실제에 벌어지는 생방송의 상황이라면 '지키는 자들' 은 삶으로서의 예배를 언급하는 내용이다. 성도가 당연히 한 번의 예배로 모든 것을 다하는 것이 아니라 진정한 예배의 삶은 예배 후부터 일 주일간의 삶으로서의 산제사의 예배를 드려야 한다. 예배에서 들었던 계시록의 말씀을 가지고 살아있는 영적인 예배 즉, 산제사를 일주일 내내 드리는 것이 진정한 성도에게 요구하는 삶이다. 결국 예배에서 하나님의 말씀을 듣고 그것으로 끝나는 것이 아니라 삶으로 이어지는 영적인 예배는 주님 오시는 날까지 계속 드려져야 한다. 이것이 계시록을 우리에게 주신 하나님의 진정한 의도이다.

4) 요한계시록의 7복(1:3, 14:13, 16:5, 19:9, 20:6, 22:7, 22:14)

1) 1:3 "읽는 자와 듣는 자들과 그 가운데 기록한 말씀을 지키는 자들이"

2) 14:13 "주 안에서 죽은 자"

3) 16:15 "재림 때에 깨어 자기를 지키는 자"

4) 19:9 "혼인 잔치에 청함을 받은 자"

5) 20:6 "첫째 부활에 참여한 자"

6) 22:7 "마지막 때 말씀을 지키는 자"

7) 22:14 "두루마리를 빠는 자"

5) 때가 가까움이라.

4-8절 "예배 화답"

히브리 문장 구조로 계시록을 본 일부 성경 신학자들은 많은 신약성경의 서신들이 "하나님 우리 아버지와 주 예수 그리스도로 좇아 너희에게 은혜와 평강이 있을지어다"라는 일반적인 편지 양식(롬1:7, 고전1:3, 고후1:2, 갈1:3, 엡1:2, 빌1:2, 살후1:2, 골1:2, 살전1:1, 딤전1:2)을 따라 시작하는 문안들이 기독교 예배를 시작하는 서두 인사 즉, 예배로 들어가는 "예배

형식을 따른 말씀화답" 에서 나온 것이라고 했다(Delling, Worship, p.48-50 : Cullmann, Worship, p.23). 다시 말해 요한계시록이 예배 시간에 읽어주도록 하나님의 의도를 담아 편집한 편지형식의 예언의 말씀이라는 말이다. 이런 학자들의 주장에 한걸음 더 나아가 바니(Vanni)는 요한계시록 1:4-8절이 예배의 대화를 반영한다고 했다.

저자는 신학자들이 주장하는 내용을 가지고 다음과 같이 예배화답에 맞도록 재편집을 했다. 계시록을 가지고 예배형식에 도입했다고 주장하는 히브리 문장의 병행구조는 다음과 같다(Bible 57[1976] p. 460-461: id., L' Apocalisse, p. 107-8).[16] 이 예배화답의 형식은 서론에서 한 번 소개하였다.

설교자 / 예배 인도자

4b 이제도 계시고 전에도 계시고 장차 오실 이와
그 보좌 앞에 일곱 영과
5 또 충성된 증인으로
죽은 자들 가운데서 먼저 나시고
땅의 임금들의 머리가 되신 예수 그리스도로 말미암아
은혜와 평강이 너희에게 있기를 원하노라

회중 / 예배 참석자

우리를 사랑하사
그의 피로 우리 죄에서 우리를 해방하시고

16) WBC, "요한계시록 52(상)" p. 352-3, 솔로몬, 2007.

6 그 아버지 하나님을 위하여
우리를 나라와 제사장으로 삼으신
그에게 영광과 능력이 세세토록 있기를 원하노라 아멘

설교자 / 예배 인도자

7 볼지어다 구름을 타고 오시리라
각인의 눈이 그를 보겠고
그를 찌른 자들도 볼 터이요
땅에 있는 모든 족속이 그를 인하여 애곡하리니

회중 / 예배 참석자

그러하리라 아멘

설교자 / 예배 인도자

8 주 하나님이 가라사대
나는 알파와 오메가라
이제도 있고 전에도 있었고 장차 올 자요
전능한 자라 하시더라.

9절 [중략]

[이후의 계시록의 모든 내용은 일방적으로 인도자가 읽다가 다시 끝부분에 가면 예배의 화답형식으로 끝맺음을 하고 있다.]

여기서 바니(Vanni)는 이 단락을 예배의 대화로 인식함으로 이곳에 분명한 불일치 문제가 해결된다고 했다. 그는 요한계시록 1:3절은 인도자 또는 설교자와 일단의 청중, 즉 회중의 존재를 보여주는 예배의 개념이 포함되어 있다는 사실을 증명한다고 했다. 특히 두 번의 아멘(6,7절)은 이 구절에 예배의 개념을 확고하게 한다.[17] 계시록을 읽기 시작하는 설교자의 기원선언을 가지고 예배를 드리는 회중들이 두 번의 아멘을 통해서 자신들의 신앙고백임을 확인하는 응답인 것이다. 이를 증명하는 요소가 예배 인도자가 하나님의 기원선언에 대하여 회중들이 자신들의 신앙고백의 내용으로 "우리를 사랑하사… 우리를 해방하시고… 우리를 나라와 제사장으로 삼으신" 세 개의 1인칭 복수 명사의 자연스런 인칭 변화에서 그들이 하나님께 대한 예배 응답한 내용에 해당한다.

요한계시록에 나타난 이런 하나님의 의도를 모르면 축복의 책이 아니라 혼란과 저주의 책이 될 가능성이 크다. 요한계시록은 지금까지 하나님의 말씀을 따라 읽지 않고 해석했기 때문에 가져온 역사적인 혼란은 수천 년간 잘못 해석해온 그들이 책임을 져야 한다. 계시록의 마지막에 표현을 빌리면 더 무서운 일이다. 계시록 22장 18절에 "내가 이 예언의 말씀을 듣는 모든 사람에게 증언하노니 만일 누구든지 이것들 외에 더하면 하나님이 이 두루마리에 기록된 재앙들을 그에게 더하실 것이요" 라고 말하는 것에 지금까지 해석한 사람들은 주목해야 한다. 그 이유는 '이 예언의 말씀을 듣는 모든 사람에게' 라고 말씀하신 것은 여기서도 '이 예언의 말씀을 해석하는 모든 사람에게'

17) WBC 52, "요한계시록 52(상)" p. 352-353, 솔로몬, 2007.

라고 하지 않고 이 말씀을 듣는 사람이라고 분명하게 선언하고 있기 때문이다.

이는 계시록 1:3절에 말씀하신 것처럼 계시록 22:18절의 말씀은 듣는 사람만 특별히 지명한 것이 아니라 읽는 자가 있다는 것을 전제하고 있다는 분명한 사실이다. 이 말씀은 듣는 사람만 이 예언의 말씀에다 무엇을 더하든지 빼는 자에게만 해당하는 것이 아니다. 실제로 이 계시록을 읽는 사람은 실제로 그대로 읽기만 하면 되기 때문에 당연히 포함되지 않았다는 것을 인식해야 한다. 그런데 문제는 너무도 자연스럽게 히브리적 문장 구조를 모르는 사람들이 지금까지 설교하고 해석하고 말았다. 이와 마찬가지로 계시록을 해석하는 사람들이 자신도 모르는 사이에 엄청난 실수를 해서 이 예언의 말씀에 더하고 빼는 실수를 저지르고 말았다. 저자는 더 이상 그런 실수한 사람들에게 하나님이 하실 일에 대하여 언급할 마음은 없다. 하지만 이제라도 계시록에 하나님이 그렇게 단순히 읽어주라는 말씀에 깊은 관심을 가지고 읽어 주고 성도들은 읽는 일을 부지런히 해야 계시록에서 말씀하는 복을 받고 누릴 수 있을 것이다.

9-11절 "네가 보는 것을 두루마리에 써서 일곱 교회에 보내라"

1. 계시 장소는 밧모섬(9절)

9절 "나 요한은 너의 형제요 예수의 환란과 나라와 참음에 동참한 자라 하나님의 말씀과 예수를 증언하였으므로 밧모라 하는 섬에 있었더니"

2. 주의 날에 성령에 감동되어 환상을 봄(10절)

10절 "주의 날에 내가 성령에 감동되어 내 뒤에서 나는 나팔 소리 같은 큰 음성을 들으니"

3. 계시록의 수신자는 일곱교회(11절)

11절 "이르되 네가 보는 것을 두루마리에 써서 에베소, 서머나, 버가모, 두아디라, 사데, 빌라델비아, 라오디게아 등 일곱 교회에 보내라 하시기로"

4. 예수 그리스도의 형상 "촛대 사이에 인자 같은 이"(13-15절)

1) 발에 끌리는 옷을 입고(의복, 13절)
2) 가슴에 금띠를 띠고(가슴, 13절)
3) 머리와 털의 희기가 흰 양털 같고 눈 같으며(머리, 14절)
4) 그의 눈은 불꽃 같고(눈, 14절)
5) 그의 발은 풀무불에 단련한 빛난 주석 같고(발, 15절)
6) 그의 음성은 많은 물소리 같으며(음성, 15절)

5. 예수 그리스도의 주권 선언(16-18절)

1) 교회의 주권 "그의 오른 손에 일곱 별이 있고"(16절)

2) 심판의 주권 "그의 입에서 좌우에 날선 검이 나오고"(16절)

3) 우주의 주권 "그의 얼굴은 해가 힘있게 비치는 것 같다"(16절)

4) 시간의 주권 "나는 알파와 오메가요"[18], "나는 처음과 나중이니" (17절)[19]

4) 부활의 주권 "살아 있는 지라 내가 전에 죽었었노라"(18절)

5) 음부의 주권 "세세토록 살아 있어 사망과 음부의 권세를 가졌노라"(18절)

1:19 "그러므로 네가 본 것과 지금 있는 일과 장차 될 일을 기록하라"

1) 과거 "본 것"(ἅ εἶδιν)

(1) 일곱교회의 사자 "내 오른손의 일곱 별의 비밀은 일곱교회의 사자" (ἄγγελοι)

(2) 일곱교회 "일곱 금 촛대는 일곱교회" (ἐκκλησιῶν)

---

18) Aune, "요한계시록 (상)" p. 399. "여기서 알파와 오메가는 헬라어 알파벳 문자들이기 때문에, 주님에 대한 이 칭호는 '처음과 나중' (21:6, 22:13), 그리고 '시작과 끝' (1:17, 2:8, 22:13)과 마찬가지로 하나님의 주권을 강조한다. 히브리어 알파벳의 진리라는 의미의 '에메트' (אֱמֶת) 처음이시고 중간이시며 마지막이신 하나님을 나타내는 방법으로 해석되었다. 왜냐하면 알렙(א)은 히브리어의 첫 글자이고 멤(מ)은 중간 문자이며 타우(ת)는 마지막 문자이기 때문이다."

19) 이필찬, "요한계시록 주석" p. 61. "먼저 8절의 알파(Ἄλφα)와 오메가(Ω)는 처음과 끝뿐만 아니라 그 사이에 있는 모든 것을 주관하신다는 것을 의미한다. 이것은 하나님께서 역사의 주관자이심을 강조한다. 역사의 주관자로서 하나님은 '이제도 계시고 전에도 있었고 장차 오실 분' 으로 마지막 날에 역사 속으로 오셔서 역사를 역동적으로 완성하시는 분이시다. 또한 하나님의 호칭으로 '전능하신 자' 라는 이름으로 선포하는데 이 단어의 사용은 모든 역사에 대한 주관자로 하나님을 강조할 때 사용하고 있다."

계시록에 나오는 상징에 대하여 저자 요한이 처음으로 직접 해석해 주는 장면이다. 하나님은 계시록으로 인한 혼란과 무질서를 원치 않으셨다. 주님은 계시록에 나오는 많은 상징들을 해석하지 않으면 일어날 많은 혼란을 아셨다. 그러므로 계시록에서 우리가 분명히 알아야 상징에 대하여는 무조건 해석을 해 놓았다. 만약 예수 그리스도께서 "내 오른 손에 일곱 별의 비밀과 또 일곱 촛대라"고 말씀 선포하시고 그냥 본문을 넘어 갔다고 할 때 일어나는 해석상의 혼란은 지금보다 수십 배, 아니 수백 배의 문제점을 야기할 것이다. 저자는 계시록에 상징적인 내용에 대하여 주님이 직접 해석해 놓은 일이 없다면, 그 후는 상상하기 어려운 일이 벌어질 것이라고 생각한다. 다행히 주님은 이런 일을 아시고 아주 분명하게 다른 소리 하지 못하도록 해석을 해 놓았다는 점이다. 주님은 이 상징이 비밀스런 일이고 지금까지는 가려져 있었지만 이제부터는 해석을 해서 마지막 시대를 살아가는 종들에게 밝히 보인다는 분명한 주님의 의지가 보이는 장면이다.

더 큰 문제는 주님이 분명히 상징에 대한 해석을 해 놓았는데 그대로 우리가 받으면 될 것을 가지고 또 다른 해석을 시도하고 있는 비극적 상황이다. 주님이 해석해 주신 것은 언제나 부족하여 더 부족한 사람이 좀 더 고차원적인 해석으로 말미암아 더 큰 혼란을 가져 왔다는 비극적 현실이다. 저자는 주님이 해석하신 것만으로도 충분하기 때문에 더 이상 해석하는 죄를 짓지 말자는 주장이다. 분명히 주님은 계시록 서두에 해석하지 말고 그냥 단순히 읽어주고 듣게만 하라고 선을 그으셨기 때문이다.

계시록의 상징은 비밀인데 주님께서 말씀하신 첫 번째 나오는 "일곱 별의 비밀과 일곱 촛대"는 이제 주님께서 공개하여 만 천하에 알리셨다. 그런데 더 이상 무엇이 필요한가? 예를 들어 주님이 하나님의 나라 비유를 말씀하시고 제자들의 요청에 의하여 해석해 준 본문을 가지고 또 해석하는 해프닝이 벌어지는 것과 같은 이치이다(마13:18-23). 실제로 우리는 주님이 해석한 본문을 또 다시 영적인 해석이라고 하여 반복해서 설교하는 일이 비일비재하다. 이것은 성경이 무엇인지도 모르는 사람들이 행하는 쇼임에 틀림없다. 저자가 이렇게 강하게 말하는 것을 용서하고 듣기를 바란다. 지금은 마지막 때로 주님의 재림이 계시록을 주실 때보다 2000년이 가까워진 심각한 때이다. 또 다시 계시록을 해석해서 주의 종들을 혼란에 빠지게 해서는 정말 곤란하다. 이제는 주님의 재림을 준비할 때가 가까웠기 때문에 주의 종들로 하여금 계시록의 말씀을 그대로 지키게 하여야 한다.

여기서 한 가지 우리가 짚고 넘어가야 할 것은 하나님께서 창세기에서 보여주신 관심이 땅과 인간이라고 한다면, 계시록 1장 20절의 마지막 때의 관점은 주의 종과 교회에 있다는 점이 특이하다. 세상이 시작할 때는 이 땅과 하나님의 사람이 주요 관점이었다면 마지막 시대의 하나님의 관심은 온통 비밀이라고 선포하고 해석하신 주의 종과 교회에 초점이 쏠려 있다. 계시록에서 주님은 마지막 때 주의 종들과 교회를 통하여 일하신다는 그분만의 의지적 선언이다. 세상을 처음 시작할 때나 마지막 때에도 사람에 대한 관심을 놓지 않으신다. 하지만 하나님께서 처음에 이 세상의 모든 사람에게 초점을 맞추었다면 마지막 때의 초점은 주의 종들에게만 의도적으로 집중하시는 것을 볼 수 있다. 주님의 마음이 온통 이 땅에 추수할 영혼들에 대한 관심과 추수한 영혼들이 어떻게 승리하는 삶을 살 것인가에 집중되어 있다. 이 책은 바로 그런 주님의 관심 외에는 그 어떤 것도 관심이 없다. 오직 주님의 마음에 전폭적인 관심을 가지고 싶은 저자의 고백을 담기를 원한다.

2) 현재 "지금 있는 일" (ἃ εἰσιν)

3) 미래 "장차 될 일" (ἃ μέλλει γενέσθαι μετά ταῦτα)

여기서 '지금 있는 일' 과 '장차 될 일' 은 계시록 2장부터 22장까지의 내용에 해당한다. 계시록 안에는 과거와 현재와 미래 시제가 교차되어 나타나는 것이 특징이다. 실제로 '장차 될 일' 이라고 해서 꼭 미래적 사건만 기록된 것은 결코 아니다. 이는 계시록 안에 내용 중에는 과거에 일어났던 사건도 많이 나타나기 때문이다. 그런 면에서 보면 장차 될 일이 계시록 안에 주된 내용이기는 하나 꼭 미래의 사건만 언급하는 것은 아니라는 인식을 가져야 한다. 그냥 단순히 마지막 때의 될 일을 예언한 것으로만 해석하는 것은 본문의 시간의 초월과 공간의 초월에 혼돈이 있기 때문이다. 우리가 지금까지 획일적으로 해석했던 모든 원리와 방법들이 다 문제가 있다고 보면 된다. 저자가 다시 한 번 강조하면 계시록은 해석하면 할수록 혼란이 가중되고 성도로 하여금 계시록을 점점 더 멀어지게 하는 기폭제가 될 것이다.

1:20 "네가 본 것은 내 오른손의 일곱 별의 비밀과 또 일곱 금 촛대라 일곱 별은 일곱 교회의 사자요 일곱 촛대는 일곱 교회니라"

"내 오른손의 일곱 별의 비밀과 일곱 금 촛대라" 먼저 일곱 별과 일곱 금 촛대는 비밀이라고 말씀하셨다. 그것을 비밀이라고 언급한 것은 그것이 상징적인 의미를 가지고 있다는 선언이다. 하지만 주님은 비밀이라고 언급하면서 바로 그 상징에 대하여 계시록 자체에 처음으로 구체적인 해석을 하고 있다. 이는 이제부터 계시록에서는 비밀은 없다는 메시지이다. 놀라운 것은 여기서 요한계시록에서 이런 주님의 비밀과 해석 사이의 긴장은 해제된다. 계시록에 비밀이 없다고 선언하신 자리는 아주 굉장한 의미가 내포되어 있다. 그것은 비록 마지막 때의 신비하고 비밀스런 사건들을 모든 사람들이 알 수 있도록 공개 선언하는 자리이기 때문이다. 조금이라도 상징적인 것들은 주님께서 주저함 없이 해석해서 모든 주의 사람들이 읽기만 해도 이해할 수 있도록 선언하는 자리이기 때문이다. 이제 계시록에 나오는 상징들을 해석하고 있기 때문에 그 안에서는 더 이상 비밀스런 일들은 존재하지 않는다. 주님은 비밀스런 것들과 상징을 아주 구체적이고 쉽게 분명한 것으로 공개하고 있다.

그 첫 번째 해석이 일곱 별은 일곱 교회의 사자요, 일곱 금 촛대는 일곱 교회라고 해석한다. 그리고 저자 요한은 더 이상 발전되는 해석을 하지 않는다. 저자 요한이 볼 때 그것만 해도 충분하다고 여겼기 때문이다. 우리가 그 해석을 그대로 받아야 하는 이유가 여기에 있다. 우리는 설교자로 살면서 성경을 무조건 해석해야 한다는 개념을 가지고 있다. 이런 고정관념이 언제부터 시작된 것인지에 대한 기록이 분명하게 없다. 하지만 초대교회를 지나면서 교부들로부터 자연스럽게 시작된 성경을 해석하는 일이 설교자의 가장 큰 사역이 된 것이다.

저자 요한이 '일곱 별은 일곱 교회의 사자요' 라고 해석하면서 사용한 단어가 '사자' (ἄγγελοσ)이기 때문에 또 한 번의 해석을 시도하는 수많은 무리들을 볼 수 있다.[20] 차라리 저자인 요한이 주의 종이라고 사람에 해당되는 단어를 차용했거나 아니면 목사라는 정확히 해석하는 단어를 골랐다면 더 좋을 뻔 했다. 하지만 저자 요한은 그냥 천사로 불리우는 단어를 차용했기 때문에 우리가 볼 때 좀 미흡해도 그 정도로 만족해야 했다. 많은 학자들이 서로 자신의 원어에 대한 실력이 특출한 것처럼 다양한 해석을 하므로 더 큰 혼돈이 자연스럽게 나타났다.

"일부 주석가들은 예수께서 편지를 보내는 각 앙겔로스(ἄγγελοσ)가 인간이라고 단언한다. 즉 감독이나 교회의 상주하는 직분이라는 것이다. 성경 주석가 빌러베크(Billerbeck, Str-B 3:790-1)에 의하면 일곱 교회의 앙겔로이가 편지의 수신자들이기 때문에 그들이 지상에 있다는 사실과 천사가 아니라 인간으로 해석해야 한다는 사실이 전제된다고 한다. 이 책의 저자 아누네는 또 한 각 교회의 앙겔로이가 칭찬만 받는 것이 아니라 책망과 비난도 받기 때문에 이들이 하나님에 의해 파송된 선한 천사들이라고 가정하는 것이 어리석다고 주장한다."[21]

그렇다. 우리가 이 문제를 상식적으로 접근하고 생각을 해보면 쉽게 해결될 수 있는 일이다. 그 이유는 바로 2-3장에서 일곱 교회를 언급하면서 '각 교회의 사자' (2:1, 8, 12. 18, 3:1, 7, 14)에게 계시록의 편지를 보내

---

20) Aune, 요한계시록 (상), p. 484. "여기서 앙겔로스(ἄγγελοσ)는 다양한 해석이 역사적으로 존재해 왔다. 그 다양한 해석을 분류하면 세 가지로 정리할 수 있다. 첫째, 천사와 같은 초자연적인 존재들, 둘째, 인간 전달자나 혹은 일곱 교회의 감독이나 지도자들, 셋째, 천체들 중의 하나로 다양하게 해석한다."

21) Aune, p. 488.

고 있다는 주님의 해석에 대하여 바로 적용하고 있는 본문이다. 혹시 주님이 '에베소 교회의 사자에게 편지하라' 고 적용하면서 에베소 교회의 천사(사자)에게 편지하는 것이 합리적인가를 물으면 간단히 해결될 일이다.

그러므로 우리가 에베소 교회와 각 교회의 천사들에게 주님이 편지를 보냈다는 것은 정말 넌센스가 아닐 수 없다. 하지만 다음과 같이 이해하면 말은 된다. 그것은 하나님이 천사를 통해서 에베소 교회에 편지를 전달한다. 이같은 일들은 엄밀히 따지면 말도 안 되는 해석을 자기 맘대로 하는 것인데 이제 그칠 때가 되었다. 단지 우리는 주님이 해석해 준 계시록의 말씀 그대로 상식적인 수준에서 받고 믿으면 충분하다.

2장
일곱교회에 보낸 편지 설교(1)

2장 역사적 해석의 문제점

1. 첫 번째 수신자와 두 번째 수신자에 대한 분명한 이해가 없었다.
2. 세대주의는 각 시대별 교회라는 비상식적인 해석으로 혼란을 야기했다.
3. 성령이 교회들에게 하시는 말씀에 대한 바른 이해가 없었다.

첫째, 첫 번째 수신자

"LAB, 요한계시록 주석에서 '고전적 세대주의(Classical Dispensationalism)는 이 편지들이 교회사의 서로 다른 시대들을 묘사하고 있으며 실제의 교회들을 가르키는 것이 아니라고 주장한다. 그들은 역사적 일곱 시대의 교회들의 모습을 예언한 것이라고 해석한다. 세대주의 학자들은 이 일곱 교회들이 요한의 시대에 존재했다는 것을 인정한다. 그러면서도 그 교회들게게 주어진 메시지는 모든 세대의 교회에 적용된다는 해석이다. 각각의 편지들은 성령이 '교회들'(복수)에게 하시는 말씀을 들으라고 신자들에게 요청하고 있다. 각 편지들에 기록된 칭찬과 책망은 오늘날의 교회들은 물론이고 그 각각의 교회들에게도 적용되어야 했다. 비록 각각의 편지가 어떤 개교회의 실제 상황을 묘사하고 있기는 하지만, 그 편지들은 모든 세대의 모든 교회들을 향한 경고의 역할을 한다." 22)

고전적인 세대주의는 계시록 해석의 극단적인 부분들 몇 가지를 피해 가고 있는 것이 그 특징이다. 하지만 극단적인 세대주의 해석은 너무 인위적인 방법으로 해석의 원리를 세워 놓고 거기에 맞추는 것이 큰 문제가 된다. 이러한 각 세대적인 적용의 계시록 해석이 모든 혼란을 부추기는 원인이 되었기 때문이었다. 그러므로 세대주의 해석은 너무 인위적이고 작위적인 특징이 있기 때문에 많은 문제점이 있다. 저자는 지금까지 계시록 해석으로 인한 혼란을 유발한 해석들에 대하여 비판할 마음은 없다. 다만 그 해석들의 잘못으로 빚어진 문제들은 우리가 정확히 인식하여 해석으로 인한 더 이상의 혼란을 막는 것이 이 책을 쓰는 목적이라고 생각한다.

물론 계시록의 첫 번째 수신자는 일곱 교회의 사자들이다. 저자 요한은 에베소 교회의 사자에게 편지한다고 먼저 언급하고 있는 것이 사실이다. 또한 서머나, 버가모, 두아디라, 사데, 빌라델비아, 라오디게아 교회의 사자에게도 보냈다. 그리고 각 교회의 사자는 성령 하나님

22) LAB 주석시리즈 , Grant Osborne, "요한계시록" 전광규 역, p. 51.

의 말씀을 따라 예배 시간에 이 예언의 말씀을 읽어 주었다. 성도들은 이 말씀을 들었고 그 가운데 기록한 것을 지키는 삶으로서의 일주일의 살아있는 예배를 통해서 복된 자리에 참여했다. 분명히 첫 번째 수신자인 각 교회의 사자들은 주님의 명령을 따라 자신들의 교회에서 매 예배마다 예언의 말씀을 따라 읽어주는 사역에 순종함으로 동참했다. 이것이 역사적 전통이 되어 각 교회마다 읽고 듣는 예배의 상황에 참여한 것이다. 이런 순종으로 인해 모든 교회가 이 전통을 계승했다. 이것에 다른 해석을 하는 사람은 아무도 없다.

둘째, 두 번째 수신자 : 모든 시대의 교회에 적용된 말씀

먼저 계시록은 일곱 교회의 사자에게 대표적으로 보낸 것이 틀림없는 사실이다. 그럼에도 불구하고 오로지 일곱 교회에만 보냈다고 주장하는 것은 문제가 있다. 왜냐하면 엄밀히 말하면 첫 수신자가 소아시아 일곱 교회의 사자들이 분명하기 때문에 실제로 소아시아 일곱 교회도 첫 번째 수신자에 정작 해당되지 않는다. 그 다음으로 각 교회마다 편지의 말미마다 이 땅의 모든 교회에 성령이 두 번째 수신자에게 말씀하시고 있다고 분명하게 다시 언급하고 있기 때문이다. 그러므로 소아시아 일곱 교회조차 두 번째 수신자 그룹에 포함되어야 마땅하다. 그러나 지금까지 아무도 이 부분에 대하여 주목하지 않았다는 점이다. 바로 각 교회의 두 번째 수신자에 대한 분명한 언급을 통해 계시록은 역사 가운데 존재하는 모든 교회가 그 대상이라는 점을 확실하게 밝히고 있다. 이런 면에서 극단적인 세대주의가 주장하는 일곱 세대마다 나타나는 그 시대의 교회의 특징이라고 해석하는 것은 완전히 잘못된 해석임이 틀림없다.

> "성령이 교회들에게 하시는 말씀을 들을지어다"(2:7, 11, 17, 29, 3:6, 13, 22)

저자 요한은 각 교회의 사자에게 보내는 것에 대하여 첫 번째 수신자를 대표로 하고 난후, 마지막 부분에서는 반드시 두 번째 수신자가 '성령이 교회들에게 하신 말씀을 들을지어다' 라고 언급하는 것을 통해서 분명하게 모든 시대의 모든 교회라고 확고하게 선언하는 자리이다. 여기서 '교회들' 은 복수로 표현한 것은 어느 특별한 교회를 지칭하는 것이 아니라 전체 교회들을 지칭하는 말씀이다.[23] 이런 문장구조는 먼저 하나를 지칭하면서 전체를 대상으로 전달하시는 하나님의 독특한 히브리인들의 문장구조의 원리이다.

이는 성령이 교회들에게 하신 말씀을 들으라고 하는 것은 단지 에베소 교회의 사자가 첫 수신자이고 전체 수신자는 에베소 교회를 포함한 역사 가운데 지상에 있는 모든 교회라고 다시 성령께서 확대 해석하는 자리이다. 하나님은 저자 요한을 통해서 에베소 교회의 사자에게 보낸 편지라고 한다면, 성령은 두 번째 수신자들에게 직접 말씀하시고 있다는 약속이다. 이 성령의 직접적으로 말씀하는 선언적 메시지는 중요한 선포임에 틀림없다.

---

23) 옥스퍼드 원어성경대전, "요한계시록 (상)" 제자원, 2002. p. 122에서 "소아시아 일곱 교회는 사도 요한 당시 그의 사역의 대상 교회들 뿐 아니라, 모든 시대의 모든 교회들을 대표한다고 할 수 있다. 왜냐하면 각 서신들의 말미에 있는 성령이 교회들에게 하시는 말씀을 들을지어다 라는 후렴구들이 각 서신들의 내용이 특정 교회 하나만을 대상으로 한 것이 아님을 보여주고 있기 때문이다."

"일곱 교회에 마지막마다 언급되어 있는 일곱 선언들은 '성령이 교회들에게 하시는 말씀을 들을지어다' 라는 공식 문구로 종결된다. 이 공식적 문구는 이 일곱 선언이 모든 회중에게 읽어 주어야 함을 의도하고 있다. 또한 이 공식 문구는 성령이 교회들에게 편지를 하고 있음을 선언하고 증명하는 구절이 된다. 즉 각각의 선언은 그 교회의 사자에게 보내지고 있지만 분명히 각 교회에 보내는 것이다. 따라서 교회의 사자는 그 편지를 읽어주고 듣는 모든 회중은 성령이 직접 자신들에게 하시는 말씀으로 들어야 한다는 사실이다."[24]

그러므로 이 말씀은 일곱 교회의 말미마다 성령이 각 교회들에게 직접하신 말씀을 들으라고 선언하는 중요한 자리이다. 이는 성령 하나님이 직접 각 교회들에게 말씀하신 예언의 서신이다. 이는 과거의 소아시아 일곱 교회도 당연히 해당되면서 미래의 모든 교회까지 그 교회의 사자가 이 말씀을 읽을 때마다 성령 하나님의 감동으로 말씀이 되게 한다는 적용한 해석이다. 이는 계시록이 역사적으로 나타난 모든 교회에 보낸 예언이 담겨있고 설교로 선포된 하나님의 말씀이다. 성령 하나님이 직접 각 교회들에게 말씀하시고 목회자가 각 교회들에서 성도들에게 읽어주는 이 예언의 말씀을 잘 들어야 한다는 점이다.[25]

성령이 각 교회들에게 하신 말씀을 들으라고 했다. 이는 실제로 계시록 전체의 예언의 말씀은 성령 하나님이 직접 각 교회들에게 전하시

---

24) Aune, "요한계시록 (상)" p. 488.

25) LAB "요한계시록" p. 61에서 "일곱 교회에 보내는 편지는 각각 성령이 교회들에게 하시는 말씀을 들을지어다 하는 권면으로 끝을 맺는다. 모든 편지들이 모든 교회들에게 읽혀져야 했음을 유념하라. 읽혀지는 말씀에 귀를 귀울이는 사람들은 성령께서 하시는 말씀을 이해하고 마땅히 해야 할 일이 무엇인지 알려면 잘 듣는 것이 최우선의 일이었다."

는 설교의 말씀이다. 결국 1:3절에 '읽으라' 는 말씀과 함께 목회자가 읽어줄 때 성령께서 직접 각 교회들에게 직접 전하시는 메시지이다. 우선 여기서 계시록을 읽는 자는 단순히 전달자이고 각 교회에게 직접 전하시는 분은 성령 하나님이라는 선언이며 해석이다. 우리가 또 다시 계시록을 읽어주지 않고 해석하는 실수를 범하면 곤란하다. 정말 계시록은 인도자가 읽어주면 성령 하나님이 직접 말씀하는 것이 되면서도 성령의 역사로 살아 있는 하나님의 말씀으로 받게 된다는 사실이다.

우리의 이런 인식의 변화는 너무도 중요하다. 우리가 계시록을 해석하고 설교하는데 집중하므로 말미암아 이런 본문 자체에 분명히 나타나 있는 사실조차도 제대로 이해하지 못한 실수를 저질렀다. 이 사실을 강조하기 위하여 각 교회에 보낸 말씀의 말미에는 반복해서 성령이 각 교회들에게 하는 말씀을 들으라고 다시 선포하셨다. 지난 수천 년의 역사는 이 사실을 망각하고 다시 해석하는 실수를 저질러 계시록은 혼란한 책으로 더 나아가 이단의 전유물이 된 책으로 전락하고 만 것이다. 이는 모두 우리 목회자의 책임이 아닐 수 없다. 정말 계시록이 다시 읽혀지는 그날까지 그리고 성령 하나님이 직접 역사해서 말씀하는 그날까지 회복해야 하는 사명이 우리에게 있다.

셋째, 일곱 교회에 대한 저자 요한의 일곱 개의 설교 문장구조

[첫 번째 수신자]

1. 그리스도의 모습 선포

2. 칭찬으로 격려

3. 책망과 경고

4. 권면적 선포

5. 이기는 자에 대한 상급의 약속 선포

[두 번째 수신자]

제 2장과 3장에서 계시록의 저자는 위의 순서를 따라 설교하고 있다. 계시록 2장과 3장이 요한이 각 교회에게 보내는 한편의 메시지 즉, 설교라는 사실을 부인하는 사람은 없다. 비록 요한이 각 교회에 보낸 설교 형식의 편지라고 할지라도 우리는 또 다시 해석해서 설교해야 한다는 사실에 집착하고 있는 것만 저자와 견해가 다른 점이다. 사실은 이것이 저자의 견해가 아니라 계시록 자체에 나오는 증거이기 때문에 정확히 말하면 하나님의 의도인 것이다.

왜냐하면 계시록의 저자는 각 교회에 형편에 따라 자세히 해석해서 설교하고 있기 때문에 우리가 더 이상의 해석할 필요가 없다고 하셨기 때문이다. 이는 비록 첫째 수신자가 일곱 교회에 보내는 것이면서 두 번째 수신자인 모든 세계의 교회에 미래에 되어 질 주님이 재림할 때까지의 모든 교회에 보내는 예언의 편지형식의 설교이다.

그러므로 우리가 또 다시 본문의 내용과 단어마다 이상한 해석을 할 필요가 없다. 우리가 그냥 읽어만 주어도 어려운 것이 전혀 없는 본문이다. 혹시 이해하기 어려운 문장이 있으면 현재의 시대에 맞게 적용해서 설명하면 된다. 더 이상 계시록을 해석하는 것은 성령 하나님에 대한 모독이다. 왜냐하면 각 교회의 마지막에는 '성령이 교회들에게 하는 말씀을 들을지어다' 라고 말씀하는 것은 예배 상황에서 반드시 읽어주고 들을 때 성령이 각자에게 설교하신다는 말씀이기 때문이다. 혹시 당신이 설교한 본문을 다른 사람이 읽고 나서 다시 그것을 해석해서 설교하는 사람이 있는가? 절대로 그런 일은 없을 것이다. 만약 그런 사람이 있다면 그것은 정상적인 사람이 아닐 것이다. 이미 해석해서 설교한 것은 단지 읽는 것만으로도 충분하게 해석해서 설교한 본문이기 때문이다.

1-7절 에베소 교회의 사자와 모든 교회에 보낸 설교의 편지

[첫 번째 수신자] 에베소 교회의 사자

첫 번째 수신자가 우리의 상식을 깨고 에베소 교회가 아니라 그 교회의 사자에게 편지하는 내용에 대한 선포이다. 이 사실은 지금까지 우리가 가지고 있던 고정 관념을 깨기에 충분한 선언에 해당한다. 주님은 에베소 교회의 사자에게 보내어 그 교회에게 읽어주는 형식을 가지고 있다. 물론 그 내용은 분명이 에베소 교회의 실제적인 상황을 설교라는 형식으로 전달하는 것은 틀림없다.

하지만 주님의 의도는 에베소 교회조차 편지의 결론부분에 있는 '성령이 교회들에게 하시는 말씀을 들을' 때 그 교회들 안에 포함되는 장면을 선포하신 것이다. 결국 이 편지가 에베소 교회에만 보내는 것이 아니라 이 땅에 있는 보편적인 모든 교회에 보낸다는 사실을 세상에 선포하는 자리이다.

1. 그리스도의 모습 선포

1절 "오른 손에 있는 일곱 별을 붙잡고 일곱 금 촛대 사이를 거니시는 이"

에베소 교회의 사자에게 보내는 편지에서 계시록 저자는 예수 그리스도는 그의 "오른 손에 일곱 별을 붙잡고 일곱 금 촛대 사이를 거니시는 이"로 묘사되고 있다. 먼저 일곱 별은 일곱 교회의 사자라고 1장 20절에서 해석하신 내용이다. 예수 그리스도는 에베소 교회의 사자뿐만 아니라 나머지 교회의 사자들도 붙잡고 있다고 말씀하고 있다. 주님이 재림할 때까지 붙잡고 있는 교회의 사자들과 함께 일하신다는 선포적 약속에 해당한다. 여기서 주님이 '붙잡고' (ὁ κρατῶν) 있는 것은 각 교회의 사자들이다. 헬라어 '붙잡고' (ὁ κρατῶν)는 '한 번 잡은 것을 끝까지 책임진다' 는 뜻을 가진 현재 분사형으로 주님의 감정이 실린 동사에 해당한다.[26] 특히 주님이 오른 손에 일곱 교회의 사자를 붙잡고 일하신다는 선언이다.

이는 모든 시대에 교회의 종들을 붙잡고 사역하신다고 선포하는 자리임에 틀림없다. 주님은 마지막 시대에 다른 사람을 붙잡고 일하는

26) 본 절의 주님이 '붙잡고' (ὁ κρατῶν) 있는 단어는 현재 분사형 동사로 강조하기 위하여 문법을 깨는 자리이다. 헬라어에서 관사와 분사는 실명사로 이해할 수 있는데 여기에서 속격 대신 주격이 나와서 문법을 깨는 자리이다. 그 이유는 주님이 붙잡고 있는 감정동사를 강조하기 위해서 계시록의 저자는 과감히 문법을 깨고 있다. 이는 주님이 한 번 잡으신 것을 절대 놓지 않겠다는 감정을 담아 선포하는 자리이다.

것이 아니라 주의 종들을 붙잡고 일하신다는 선포적인 약속이다. 이 주님의 약속은 마지막 날까지 변하지 않는 진리이다. 여기서 주님께서 자신이 재림하는 날까지 붙잡고 가는 대상은 다름 아닌 주의 종들이다. 따라서 계시록은 주의 사자들을 위해서 일차적으로 기록하고 있다.

또한 주님은 "일곱 금 촛대 사이를 거니시는 이"로 묘사되고 있다. 이는 계시록 저자가 역시 해석해 놓은 것을 적용하는 말씀으로 '일곱 교회'로 해석되어 있다. 여기서 그리스도께서 일곱 교회 사이를 다니시는 분으로 묘사되어 있는 것은 주님이 교회의 주권을 쥐고 있다는 말씀이다. 이 말씀은 주님이 일곱 교회의 주인이면서도 지상의 모든 교회에 보이지 않지만 임재하고 있다는 강력한 선포임이 틀림없다. 주님이 일곱 교회 사이에 다니시면서 일하시는 모습이 선포되고 있다. 여기서 '다니시며'는 헬라어 '거닐다, 다니다'는 뜻으로 주님이 교회 사이에 다니시면서 계속하여 간섭하시며 주관하신다는 선언적인 선포의 자리이다. 마지막 때 주님은 교회의 사자들을 붙잡고 일하시며 각 교회에 다니시면서 일하신다는 약속의 말씀이다. 즉 에베소 교회의 주님의 모습은 교회와 주의 종들과 함께 역사를 주관해 가신다는 선포적인 설교이다.

한편 주님이 '일곱 금 촛대 사이를 거니시는 이'로 묘사한 것은 실제 교회의 주인이 누구인가를 선언하는 말씀이다. 그 주님이 마지막 때 교회 사이를 다니신다. 실제로 교회는 건물이 아니라 성도들의 모임 자체이다. 따라서 주님은 마지막 때 성도들의 모임에 다니시면서 일하신다. 주님은 "두 세 사람이 내 이름으로 모인 곳에 나도 있다"고 말씀하셨다(마18:20). 이 말씀은 주님이 교회의 주인으로 임재하여 세상 끝 날까지 함께 일하신다는 설교로 볼 수 있는 메시지에 해당한다.

주님의 이름이 각 교회마다 다르게 묘사되어 있는 사실에서 흥미로운 것을 발견하게 된다. 각 교회의 주님의 이름이 다음에 이어지는 칭찬과 책망 혹은 경고와 이기는 자에게 주어지는 약속과 깊은 관련이 있다는 점이다. 에베소 교회의 경우에 예수님은 일곱 개의 금 촛대 사이를 걸어 다니시는 분(2:1)으로서 "회개하지 아니하면 촛대를 옮길 것이다" (4-5절)라는 점에서 서로 촛대 즉 교회라는 단어를 중심으로 병행되고 있다. 또한 서머나 교회의 경우 '죽었다가 다시 사신 분' (2:8)으로 묘사 되었는데, '죽기까지 충성하라' (2:10)는 문구와 죽음이라는 단어적 병행이 나타나고 있다.

버가모 교회에서 그리스도는 '좌우에 날선 검을 가지신 분' 이시다. 그리고 2:14-16절에 '회개하지 않으면 속히 임하여 검으로 그들과 싸우실 것' 으로 병행하고 있다. 두아디라 교회에서 그리스도는 '그 눈이 불꽃 같고 그 발이 빛난 주석 같으신 하나님의 아들' (2:18)로 묘사되었다. 그 눈이 23절에 '사람의 뜻과 마음을 살피는 자' 와 병행되고, 빛난 주석과 같은 발을 가진 주님은 26절에 이기는 자에게 주어지는 '만국을 다스리는 권세' 와 의미적 병행이 된다. 빌라델비아 교회에서 그리스도는 '열면 닫을 수 없고 닫으면 아무도 열 수 없는 분' 이시다(3:7). 그 주님이 빌라델비아 교회 앞에 능히 닫을 자가 없는 열린 문을 두셨다(3:8).[27]

27) 이필찬, 요한계시록 어떻게 읽을 것인가?, 성서유니온선교회, 2000. p. 73-74

2. 칭찬과 격려(2-3절)

1) 행함의 격려 "네 행위와 수고와 네 인내를 안다"(2절).
2) 신앙의 격려 "악한 자를 용납하지 않고 거짓 사도를 드러낸 것을 안다"(2절)
3) 참음의 격려 "내 이름을 위하여 견디고 게으르지 아니한 것을 안다"(3절)

3. 책망과 경고

1) 첫 사랑 버림 "처음 사랑을 잃어 버렸느니라"(4절)
2) 첫 행위 버림 "회개하고 처음 행위를 회복하라"(5절)

4. 권면적 선포

1) 회개의 권면 "만일 회개하지 아니하면"(5절)
2) 회복의 권면 "회개하지 아니하면 네 촛대를 옮기리라"(5절)

5. 이기는 자에 대한 상급의 약속 선포

"내가 하나님의 낙원[28]에 있는 생명나무의 열매를 주어 먹게 하리라" (7절)

28) 하나님의 낙원은 창세기의 에덴 동산과 병행되는 같은 의미의 단어로 계시록의 저자는 의도적으로 기록하여 창세기에서 시작한 일들이 계시록에 와서 종결되고 있는 장면을 주님의 주권 가운데 행하고 있다고 선언하는 자리로 보면 된다.

에베소 교회에 주님이 주신 상급이 에덴의 회복을 선포하신다. 즉 에덴동산에서 아담과 하와가 범죄 함으로 쫓겨나면서 생명나무의 열매를 먹지 못하도록 금하셨다. 그런데 마지막 주님의 재림 때에 에베소 교회의 이기는 자[29]에 대한 상급으로 금지한 생명나무의 회복을 통해서 복음을 완성하고 있다. 세상이 시작할 때 실패한 에덴의 회복이 에베소 교회에서 이기는 자에게 주시는 상급으로 생명나무의 열매를 언급한 것은 창세기의 시작된 일이 계시록에서 회복되는 것으로 문자적 병행으로 마감한다는 것이다. 첫 번째 상급인 생명나무 실과의 회복은 바로 영생에 대한 회복의 의미가 있다. 이는 주님이 자신을 시작과 종말의 주인임을 선포하시면서 알파와 오메가, 시작과 끝으로 말씀하신 것에 대한 첫 번째 병행되는 구절로 종말적 완성에 대한 선언적 의미가 있다. 이 말씀은 또 다시 계시록의 마지막 장에 천국에 대한 묘사 때 다시 한 번 더 구체적인 묘사로서 병행적 문장으로 완성하고 있다(계22:2, 14, 19).

[두 번째 수신자] "이 땅의 모든 교회들"

"귀 있는 자는 성령이 교회들에게 하시는 말씀을 들을지어다" (7절)

에베소 교회의 사자가 첫 번째 이 편지의 수신자라면, 저자 요한은 설교를 마감하면서 두 번째 수신자에 대한 말씀을 선포하고 있다. 여기는 우리가 지금까지 에베소 교회가 이 편지의 첫 번째 수신자라고 알고 있는 사실은 잘못된 적용이라고 선포하는 자리이다. 왜냐하면 계시록의

29) 이기는 자는 헬라어 νικῶντι 으로 이는 최후의 승리자에 주시는 주님의 상급이란 의미가 있다.

저자는 에베소 교회에 이 편지를 보내는 것이 아니라 에베소 교회의 사자에게 편지를 보내는 것이기 때문이다. 왜 저자가 이런 이해하기 어려운 방법을 동원하는 지에 대하여 우리는 깊이 묵상할 필요가 있다. 그 이유는 도리어 간단한 것으로 혹시 에베소 교회가 자신들에게만 보낸 편지라고 오해할 수도 있기 때문이라고 여겨진다. 도리어 에베소 교회의 사자에게 보내어 우회적으로 예배 상황에서 교회 앞에 읽어주고 두 번째 수신자가 에베소 교회를 포함한 모든 교회들에게 성령께서 직접 말씀하는 선포적인 메시지로 받게 하는데 그 목적이 있다. 즉 두 번째 수신자는 에베소 교회를 포함한 지구상에 존재하는 모든 교회들이다.

8-11절 서머나 교회의 사자와 모든 교회에 보낸 설교의 편지

[첫 번째 수신자] "서머나 교회의 사자"

1. 그리스도의 모습 선포

8절 "처음이며 마지막이요 죽었다가 살아나신 이"

서머나 교회의 경우 주님은 '처음이요 마지막이요 죽었다가 살아나신 이' (2:8)로 묘사 되었는데, 이것은 이기는 자에 대한 상급으로 '둘째 사망의 해를 받지 아니하리라' (2:10)는 죽음과 사망이라는 문구로 단어적인 병행이 나타나고 있다. 결국 주님이 어떤 분인가의 묘사는 나중에 이기는 자에게 주시는 상급과 깊은 관련이 있는 병행으로 확인하고 있다.

2. 칭찬과 격려

9절 "환란과 궁핍 가운데 있지만 실상은 부요한 자"

명사가 그 의미를 가질 때 하나님의 메시지

1) 환란(θλίψις)

주님은 서머나 교회가 외적 핍박에 해당하는 환란을 심하게 받고 있는 것을 알았다고 말씀하고 있다. 이는 '정말로 장하다' 는 주님의 위로와 칭찬과 격려의 메시지에 해당한다. 여기서 환란은 '박해를 심하게 받다' 에서 파생된 단어로 한 번의 환란으로 끝나는 것이 아니라 고난이 계속되는 상태를 말한다. 서머나 교회가 당하는 환란은 예수의 이름 때문에 당하는 고통이었다. 여기서 주님은 환란이라는 단어가 자신의 욕심이나 잘못으로 인해 당하는 것이 아니라 도리어 주님의 이름 때문에 강하게 받는 것이기에 더 큰 의미가 있다고 하겠다.

2) 궁핍(πτωχεία)

이 단어는 물질적 고난으로 인한 내적인 고통에 해당한다. 이는 서머나 교회가 외적인 환란도 심각한데 이것으로 끝나지 않고 물질 때문에 당하는 내적인 어려움까지 있었다. 주님은 여기서 머무르지 않고 서머나 교회가 당하는 외적 핍박과 내적 궁핍에 대하여 너무 잘 알고 있다는 메시지이다. 주님이 우리를 잘 아시고 계신다는 사실보다 더 위로가 되는 메시지가 또 어디에 있는가를 생각하면 서머나 교회의 영적 부요에 대한 주님의 평가가 더욱 빛을 발하는 자리이다.

3) 훼방(βλασφημία)

훼방이라는 단어는 신성모독으로 하나님을 모독하는 뜻을 가지고 있다. 결국 하나님을 믿는 성도들에 대한 훼방과 비방은 하나님에 대한 모독이다. 여기서 훼방이라는 단어는 헬라어의 '도무지 뚫을 수 없는 철판으로 안 믿겠다고 막는 사탄적인 행위' 라는 의미가 있다. 그러므로 신성모독의 단어는 사탄적인 행동이나 이단들에게 자주 사용하고 있다.

4) 부요(πλούσιος)

실제로 에베소 지역은 그 당시 로마의 아나톨리아 반도의 수도에 해당되는 아주 부요한 지역이지만 서머나 교회만은 가난했다. 그러나 계시록의 저자는 서머나 교회의 성도들이 현실은 가난할지라도 영적으로는 부요하다는 사실을 설교하고 있다. 결국 주님의 평가는 서머나 교회가 비록 물질적으로 가난하고 어려움이 턱 밑까지 왔다고 한다면, 내면적인 영적인 모습은 상대적으로 부유한 상태라고 칭찬하시는 내용이다. 이는 도리어 라오디게아 교회의 영적 가난과는 병행적으로 비교되는 주님이 직접 평가하신 내용이다.

정말 라오디게아 교회는 '나는 부자라 부요하여 부족한 것이 없다' (3:17)고 자신들이 영적으로 가난한 사실을 모르고 도리어 자신들이 부요하여 부족한 것이 전혀 없는 존재라고 영적 교만의 극치를 보여 주는 자리이다. 이런 서머나 교회와 라오디게아 교회의 비교적 병행은 이 설교를 듣는 사람으로 하여금 주님이 주시고자 하는 메시지를 정확하게 알 수 있다.

3. 책망과 경고

"책망 없음"

4. 권면적 선포

10절 "장차 받을 환란과 고난[30)]을 두려워하지 말라 … 죽도록 충성하라"

5. 이기는 자에 대한 상급의 약속 선포

10절 "생명의 면류관(στέφανος)[31)]을 네게 주리라"

11절 "둘째 사망[32)]의 해를 받지 아니하리라"

[두 번째 수신자] "이 땅의 모든 교회들"

11절 "성령이 교회들에게 하시는 말씀을 들을지니라"

12-17절 "버가모 교회의 사자와 모든 교회에 보낸 설교의 편지"

[첫 번째 수신자] "버가모 교회[33)]의 사자" (12절)

---

30) 서머나 교회의 담임 목사인 폴리갑은 사도 요한의 제자로 155년 빌라델비아 교회의 성도 11명과 함께 화형으로 순교당했다. 얼마 후에 서머나 교회는 폴리갑이 순교한 그 자리에 순교기념교회를 세웠다.

31) 생명의 면류관은 순교하는 자에게 주시는 주님의 상급에 해당한다.

32) 계시록에서 둘째 사망은 백보좌 심판으로 언급하는 두 번째 영원한 심판이라고 저자는 자체에서 해석하고 있다. 계시록 20:14절에 "사망과 음부도 불못에 던져지니 이것은 둘째 사망 곧 불못이라"고 해석하는 것은 서머나 교회에서 신앙적인 승리를 인정받은 사람에게 주시는 천국의 주인공으로 반의적 병행으로 표현하여 설교하는 자리이다.

1. 그리스도의 모습 선포

12절 "좌우에 날선 검을 가지신 이"

주님의 이름이 버가모 교회에 선포된 것은 좌우에 날선 검을 가지신 이 '로 묘사하고 있는데, 이는 주님이 회개하지 아니한 사람들에게 가서 '내 입의 검으로 그들과 싸우리라' (16절)고 단어적인 병행을 통해 영적 전투를 하겠다고 선포하신다.

2. 칭찬으로 격려

1) 예수의 이름을 굳게 잡음 "내 이름을 굳게 잡아서" (13절)

2) 예수의 믿음을 굳게 잡음 "내 충성된 증인 안디바가 순교[34]할 때도 나를 믿는 믿음을 저버리지 아니하였도다" (13절)

3. 책망과 경고

1) 이단의 교훈 지킴 "발람의 교훈을 지키는 자들이 있도다" (14절)

2) 니골라 교훈 지킴 "니골라 당의 교훈을 지키는 자들이 있도다" (14절)

---

33) 버가모(Pevrgamo")는 영어로 'Perchment' 인데 이는 양피지라는 뜻을 가지고 있다. 이 도시가 양피지란 이름으로 불리운 것은 당시 알렉산드리아에 제일 큰 도서관이 있었는데 불이나서 수십 만권의 책이 소실되었다. 이때를 틈타 버가모에서는 그 도서관보다 더 큰 장서를 보유하고 싶은 욕심이 일어났다. 그러자 알렉산드리아에서는 이 일을 알고 책을 만드는 파피러스를 더 이상 제공하지 않게 되었다. 그렇지만 버가모는 이에 타협하지 않고 도리어 그 대안으로 양피지를 만드는 기술로 발전시켜 이것을 토대로 그 당시 최고의 도서관을 세웠다고 한다.

34) 순교자 안티바 목사는 버가모 교회의 감독으로 도미티안 황제 때 불로 달군 황소 우상 위에다 올려놓고 태워 죽였다고 전해지고 있다. 이런 순교적 상황에서도 버가모 교인들은 믿음을 저버리지 않았다고 설교하고 있다.

4. 권면적 선포

회개의 촉구 "그러므로 회개하지 않으면 내 입의 검으로 싸우리라" (15절)

5. 이기는 자에 대한 상급의 약속 선포

1) 감추인 만나 주심 "이기는 자에게 내가 감추인 만나를 주고" (17절)
2) 새 이름을 새긴 흰돌을 주심 "흰 돌을 줄 터인데 그 돌 위에 새이름을 기록한 것이 없나니 받는 자 밖에는 그 이름을 알 사람이 없느니라" (17절)

[두 번째 수신자] "이 땅의 모든 교회들"

17절 "성령이 교회들에게 하시는 말씀을 들을지니라"

18-24절 "두아디라 교회의 사자와 모든 교회에 보낸 설교의 편지"

[첫 번째 수신자] "두아디라 교회의 사자" (18절)

1. 그리스도의 모습 선포

18절 "그 눈이 불꽃 같고 그 발이 빛난 주석과 같은 하나님의 아들이"

2. 칭찬으로 격려

1) 믿음의 행위를 인정 "네 사업과 사랑과 믿음과 섬김과 인내를 아노니" (19절)

2) 나중 행위를 더 인정 "네 나중 행위가 처음 것보다 많도다" (19절)

3. 책망과 경고

1) 거짓 선지자 용납 "자칭 선지자 여자 이세벨을 네가 용납함이니 그가 내 종들을 가르쳐 꾀어 행음하게 하고 우상제물을 먹게 하는도다" (20절)

2) 회개할 기회 거절 "회개할 기회를 주었으되 자기의 음행을 회개하고자 하지 아니하는도다" (21절)

4. 권면적 선포

1) 주님의 심판 "회개하지 아니한 그를 내가 침상[35]에 던질 터이요" (22절)

2) 회개의 촉구 "회개하지 아니하면 큰 환란 가운데 던지고" (22절)

3) 사망의 심판 "내가 사망으로 그의 자녀를 죽이리니" (23절)

4) 행위의 심판 "내가 너희 각 사람의 행위대로 갚아 주리라" (23절)

---

35) 주님이 회개하지 않은 그들을 침상에 던진다는 말씀은 헬라어 'κλίνη' 은 병이 들어 누워있는 침대를 말하는 것으로 이는 주께서 질병의 자리와 결국 죽음의 자리까지 던진다는 말이다.

5) 결단의 신앙 "너희에게 있는 것을 내가 올 때까지 굳게 잡으라" (25절)

5. 이기는 자에 대한 상급의 약속 선포

계시록의 저자는 이기는 자에 대한 해석을 하고 있다. 그것은 이기는 자는 "끝까지 내 일을 지키는 자"(26절)라고 덧 붙여 해석을 하고 있다. 그러면 이기는 자는 계시록 저자가 '끝까지' 라는 단어를 강조하고 있는데, 이는 '시간의 마지막까지' 라는 주님의 재림 때까지 그분의 말씀을 붙잡고 지키는 자라고 첨가하는 해석을 하고 있다. 또한 주님의 재림 때까지 말씀을 붙잡고 지키는 자는 단회적이거나 순간적으로 지키고 끝나는 것이 아니라 재림의 날까지 지키는 것을 말한다.

1) 다스림의 권세 주심 "그에게 만국을 다스리는 권세를 주시리니" (26절)
2) 철장의 권세 주심 "그가 철장[36]을 가지고 그들을 다스려 질그릇 깨뜨리는 것과 같이 하리라"(27절)
3) 새벽 별을 주심 "내가 그에게 새벽 별을 주리라"(28절)

[두 번째 수신자] "이 땅의 모든 교회들"

29절 "성령이 교회들에게 하시는 말씀을 들을지어다"

---

36) 여기서 '철장(ῥάβδος)' 은 철로 만들어진 지도자의 지팡이 곧 홀을 말한다. 주님이 철 지팡이를 가지고 세상을 다스릴 권세를 가지신 분이라는 설교이다.

3장
일곱교회에 보낸 편지 설교(2)

1-6절 "사데 교회의 사자와 모든 교회에 보낸 설교의 편지"

[첫 번째 수신자] "사데 교회의 사자"(1절)

1. 그리스도의 모습 선포

1절 "하나님의 일곱 영과 일곱 별을 가지신 이"

2. 칭찬으로 격려

4절 "그러나 사데에 그 옷을 더럽히지 아니한 자 몇 명이 네게 있어"

3. 책망과 경고

1) 죽어 있는 신앙 "네가 살았다 하는 이름은 가졌으나 죽은 자로다" (1절)
2) 온전한 신앙 없음 "내 하나님 앞에 네 행위의 온전한 것을 찾지 못하였노니" (2절)

4. 권면적 선포

1) 남은 신앙 회복 "너는 일깨어 그 남은 바 죽게 된 것을 굳건하게 하라" (2절)
2) 회개의 촉구 "네가 어떻게 받았으며 어떻게 들었는지 생각하고 지켜 회개하라" (3절)
3) 임박한 종말 "만일 일깨지 아니하면 내가 도적같이 이르리니 어느 때에 네게 이를는지 네가 알지 못하리라" (3절)

5. 이기는 자에 대한 상급의 약속 선포

1) 흰옷의 주인 "흰 옷을 입고 나와 함께 다니리니 그들은 합당한 자인 연고라" (4절)
2) 생명책 기록 "내가 그 이름을 생명책에서 결코 지우지 아니하고 그 이름을 내 아버지 앞과 그의 천사들 앞에서 시인하리라" (5절)

[두 번째 수신자] “이 땅의 모든 교회들”

6절 “성령이 교회들에게 하시는 말씀을 들을지어다”

7-13절 “빌라델비아 교회의 사자와 모든 교회에 보낸 설교의 편지”

[첫 번째 수신자] “빌라델비아 교회의 사자”(7절)

1. 그리스도의 모습 선포

7절 “거룩하고 진실하사 다윗의 열쇠를 가지신 이 곧 열면 닫을 자가 없고 닫으면 열 사람이 없는 이”

빌라델비아 교회의 주님은 ‘다윗의 열쇠를 가지고 열면 닫을 자가 없고 닫으면 열자가 없는 이’라고 자신의 존재를 설교하고 있다. 정말 주님은 천국의 열쇠를 가지고 열기도 하고 닫기도 하시는 유일한 분이시다. 그리고 주님은 빌라델비아 교회 앞에 열린 문을 두어서 아무도 닫을 사람이 없다고 병행적인 설명을 하시면서 설교하셨다. 이는 주님께서 모든 교회에 천국을 향하는 열린 문이 있어서 그곳을 통하여 하나님의 나라에 갈 수 있고 주님 자신 외에는 닫을 자가 아무도 없다는 사실을 설교하시는 장면이다.

2. 칭찬으로 격려

1) 적은 능력 큰 역사 “네가 작은 능력을 가지고도 내 말을 지키며 내 이름을 배반하지 아니하였도다” (8절)
2) 인내의 말씀 지킴 “네가 나의 인내의 말씀을 지켰은즉 내가 또한 나를 지켜 시험의 때를 면하게 하리니” (10절)

3. 책망과 경고

“책망 없음”

4. 권면적 선포

1) 임박한 종말 대비 “내가 속히 오리니 네가 가진 것을 굳게 잡아” (11절)
2) 면류관을 지킴 “네 면류관을 빼앗지 못하게 하라” (11절)

5. 이기는 자에 대한 상급의 약속 선포

1) 성전의 기둥 : “내 하나님 성전에 기둥이 되게 하리니 그가 결코 다시 나가지 아니 하리라” (12절)
2) 나의 새 이름 : “내가 하나님의 이름과 하나님의 성 곧 하늘에서 내 하나님께로부터 내려오는 새 예루살렘의 이름과 나의 새 이름을 그 위에 기록하리라” (12절)

[두 번째 수신자] "이 땅의 모든 교회들"

13절 "성령이 교회들에게 하시는 말씀을 들을지어다"

14-22절 "라오디게아 교회의 사자와 모든 교회에 보낸 설교의 편지"

[첫 번째 수신자] "라오디게아 교회의 사자"(14절)

1. 그리스도의 모습 선포

14절 "아멘이시요 충성되고 참된 증인이시요 하나님의 창조의 근본이 신 이"

라오디게아 교회에 주님에 대한 묘사는 아멘이며 충성된 참된 증인으로 설교하고 있다. 이런 주님의 모습은 병행구로 강조하고 있는 것을 볼 수 있다. 그 이유는 히브리 문장구조는 키아즘-교차병행구조-의 형태를 가지고 있기 때문이다. 사실 히브리어의 아멘과 충성은 같은 어원을 가지고 있다. 충성이라는 단어는 '아만'(אַמַן)인데 이 단어가 모음만 바꾸어 '아멘'(אָמֵן)으로 고유명사가 되었다. 이때부터 아멘이라는 단어는 모든 기독교인들의 신앙고백의 표현의 대명사가 되었다. 그런데 주님은 라오디게아 교회에서 자신을 아멘이고 충성된 참된 증인이라고 소개하고 있다는 점이다. 아멘은 우리 주님의 또 다른 이름인 것이다. 또한 주님은 자신을 하나님의 창조의 근본이신 분으로 소개하고 있다.

2. 칭찬으로 격려

"칭찬 없음"

3. 책망과 경고

1) 미지근한 신앙 "네가 차지도 아니하고 뜨겁지도 아니하도다"(16절)

2) 착각하는 신앙 "네가 말하기를 나는 부자라 부요하여 부족한 것이 없다 하나 … 네가 알지 못하는도다"(17절)

(1) 네 곤고한 것(17절)[37]

(2) 네 가련한 것(17절)

(3) 네 가난한 것(17절)

(4) 네 눈 먼 것(17절)

(5) 네 벌거벗은 것(17절)

4. 권면적 선포

1) 뜨거운 신앙 회복 "네가 차든지 뜨겁든지 하기를 원하노라"(15절)

2) 미지근한 신앙 토함 "내 입에서 너를 토하여 버리리라"(16절)

3) 신앙회복은 값을 주고 사(ἀγοράζω)[38]는 것이다.

(1) 불같은 믿음 삼 "내게서 불로 연단한 금을 사서 부요하게 하라"(18절)

---

37) 여기서 '네 곤고한 것' 은 헬라어 ταλαίπωρο"로 이는 '영적경화증' 이란 병으로 "피부가 굳어지는 병으로 그 모든 괴로움을 견딘다"는 의미이다. 이런 사람은 영적으로 심히 공허함을 가진 상태에서 살기 때문에 늘 괴롭고 우울한 삶을 살면서 결국은 우울증에 걸리는 비참한 삶을 살게 된다.

(2) 흰 옷을 사 입음 "흰 옷을 사서 입어 벌거벗을 수치를 보이지 않게 하라" (18절)

(3) 안약을 사 바름 "안약을 사서 눈에 발라 보이게 하라" (18절)

여기서 '사다' 의 헬라어 아고라조(ἀγοράζω)는 '대가를 지불하고 영원히 내 것으로 소유하다' 는 피가 흘러가는 구속동사라고 한다. 이는 주님이 십자가에서 자신의 피 값을 지불하고 죄를 사하시는 단어이다. 그러므로 이 단어는 우리가 그 분의 피를 의지하여 믿음을 가질 때 우리의 죄가 영원히 용서함을 받는다는 기독교의 가장 기본적인 진리를 말하고 있는 뜻을 가지고 있다.

주님은 라오디게아 교회[39]와 오늘날 모든 교회들에게 성도들이 예수 그리스도를 믿음으로 구속의 은혜를 사는 것이야 말로 진정한 성도가 될 수 있다는 설교를 본문에서 선포하고 있다. 따라서 라오디게아 교회의 성도들에게 '불같은 믿음을 사라' 는 말씀이나 '흰 옷을 사서 입으라' 그리고 '안약을 사서 바르라' 는 말씀은 모두 동의적 병행이 되는 말씀으로 주님이 십자가의 구속을 점층적으로 강조하는 문학적 표현이다. 우리가 이런 키아즘의 히브리 문학적 병행구조를 모르면 각 단어마다 다르게 해석하는 실수를 하게 된다.

---

38) 여기서 '사다' 의 헬라어 아고라조(ἀγοράζω)는 '대가를 지불하고 사다' 는 피가 흘러가는 구속동사로 이는 주님이 십자가에서 자신의 피 값을 지불하고 죄를 사하시는 단어이다. 따라서 이 단어는 우리가 그 분의 피를 의지하여 믿음을 가질 때 우리의 죄가 용서함을 받는다는 기독교의 가장 기본적인 진리를 말하고 있는 단어이다. 주님은 라오디게아 교회의 성도들이 믿음으로 구속의 은혜를 사는 것이야 말로 진정한 성도가 된다는 설교를 하시는 말씀이다.

39) 라오디게아 도시는 당시에 유대인들이 운영하는 큰 은행이 있는 부자 도시였다. 그 도시에는 의과대학이 있어서 '브르기아 안약' 제조 공장을 직영할 정도의 부유한 지역이었다. 바로 옆에는 히에라폴리스 도시에 목화의 성이라고 불리는 파묵칼레 유황온천이 수천 년간 흘러내려 많은 사람들이 그곳에 가서 치료 목적으로 온천을 즐기는 도시였다. 이런 천혜의 환경에서 신앙생활하는 라오디게아 교인들의 영적 상태는 미지근한 신앙 자체라고 주님께서 지적하고 있다.

4) 열심에 대한 권면 "네가 열심을 내라 회개하라"(19절)

5) 주님과 영적 교제 "볼지어다 내가 문밖에 서서 두드리노니 누구든지 내 음성을 듣고 문을 열면 내가 그에게로 들어가 그와 더불어 먹고 그는 나와 더불어 먹으리라"(20절)

5. 이기는 자에 대한 상급의 약속 선포

21절 "이기는 그에게는 내가 내 보좌에 함께 앉게 하여 주기를 내가 이기고 아버지 보좌에 함께 앉은 것과 같이 하리라"

[두 번째 수신자] "이 땅의 모든 교회들"

22절 "성령이 교회들에게 하시는 말씀을 들을지어다"

4장
천상 공개 설교

계시록 4장은 역사 이래로 처음 주님께서 천상을 이 땅의 모든 교회들에게 공개하면서 설교하는 장면이다. 천상 공개는 하나님께서 성도들에게 처음으로 자신의 나라 천국을 자세히 파노라마 형식을 빌려 설교하면서 공개하는 은혜로운 자리이다. 이는 천상에 대한 설교이다. 주님은 저자 요한이 경험한 천국의 환상을 설교라는 독특한 방법을 가지고 처음으로 자연스럽게 공개하고 있다. 4장이 천상의 공개라면 5장은 천상에서의 마지막 때에 되어 질 지상 스케줄을 병행적인 방법으로 공개하는 엄청난 사건이다. 이는 천상과 지상의 최대의 사건임에 틀림없다. 만약 주님이 우리에게 천상과 지상의 마지막 때 스케줄을 공개하지 않았다면 전혀 상상할 수도 생각할 수도 없는 지상최대의 사건이다. 특히 4장에 천상의 주인이 누구인가를 공개하고 5장은 지상과 병행되는 마지막 때의 스케줄이 어린양인 예수 그리스도임을 공개하는 자리는 가장 경이로운 사건임에 틀림없다.

1절 "이 일 후에 내가 보니 하늘에 열린 문이 있는데 내가 들은 바 처음에 내게 말하던 나팔 소리 같은 그 음성이 이르되 이리로 올라오라 이후에 마땅히 일어날 일들을 내가 네게 보이리라 하시더라"

1. 천국 공개 "하늘에 열린 문"(θύρα ἠνεῳγμένη ἐν τῷ οὐρανῳ)

주님은 요한의 눈을 열어 천상을 보게 하셨다. 여기서 '하늘에 열린 문' 중에 '열린' 이란 말은 헬라어로 '아노이고'(ἀνοίγω)로 이는 완료 수동태 분사형 동사이다. 이 단어는 '미공개된 비밀스런 장소를 처음으로 열어 천하에 공개하다' 라는 의미를 가지고 있다. 주님은 요한이 체험한 환상이라는 과정을 통해서 비밀스런 천상을 완전히 공개하는 내용을 이야기처럼 자연스럽게 진행하고 있다. 창세기부터 여기까지 천상을 이처럼 자세하게 공개한 적이 없었기에 계시록 4장의 천상공개는 아주 의미있는 일이 아닐 수 없다. 주님께서 계시록을 우리에게 편지 형식을 빌어 설교하면서 천상을 공개하는 것은 전무후무한 사건임에 틀림 없다. 천국은 주님이 열어 주는 사람만 경험할 수 있는 장소이기 때문이다. 이런 비밀스런 장소를 4장에서 만 천하에 공개하는 것은 이제 천국은 더 이상 비밀스런 장소가 아닌 우리가 꼭 가야할 나라임을 세상에 천명하는 것이다. 이곳은 하늘과 땅이 하나가 되는 하나님의 임재가 있는 장소라는 사실이다.

2. 주님의 초청 "이리 올라오라"

'이리 올라오라' 는 주님의 초청에 요한이 실제로 올라갔다는 표현은 그 어느 곳에도 없다. 그러나 요한은 자신이 천국에 올라갔다고 표현은 없지만, 병행적인 표현으로 자신이 '성령에 감동되었더니' (2절)라는 고백으로 환상 중에 직접 보고 체험한 것을 공개적으로 기록하고 있다. 천국은 주님께 초청받은 자만 갈 수 있고, 허락된 자들만 갈 수 있는 장소이다. 결국 '이리 올라오라' 는 초청은 '성령에 감동된 자' 만이 직접 가서 볼 수 있다는 말이다. 하지만 우리는 저자 요한을 통해 주님께서 천국을 공개했기 때문에 그 실체를 간접적으로 경험할 수 있는 은혜를 입었다. 요한이 천상에서 보고 들은 것을 그대로 설교로 기록한 것이 4장 전체의 내용에 해당한다. 이제부터 우리도 천상공개를 따라 그 순서대로 보고 간접적으로 체험하는 여행을 하게 될 것이다.

3. 마지막 때 지상에 되어 질 스케줄 공개 예고편

1c "이후에 마땅히 일어날 일들을 내가 네게 보이리라"

2-11절 "천국 공개 설교"

1. 천국 보좌 "보라 하늘에 보좌를 베풀었고 그 보좌 위에 앉으신 이" (2절)

천국의 보좌는 신약 성경에 67회, 계시록에 47회가 나온다. 이곳은 여호와 하나님께서 우주의 통치 장소이면서 세상의 모든 일들을 섭리하시며 심판하시는 판결의 보좌이다. 그 보좌에 앉으신 이가 바로 성부 하나님이시다. 그분이 세상을 창조하시고 마지막 때, 종말의 모든 스케줄을 계획하시고 진행하시고 마감하여 심판하시는 분이시다. 이곳이 천국의 중앙으로 주 하나님 아버지의 보좌가 가운데 있고 그곳에 앉아 세상을 운영하신다. 한편 성부 하나님이 앉으신 모양에 대한 언급이 나오는데 그것은 '벽옥(Jasper)과 홍보석(Rubby)과 같다' 고 표현하고 있다. 이러한 보석들은 대제사장의 에봇에 모두 붙이라고 하나님이 명령한 것으로 서로가 병행되는 것들이라고 볼 수 있다. 그 천국의 보좌를 무지개[40]가 두르고 있는데 이는 모양이 녹보석(Emerald)과 같다.

2. 하나님의 보좌에 둘러선 이십사장로

> 4절 "보좌에 둘려 이십사 보좌들이 있고 그 보좌들 위에 이십사 장로들이 흰 옷을 입고 머리에 금관을 쓰고 앉았더라"

이십사 장로들에 대한 분분한 해석이 있는 것이 사실이다. 가장 보편적인 해석이 구약의 12지파인 이스라엘 백성들의 대표와 신약의 12사도인 신약시대 성도들의 대표로 보는 견해이다. 이 책의 저자인 나는 가능한한 계시록을 해석하지 말고 자체의 해석에서 모든 문제를 해

40) 사실 보석 중에 무지개(Iris)와 같은 보석은 녹보석 보다는 오팔(Opal)이 더 비슷한 모습을 가지고 있다. 오팔은 보석이라고 말하기보다는 특별한 돌에 가까운 보석이다. 오팔은 광채도 없고 색깔도 없다. 그럼에도 오팔이 귀한 보석으로 보는 것은 이 보석이 **교감의 보석**이기 때문이다. 특이한 점은 오팔이 사람의 체온과 접촉해서 적당한 온도가 되면 광채를 발한다. 이때 오팔은 사람의 체온으로 인해 귀한 보석의 가치를 가지는 무지개 색으로 변한다. 이런 면에서 오팔은 인간의 존재와 너무 비슷한 보석임을 보여주는 것이다. 이는 하나님의 손에 잡힌 사람은 갈고 닦고 길이 든다. 하나님의 손에 붙잡힌 그때부터 그 사람은 정말 가치가 있는 보석과 같은 존재가 된다. 이와 반면에 하나님과 상관이 없는 존재는 무가치한 존재일 뿐이다. 이는 그들이 오팔처럼 하나님의 손에 잡히기 전까지는 단지 가능성이 있는 돌에 불과한 존재이다.

결하자는 주장이다. 실제로 4장에서는 이십사 장로가 누구인지 해석하지 않고 있다. 하지만 21장에 또 한 번 새 하늘과 새 땅의 천국이 공개되면서 구체적으로 이십사 장로가 누구인지를 해석하고 있다. 이런 면에서 계시록 자체에는 우리가 해석하지 않고 잘 읽기만 해도 모든 문제가 해결되도록 설교하고 있기 때문이다. 자세한 설명은 그때가서 하기로 하고 여기서는 간단하게 21장의 해석을 대신하는 것으로 끝내고자 한다.

1) 천국의 성곽의 열두 문은 열두 지파의 이름이라고 해석

21:12 "크고 높은 성곽이 있고 열두 문이 있는데 문에 열두 천사가 있고 그 문들 위에 이름을 썼으니 이스라엘 자손 열두 지파의 이름들이라"

2) 천국의 성곽의 열두 기초석은 열두 사도의 이름이라고 해석

21:14 "그 성의 성곽에는 열두 기초석이 있고 그 위에는 어린양의 열두 사도의 열두 이름이 있더라"

3. 보좌 앞에 켠 등불 일곱은 '하나님의 일곱 영'[41]이라고 해석

5절 "보좌로부터 번개와 음성과 우렛소리가 나고 보좌 앞에 켠 등불

---

41) 하나님의 일곱 영에 관해서는 이 책의 뒤에 특주에 가서 참고하면 좋겠다. 하나님의 일곱 영은 성령 하나님의 사역적인 호칭을 말한다.

일곱이 있으니 이는 하나님의 일곱 영이라"

4. 보좌 앞 수정과 같은 유리 바다

6절 "보좌 앞에 수정과 같은 유리 바다가 있고 보좌 가운데와 보좌 주위에 네 생물이 있는데 앞뒤에 눈들이 가득하더라"

5. 보좌 주위에 있는 네 생물에 대한 형상 해석

7절 "그 첫째 생물은 사자 같고 둘째 생물은 송아지 같고 그 셋째 생물은 얼굴이 사람 같고 그 넷째 생물은 날아가는 독수리 같은데"
8절 "네 생물은 각각 여섯 날개를 가졌고 그 안과 주위에는 눈들이 가득하더라"

1) 첫째 생물 : 사자 같음
2) 둘째 생물 : 송아지 같음
3) 셋째 생물 : 사람 같음
4) 넷째 생물 : 독수리 같음

먼저 네 생물이 인간은 아니다. 그러면 천국에 하나님과 인간 말고 또 다른 무엇이 있을 수 있는가를 살펴보면 천사밖에 다른 존재를 생각할 수 없다. 그래서 살아있는 존재라는 의미에서 생물이라고 표현했다. 그리고 이 네 생물은 여섯 날개를 가졌고 그 주위에 눈들이 가득하다고 표현한 것 또한 천사의 속성이라고 볼 수 있다. 그 생물들이 쉬지 않고 하나님을 높이는 찬양하는 사역을 보아도 우리가 천사임을 해석하지 않고도 잘 알 수 있는 사실이다.

6. 보좌 주위의 존재들이 하나님께 영원히 예배함을 선포

1) 그들이 밤낮 쉬지 않고 하나님을 경배

8b "거룩하다 거룩하다 거룩하다 주 하나님 곧 전능하신 이여 전에도 계셨고 이제도 계시고 장차 오실 이시라"

2) 그 생물들이 영광과 존귀와 감사를 돌림

9절 "그 생물들이 보좌에 앉으사 세세토록 살아 계시는 이에게 영광과 찬송과 감사를 돌릴 때에"

3) 이십사 장로들이 보좌에 앉으신 이 앞에 엎드려 경배와 찬양

10절 "이십사 장로들이 보좌에 앉으신 이 앞에 엎드려 세세토록 살아 계신 이에게 경배하고 자기의 관을 보좌 앞에 드리며 이르되"

11절 "우리 주 하나님이여 영광과 존귀와 권능을 받으시는 것이 합당하오니 주께서 만물을 지으신지라 만물이 주의 뜻대로 있었고 또 지으심을 받았나이다 하더라"

네 생물의 찬양과 경배와 이십사 장로들의 경배와 찬양의 내용이 동

일하다. 단지 표현상에 약간의 차이가 있을 뿐이고 하나님을 찬양하는 것은 서로 병행되어 우리가 이 땅에서 드리는 찬양과 경배도 거의 동일한 내용으로 드려져야 당연하다. 오직 우리 주님만이 영광과 예배 받으시기에 합당하기 때문이다. 이십사 장로들이 하나님만이 영광 받으시는 것이 '합당' (ἄξιος)하다고 고백하는 단어는 헬라어에서 '예배 받으실 이유가 충분하다' 는 의미가 있다. 오직 하나님만이 모든 피조물의 영광을 받으실 충분한 이유를 이십사 장로는 설명하기를 주님은 '만물을 지으신지라 만물이 주의 뜻대로 있었고 또 지으심을 받았나이다' 라고 선언했기 때문이다.

5장
천상공개와 지상종말 진행 병행 공개 설교

첫째, 천상의 인봉한 지상 종말 스케줄 공개 설교

1절 "내가 보매 보좌에 앉으신 이의 오른손에 두루마리가 있으니 안팎
으로 썼고 일곱 인으로 봉하였더라"

천국의 공개와 더불어 인봉한 지상의 종말 스케줄이 비밀스럽게 하나님의 도장이 찍혀 봉인되어 있다고 처음으로 요한의 설교를 통해서 공개한다. 하나님의 오른손에 있는 두루마리는 안팎으로 써있는 상태로 일곱 인으로 봉해 놓았고 그 마지막 때 되어 질 지상의 종말 스케줄이 봉인되었다고 설교하고 있다.

1. 성부 하나님의 오른손에 두루마리에 안팎으로 썼고 일곱 인으로 봉함(1절)

2. 천사가 큰 음성으로 누가 그 두루마리를 펴고 그 인을 떼기에 합당하냐?(2절)

2절 "또 보매 힘있는 천사가 큰 음성으로 외치기를 누가 그 두루마리를 펴며 그 인을 떼기에 합당하냐 하나"

3. 요한이 볼 때 두루마리를 펴거나 봉인을 떼기에 합당한 자가 없어 크게 움(4절)

4절 "그 두리마리를 펴거나 보거나 하기에 합당한 자가 보이지 아니하기로 내가 크게 울었더니"

둘째, 어린양의 등장과 천권이양식 공개설교

1. 한 장로가 유대 지파의 사자가 이겼고 예수가 그 두루마리와 일곱 인을 뗄 것을 말함(5절)

5절 "장로 중의 한 사람이 내게 말하되 울지 말라 유대 지파의 사자 다윗의 뿌리가 이겼으니 그 두루마리와 그 일곱 인을 떼시리라 하더라"

1) 예수 승리 선포절 "이겼으니" (νικάω)[42]

여기서 다윗의 뿌리가 이겼다는 것은 십자가에서 승리한 것을 선포하는 말씀이다. 예수 그리스도가 십자가와 부활에서 승리했다는 근거는 헬라어 '이겼으니' 가 '니카오' (νικάω)가 과거의 어느 한 시점에서 모든 문제가 해결되고 승리했다고 선언하는 의미가 있기 때문이다. 하나님은 예수가 마지막 시대의 주인공으로 모든 주권을 가지고 사역할 수 있는 모든 토대가 십자가와 부활에서 자격을 얻었다고 선언하는 자리이다. 이런 선언은 계시록을 설명하는데 아주 적절한 말씀이다. 나중에 사탄의 기원과 결박을 설명할 때 아주 필요한 말씀이기 때문이다.

2) 일곱 인 떼실 것 "그 일곱 인을 떼시리라" (ἀνοίγω)

또한 봉인된 두루마리의 일곱 인을 떼실 분이 예수 그리스도라고 하나님이 인정하고 선언하는 자리이다. 여기서 주님이 일곱 인을 '떼시리라' 는 헬라어 '아노이고' (ἀνοίγω)인데 그 뜻은 미래의 한 시점에 인을 떼는 자격을 부여받고 일하신다는 말씀이다. 이것은 세 개의 재앙을 설명하는데 아주 적절한 말씀이 아닐 수 없다. 그 문제는 6장에 가서 자세히 설명할 것이다. 천국의 장로 중의 한 사람이 어린양이 봉인된 두루마리를 뗄 수 있도록 자격을 얻었다는 선언은 이제 지상의 모든 종말에 되어 질 스케줄이 하늘의 계획을 따라 진행된다는 말씀이기 때문이다. 결과적으로 볼 때 어린양의 등장은 이 땅의 모든 주권을 가지신 그분이 모든 권한을 가지고 있다는 선언이기 때문에 중요하다.

42) 여기서 '이겼다' 는 말이 니콘(νικον)인데 이는 승리자라는 의미의 단어이다. 이 단어를 일본의 카메라 회사에서 자신의 상호로 사용하면서 카메라의 승리자라는 병행적 의미를 차용해서 썼다. 그러자 다른 일본 카메라 회사에서 성경의 다른 이름이 Canon(정경)인데 이 이름을 자기 회사 명칭으로 사용하는 흥미로운 일이 벌어졌다.

2. 보좌와 네 생물과 장로들 사이에 중보자로 어린양의 등장

6절 "내가 또 보니 보좌와 네 생물과 장로들 사이에 한 어린양이 서 있는데 일찍 죽임을 당한 것 같더라 그에게 일곱 뿔과 일곱 눈이 있으니 이 눈들은 온 땅에 보내심을 받은 하나님의 일곱 영이더라"

이제 예수 그리스도가 어린양으로 계시록의 마지막 때의 주인공으로 등장하신다. 여기서 우리가 주목해야 할 한 가지는 어린양이 서있는 위치에 대한 관심이다. 그 위치가 하나님의 보좌와 이십사 장로와 네 생물 사이에 중보자로 등장하고 있다. 가장 중요한 위치에 있는데 천국을 공개하고 지상의 종말 스케줄을 공개한 직후에 어린양이 중보자로서 극적으로 등장하는 모습을 공개한다. 이는 어린양인 예수 그리스도의 사역이 중보자로서 하나님과 사람 사이의 중보임을 그림으로 보여주는 강력한 메시지에 해당한다. 그분은 일찍이 죽임을 당한 십자가와 부활의 주인공이고 또한 이 땅의 주인으로 등장하는 것을 볼 수 있다. 마지막으로 그분은 일곱 뿔과 일곱 눈이 있는데 이 눈은 온 땅에 보내심을 받은 하나님의 일곱 영이라고 친절하게 해석해 주고 있다. 여기 하나님의 일곱 영은 예수의 영이다. 그리고 일곱 영은 예수의 영으로 존재하는 성령 하나님이다.

3. 천권이양식 : 어린양이 두루마리 봉인을 취함

7절 "그 어린양이 나아와서 보좌에 앉으신 이의 오른손에서 두루마리를 취하시니라"

어린양이 보좌에 앉으신 성부 하나님의 오른손에 있는 두루마리를 취하신다. 이는 예수 그리스도가 세례 받을 때 메시야로서 사역을 시작한다는 '메시야 대관식' 과 마찬가지로 이제 하늘에서 계획된 종말의 봉인된 모든 스케줄을 어린양인 메사야가 '천권이양'[43]식을 통해서 성부 하나님께 모든 권한을 위임받는 장면을 공개하는 것이다. 이제 예수님은 재림의 주인공으로 하늘의 천권이양식을 통하여 완전하게 종말 사역의 공개된 주인공으로 서는 자리이다. 성부 하나님으로부터 완전한 임무의 인수인계는 '취하시니라' 라는 헬라어 '람바노' (λαμβάνω)에서 찾을 수 있다. 하나님의 손에 있는 지상의 종말 스케줄이 주님의 손으로 완전하게 넘어갔다는 선언에 해당하기 때문이다. 주님이 이제 완전한 재림주의 권한을 모두 다 위임받았다고 선포하는 자리가 바로 이 말씀이다.

1) 두루마리를 취한 어린양께 네 생물들과 24장로들이 엎드려 경배

8절 "그 두루마리를 취하시매 네 생물과 이십사 장로들이 그 어린양 앞에 엎드려 각각 거문고와 향이 가득한 금 대접을 가졌으니 이 향은 성도의 기도들이라"

여기에 향으로 대비되는 성도의 기도가 등장하는 것이 흥미롭다. 이는 종말 스케줄이 심판이라는 성격 때문에 기도가 대접 재앙의 심판의 도구로 쓰여 지고 있기 때문이다. 이와 병행되는 하나님께 장로들이

43) Aune "요한계시록 (상)" p. 848. "아우네는 예수 그리스도께 하나님께서 심판의 모든 권한을 이양하는 서임식이라고 말한다."

드리는 것은 자신들이 쓰고 있던 면류관과는 너무 대조적으로 나타난다. 그러므로 성도들의 기도는 천사의 손에 들려 향연이 하나님께 올라간다(8:3-4). 이는 인 재앙과 나팔 재앙 사이에 성도들의 기도가 종말 심판의 도구로 사용되는 것을 볼 수 있다(8:5).

2) 천권이양식이 끝남과 동시에 모든 경배가 어린양께 집중됨

9절 "그들이 새 노래를 불러 이르되 두루마리를 가지시고 그 인봉을 떼시기에 합당하시도다 일찍이 죽임을 당하사 각 족속과 방언과 백성과 나라 가운데에서 사람들을 피로 사서 하나님께 드리시고"
10절 "그들로 우리 하나님 앞에서 나라와 제사장들을 삼으셨으니 그들이 땅에서 왕 노릇 하리로다 하더라"

놀라운 것은 지금까지 천상의 모든 예배의 찬양을 성부 하나님께서 전부 받으셨으나, 천권이양식이 끝난 직후부터 천상의 모든 예배가 어린양으로 집중된다. 이런 현상은 세상에서도 권력이양 때 드러나는 현상이다. 하지만 천상의 예배가 예수그리스도로 집중되더라도 모든 영광은 성부 하나님과 두 분에게 동일하게 주어진다는 사실이다.

3) 수많은 천사들이 어린양을 찬양

11절 "내가 또 보고 들으매 보좌와 생물들과 장로들을 둘러 선 많은 천사의 음성이 있으니 그 수가 만만이요 천천이라"
12절 "큰 음성으로 이르되 죽임을 당하신 어린양은 능력과 부와 지혜

와 힘과 존귀와 영광과 찬송을 받으시기에 합당하도다 하더라"

4) 하늘과 땅의 모든 피조물의 찬양

13절 "내가 또 들으니 하늘 위에와 땅 위에와 땅 아래와 바다 위에와 또 그 가운데 모든 피조물이 이르되 보좌에 앉으신 이와 어린양에게 찬송과 존귀와 영광과 권능을 세세토록 돌릴지어다 하니"

5) 네 생물의 화답과 장로들의 경배

14절 "네 생물이 이르되 아멘하고 장로들은 엎드려 경배하더라"

최초로 등장하는 천상의 예배가 성부 하나님과 성자 하나님께 돌려지고 있는 동안 천상의 피조물들이 화답송을 아멘으로 하고 있다는 점이다. 이는 앞으로 우리가 가서 천상에서 어떻게 예배가 진행되고 화답해야 하는가를 저자 요한이 알려주고자 하는 의도적인 편집으로 볼 수 있다.

6장 인을 떼는 재앙

6장 역사적 해석의 문제점

1. 인을 떼는 재앙에 대하여 동사를 주목하지 못하고 세 개의 각각 다른 재앙의 하나로 해석했다.
2. 인 재앙과 다른 두 재앙을 강도가 점층적으로 강해지는 것으로 해석하는 절충을 시도하려고 노력했으나 혼란이 더 가중 되었다.

첫째, 세 가지 재앙의 해석을 어떻게 할 것인가?

1. 세 가지 재앙 해석

1) 각각 별개의 재앙으로 해석했기 때문에 역사적으로 많은 혼란이 있었다.

역사적으로 가장 보편적인 해석은 세 번의 재앙으로 해석했다. 물론 많은 학자들이 이렇게 해석한 이유도 분명히 있다. 우리가 계시록을 문자적이고 순차적으로 보면 당연히 그렇게 해석할 수밖에 없게 된 것도 사실이다. 하지만 이로 인해 일어난 결과는 엄청났다. 여기에 나타나는 재앙을 어떻게 피할 것인가의 문제로 인해 수많은 이단들이 등장하게 되었다. 또한 셀 수 없이 많은 교파들과 극단적인 종말론자들이 전 세계에 목소리를 키웠다. 역사적으로 자연재해나 상상할 수 없는 천재지변이 일어날 때마다 어김없이 등장하는 사이비 종말론자들이 큰소리치는 어처구니없는 일들이 발생했다.

하지만 주님은 계시록을 우리에게 주시면서 수천 년의 혼란을 원하지 않으셨던 것은 분명하다. 그러나 결과적으로 보면 종말론으로 인한 교회와 사회적 혼란은 이제 범국가적인 문제를 넘어 범세계적인 문제로 발전했다. 더 큰 문제는 이런 엄청난 혼란이 있지만 해결할 수 있는 뾰족한 대안이 없다는 것이 더 심각한 일이다. 그렇다고 한다면 왜 이렇게 세 개의 재앙 문제와 천년왕국의 문제로 인해 갈등이 전혀 해소될 것 같이 않는 지경까지 이르렀는지에 대하여 심각한 점검이 필요한 때가 되었다. 저자는 이 책이 빠른 시간 안에 그러한 혼란을 잠재우고 건전하고 성경적인 종말론이 이 땅에 자리 잡기를 기대하고 있다.

2) 세 개의 재앙이 점층적으로 심판의 강도가 커지는 것으로 해석을 했다.

3) 세 개의 재앙을 하나의 재앙으로 해석했지만 논리적인 취약함이 크다.

2. 세 개의 동사해석부터 세 재앙의 의미 발견

저자는 재앙을 주도하는 세 개의 동사에서 주님께서 의도하시는 삼중 재앙의 의미를 설명하고자 한다. 지금까지 역사는 주로 재앙 자체에 대한 해석을 하므로 세 개의 동사의 의미를 잃어 버렸다. 이로 인해 삼대 재앙부터 해석의 혼란을 가져와서 심각한 문제를 야기했다. 주님께서 의도하신 세 개의 동사만 바로 이해하면 재앙 해석도 큰 무리가 없다. 우리는 삼중 재앙을 통하여 더 분명하고 확실한 의미를 알고 마지막 재앙을 준비할 수 있기 때문이다. 주님은 우리에게 혼란을 야기하기 위해 세 번의 재앙을 따로 설명하신 것이 아니라 좀 더 구체적이고 분명하게 알려 주기 위하여 한 번에 일어나는 사건에 대하여 세 번의 다른 의미의 재앙에 대한 설명을 하고자 했기 때문이다. 우리는 여기서 세 번의 재앙이 아니라 한 번의 재앙에 대한 세 번의 다른 각도의 설명으로 보면 된다.

3. 세 개의 재앙 적용 설명

우리가 성경에서 동사에 주목해야 하는 이유는 다음과 같다. 우리가 먼저 히브리 민족은 동사 민족이라는 점을 잊어서는 성경을 바로 해석할 수 없다. 유대인들은 자신들의 신앙을 살아 움직이는 동사로 설명한다. 지금도 유대인들은 자신들이 움직이는 성경이라고 생각하면서 살아가고 있다. 예를 들어 창세기 1장 1절에 '창조하다' 란 단어가 성경 전체의 한계를 설정하고 있다는 점이다. 이것이 무슨 말인가 하면 하나님이 천지를 창조하셨다는 단어로 시간과 공간이 생겨나고 모든 사람들과 자연과 우주는 이 단어 안에서 존재하는 한계에 있기 때문이다. 우리는 하나님이 창조하신 하늘과 땅을 벗어나서 살 수 없는 존재가 되었다는 선언적 의미를 가지고 있다. 이는 마치 물고기가 물을 떠나서는 살 수 없는 한계를 가진 것과 같다고 볼 수 있다.

마찬가지로 세 개의 재앙에서 그 재앙을 제한하는 동사가 항상 이어서 나오는 것으로 볼 수 있다. 첫 번째 재앙인 일곱 인은 항상 '떼다'(ἀνοίγω)라는 동사가 따라 나온다. 이것은 인 재앙은 항상 떼어야 한다는 한계이다. 그리고 여기서 '떼다' 라는 동사가 인 재앙의 전체의 한계를 넘을 수 없다는 말이 된다. 또한 두 번째 나팔 재앙은 '불다'(σαλπίζω)라는 동사가 그 의미를 제한하고 있다. 나팔은 부는 것으로 그 재앙이 무엇인지를 제한하고 한계를 설정하고 있기 때문이다. 물론 대접 재앙은 일곱 번 '쏟다'(ἐκχέω)는 것으로 동사를 제한하고 있다. 이런 원리로 우리가 세 개의 재앙을 해석해야 바른 해석을 할 수 있게 된다.

1) 인을 떼는 재앙 설교

여기서 '인을 떼다'(ἀνοίγω)는 동사에서 주님의 의도하신 해석의 실마리를 찾을 수 있다. 주님이 인을 떼는 것은 이제 세상의 심판의 내용을 역사에 처음 공개한다고 선언하는 자리이다. 그러므로 '인을 떼다'는 봉인된 것을 열어 개괄적인 사실을 보여준다는 말이다. 이제부터 마지막 심판이 공개되어 미래의 어느 시점에 일곱 인재앙의 내용으로 시작될 것이라는 '우주적 공개 선언'을 말한다. 이는 주님만이 유일하게 심판을 열어 공개하실 수 있는 분이시기 때문이다. 따라서 인을 떼는 사건은 비밀로 숨겨진 심판의 사실이 봉인되었던 것을 이 땅에 사는 사탄과 사람들과 자연에게 공개 선언하는 자리이다. 그리고 그 심판의 내용을 파노라마식으로 천상에 먼저 공개하여 성도로 하여금 미리 준비하도록 배려하는 사건이다. 마지막 시대에 요한계시록을 읽는 사람들은 천상의 인을 떼었다는 사실을 알고 미리 대비할 수 있기 때문이다. 그러므로 인을 떼는 재앙은 실제적인 재앙이 아니라 오로지 천상의 재앙을 최초로 지상에 공개하는 주님의 설교인 것이다.

2) 나팔 부는 재앙 설교

한편 '나팔을 불다' (σαλπίζω)는 이제부터 심판이 시작된다고 선언하는 자리이다. 구약 성경에서 나팔은 항상 부는 것으로 나타나고 그 의미는 이제부터 무엇인가 시작된다는 것은 선언하는 자리이다. 일곱 나팔 재앙마다 나팔을 부는 것이 등장하는데 이것이 바로 이제 주님이 아래와 같이 세상을 심판하는 재앙이 시작됨을 선언하는 자리인 것이다. 비록 나팔을 불고 있을지라도 본격적인 심판이 진행되는 것은 아니다. 주님이 재림하실 때에도 천사장이 나팔을 불어 주님이 오신다는 사실을 우주 전체에 선포하시는 것이다. 그러므로 주님이 나팔과 함께 재림하신다고 해서 모든 것이 끝나는 것이 아니다. 나팔은 경고 의미와 함께 이제부터 마지막 종말 스케줄이 말씀대로 진행된다는 시작을 알리는 선포이다. 나팔을 부는 것은 이제 본격적으로 재앙이 시작됨을 선포하는 자리이지 아직도 본격적인 재앙이 진행되고 있는 것이 결코 아니다. 따라서 나팔재앙과 대접재앙은 인을 떼는 재앙과 달리 서로 첫 번째부터 마지막 재앙까지 병행적 관계로 보완하고 있다.

마찬가지로 나팔을 부는 재앙도 주님이 마지막 시대를 살아가는 자들에게 주시는 설교의 메시지라고 보면 된다.

3) 대접을 쏟는 재앙 설교

대접 재앙에서 주목해야 하는 동사는 '대접을 쏟다'(ἐκχέω)라는 단어로 이는 이제 심판이 시작되어 구체적으로 펼쳐지고 진행되어 마감하는 모든 실제적인 재앙의 총 과정을 말하는 것이다. 대접은 심판이 땅에 쏟아져서 재앙이 이미 시작되어 진행되고 종결까지 구체적으로 언급되는 실제적인 재앙이다. 대접을 쏟는 것은 재앙의 실제가 우주적 사건으로 진행되고 마감되는 것까지를 말한다. 정말 대접 재앙이야말로 역사 가운데 행하시는 하나님의 심판의 진행 이야기이다. 그러므로 우리가 알아야 하는 재앙은 세 번 나누어서 진행되는 구조가 아니라 한 번의 재앙이 구체적으로 재림 주께서 심판의 봉인을 열고 나팔을 불어 재앙이 시작됨을 알리고 대접을 쏟아 우주적인 재앙이 본격적으로 일어나는 일련의 질서 있는 진행이다. 결코 재앙이 무질서하게 진행되는 것이 아니라 너무도 완벽한 계획과 진행이 실현되는 것이 세 개의 재앙의 해석이다.

우리는 이제부터 세 개의 재앙을 병행구조로 아래와 같이 하나의 재앙으로 해석한다. 우리가 이렇게 해석해야 하는 이유는 사도 요한이 계시록을 그렇게 설명하고 있기 때문이다. 우리가 볼 때 히브리 인들에게 인과 나팔과 대접이 무엇인지를 알아야 바른 해석이 가능하다. 또한 계시록은 이미 저자 요한이 설교하는 문장으로 해석을 포함하고 있기 때문이다. 그러므로 우리는 이제부터 인은 떼어 종말을 이 땅에 공개하는 일이고, 나팔은 재앙이 이 땅에 시작됨을 선언하고, 대접은 재앙을 쏟아 붇는 구체적인 심판의 내용으로 보아야 한다. 여기서 오늘의 설교자가 또 다른 해석을 하면 2,000년의 혼란이 계속될 수밖에 없기 때문에 더 이상의 억지 해석은 곤란하다. 그렇다고 우리가 전혀 해석을 하지 말라는 말은 아니고 다만 우리가 당시와 간격이 있기 때문에 계시록에 대하여 히브리적인 사고에 입각한 적용적인 설명은 꼭 필요하다.

둘째, 인을 떼는 것은 천상의 종말에 대한 지상의 대공개 설교

1. 첫째 인을 떼어서 흰 말 탄자 내용 공개

1절 "내가 보매 어린양이 일곱 인 중의 하나를 떼시는데 그때에 내가 들으니 네 생물 중의 하나가 우렛소리같이 말하되 오라 하시기로"
2절 "이에 내가 보니 흰 말이 있는데 그 탄 자가 활을 가졌고 면류관을 받고 나아가서 이기고 또 이기려고 하더라"

1) 인 재앙은 공개가 목적이기 때문에 특별히 해석할 필요가 없고 이 내용 자체가 설교이기 때문에 다만 그대로 받으면 된다.

2) 흰 말이 무슨 의미인지 성경이 해석을 하지 않기 때문에 그대로 받으면 된다.

(1) 재앙의 심판 공개 "말탄 자가 활을 가졌고"(2절)

(2) 영광을 받음 공개 "면류관을 받고"(2절)

(3) 승리할 것을 공개 "이기도 또 이기려고 하더라"(2절)

2. 둘째 인을 떼어서 붉은 말 내용 공개

3절 "둘째 인을 떼실 때에 내가 들으니 둘째 생물이 말하되 오라 하니"

4절 "이에 다른 붉은 말이 나오더라 그 탄자가 허락을 받아 땅에서 화평을 제하여 버리며 서로 죽이게 하고 또 큰 칼을 받았더라"

1) 붉은 말은 주님의 허락을 받아 이제부터 이 땅에 평화가 없음을 공개(4절)

2) 전쟁시작 공개 "서로 죽이게 하고"(4절)

3) 전쟁무기 공개 "또 큰 칼을 받았더라"(4절)

3. 셋째 인을 떼어서 검은 말 내용 공개

5절 "셋째 인을 떼실 때에 내가 들으니 셋째 생물이 말하되 오라 하기로 내가 보니 검은 말이 나오는데 그 탄 자가 손에 저울을 가졌더라"

6절 "내가 네 생물 사이로부터 나는 듯한 음성을 들으니 이르되 한 데나리온에 밀 한 되요 한 데나리온에 보리 석 되로다 또 감람유와 포도주는 해치지말라 하더라"

1) 검은 말은 손에 저울을 받아 기근 재앙이 시작됨을 공개(5절)

2) 식량 문제 재앙 "한 데나리온에 밀이 한 되요, 보리 석 되로다" (6절)

4. 넷째 인을 떼어 청황색 말 내용 공개

7절 "넷째 인을 떼실 때에 내가 넷째 생물의 음성을 들으니 말하되 오라 하기로"

8절 "내가 보매 청황색 말이 나오는데 그 탄 자의 이름은 사망이니 음부가 그 뒤를 따르더라 그들이 땅 사분의 일의 권세를 얻어 검과 흉년과 사망과 땅의 짐승들로써 죽이더라"

1) 청황색 말 탄자의 이름은 사망의 재앙을 공개(8절)

2) 지옥의 권세 "음부가 그 뒤를 따르더라" (8절)

3) 죽음의 권세 "땅 사분 일의 권세를 얻어 검과 흉년과 사망을 주관한다" (8절)

5. 다섯째 인을 떼니 순교자들이 천국에서 심판할 것을 간구하는 내용을 공개(9절)

9절 "다섯째 인을 떼실 때에 내가 보니 하나님의 말씀과 그들이 가진 증거로 말미암아 죽임을 당한 영혼들이 제단 아래에 있어"

10절 "큰 소리로 불러 이르되 거룩하고 참되신 대주재여 땅에 거하는 자들을 심판하여 우리 피를 갚아 주지 아니하시기를 어느 때까지 하시려 하나이까 하니"

11절 "각각 그들에게 흰 두루마리를 주시며 이르시되 아직 잠시 동안 쉬되 그들의 동무 종들과 형제들이 자기처럼 죽임을 당하여 그 수가 차기까지 하라 하시더라"

여기 다섯째 인을 떼니 아주 흥미로운 사실 하나를 우리가 발견할 수 있다. 그것은 순교자들의 영혼들이 천국에서 심판할 것을 요청하는 것을 공개하는 내용에서 찾아 볼 수 있다. 그들은 지나간 교회의 역사 가운데 순교한 자들로 천국에서 하나님께 자신들의 피 값을 갚아 달라고 요청하고 있다. 그러나 주님의 대답이 '아직 순교자가 더 차기까지 기다리라' 고 말씀하고 있다는 것이다. 만약 인 재앙이 실제적이라면 도저히 해석할 수 없는 일이 벌어지고 있기 때문이다. 그 대답은 저자가 앞에서 설명한 것처럼 인을 떼는 행위는 실제적인 재앙이 아니라는 결정적인 증거 중에 하나이다. 여기 본문은 인을 떼서 천상의 내용을 공개하지만 아직까지 심판이 구체적으로 시작된 것이 아니라는 것이다. 결국 다섯째 인을 떼는 것은 심판의 시작이 아니라 그 내용을 구체적으로 공개하는 것임을 반증하는 내용이다. 그러므로 인을 떼어 재앙을 공개하는 것은 천상의 내용을 지상에 단순히 공개하는 것이지 아직 구체적인 심판은 아니다.

6. 여섯째 인 떼어 우주 전체가 무너지는 내용 공개(12-17절)

1) 큰 지진 "큰 지진이 나며"(12절)

2) 해 재앙 "해가 검은 털로 짠 상복같이 검어지고"(12절)

3) 달 재앙 "달은 온통 피같이 되며"(12절)

4) 별 재앙 "하늘의 별들이 무화과나무가 대풍에 흔들려 설익은 열매가 떨어지는 것같이 땅에 떨어지매" (13절)

5) 하늘 재앙 "하늘은 두루마리가 말리는 것같이 떠나가고(14절)

6) 땅의 재앙 "각 산과 섬이 제 자리에서 옮겨지매" (14절)

여섯째 인을 떼실 때에 또 한번 흥미로운 사실을 발견할 수 있다. 만약 여섯째 인 재앙이 실제적이라고 한다면 여기서 세상의 종말을 고하기 때문이다. 이 재앙 중에 '하늘은 두루마리가 말리는 것같이 떠나가고' 라는 말은 21:1절에서 '또 내가 새 하늘과 새 땅을 보니 처음 하늘과 처음 땅이 없어졌고' 라는 내용과 정확한 병행이 되는 같은 의미이기 때문이다. 그러므로 이 재앙이 실제라면 이미 세상은 사라지고 새 하늘과 새 땅이 천국에서 내려오는 단계까지 가야 하기 때문이다(21장 1-4). 결국 인을 떼는 것은 실제의 재앙이 아니라는 반증이다. 결국 인을 떼는 것은 천상에서 재앙이 공개됨을 만방에 선언하는 설교이기 때문이다. 본문은 바로 '인을 떼다' 는 동사에서부터 재앙의 성격을 제한하고 있기 때문이다. 인 재앙은 천상에서부터 공개되었다. 이는 아직까지 지상에서의 재앙은 시작되지 않았다. 결국 어린양이신 예수께서 인을 마침내 떼어 지상에 공개하신 것이다.

7. 저자 요한의 탄식적인 질문 공개

17절 "그들의 진노의 큰 날이 이르렀으니 누가 능히 서리요 하더라"

저자 요한은 인 재앙이 눈앞에 펼쳐지는 것 같은 현상을 보고 놀라서 그 사람들을 대신해서 질문하고 있는 내용이다. 여기의 질문은 저자 요한이 하나님 앞에 질문하는 내용이다. 그리고 7장에는 하나님의 답변을 겸한 설교의 내용이 기록되어 있다. 한편 진노의 큰 날에 보호받는 사람들은 하나님의 인을 받은 사람들이다. 우리는 하나님께서 인 재앙에 대한 내용을 피하기 위해서 하나님의 인을 맞는 것으로 대답하고 계신다. 결국 하나님은 봉인된 인 재앙을 공개하고 다시 하나님의 사람들에게 인을 쳐서 하나님의 사람임을 공개한다. 이것이 하나님이 마지막 시대를 살아가는 종들에게 주신 은혜이다.

계시록 7장은 6:17의 질문에 대한 하나님의 답변이다.

인을 떼는 재앙은 결론적으로 주님의 세번의 재앙으로 설명하는데 그 첫 번째로 이 땅에 공개하는 개괄적인 설명으로 볼 수 있다. 그러므로 인 재앙은 이 땅에 일어나는 실제 사건이 아니라 앞으로 마지막 재앙 때에 전체적인 밑그림을 공개하는 내용일 뿐이다. 이는 주님께서 마지막 때 어떤 징조가 있는지를 묻는 제자들의 질문에 대하여 마태복음 24장의 답변 내용과 병행되고 있다. 이것이 인 재앙에 대한 주님의 설명이다.

7장
천상의 인을 받은 십사만 사천 설교

7장 역사적 해석의 문제점

1. 십사만 사천을 이단들이 자의적인 해석으로 자기들의 집단에 합리화했다.
2. 십사만 사천에 대하여 이단들의 주장에 대부분의 교회는 침묵하고 말았다.

사실 계시록 7장과 14장은 이단들의 장이라고 해도 과언이 아니다. 왜냐하면 7장과 14장에 나오는 십사만 사천이 자신들의 집단이라고 자구적으로 해석하고 전유물처럼 마음껏 활용했기 때문이다. 그럼에도 불구하고 개신교가 이에 대한 분명한 답변을 하지 못하고 어물어물 하는 사이에 이단들은 대형화되고 집단화되고 자신들의 궤변을 공유화하고 합리화하는 엄청난 일이 공공연하게 자행되고 말았다. 이러한 책임은 지나간 교회와 현재의 교회, 그리고 미래의 교회가 책임져야할 일이 틀림없다. 정말 교회는 이 문제에 대하여 이제 침묵해서는 곤란하다.

당장 입을 열어 이단들의 잘못이 무엇인지 계시록의 저자 요한이 해석해 놓은 사실을 널리 알려야 한다. 그래서 우리는 이단의 유혹에 넘어간 불쌍한 영혼들을 건져내야 할 사명이 있기 때문이다. 실제로 저자 요한의 해석을 그대로 설명해 주기 만해도 이단의 유혹에 넘어갈 수가 없다. 그런데도 교회는 이단들과 접촉하지 말라는 경고성 발언 정도로 이 일에 방관자적인 태도로 일관했던 것이 사실이다. 더 이상 침묵하는 것은 하나님 앞에 용서 받기 힘들다. 이 책을 읽기 만해도 충분히 이단들의 잘못된 자의적 해석의 치부를 드러내고 많은 사람들이 이단의 심각한 문제들을 깨닫고 회개하고 돌아 올 것이라는 믿음이 저자에게는 있다.

역사적으로 교회는 요한계시록이 미래에 대한 예언이기 때문에 이런 신비한 책을 함부로 열면 잘못되기 쉽다는 이유로 덮었고, 이와 반대로 이단들은 자신들만이 이 예언의 신비적인 내용들을 해석할 수 있다고 궤변을 늘어 놓으며 계시록을 활짝 열었다. 그들은 자의적인 해석과 아울러 자기 집단의 합리화를 위하여 계시록을 마음대로 해석했다. 그런 가운데 교회는 요한계시록이 어렵고 혹시 잘못 건드려 이단 시비에 휘말릴지 몰라 아예 그들의 해석에 무엇이 잘못되었다는 것조차 덮어 버리고 말았다. 그런 사이에 이단들은 자신들의 교주를 신격화하고 천년왕국화하는 아전인수격인 엉터리 해석을 하면서도 교회의 침묵을 즐기는 신기한 현상을 우리는 목격하고 있다. 이단들이 한걸음 더 나아가 자기 집단을 광신도로 만드는 중요한 무기로 요한계시록을 사용하고 있어도 이를 반발하고 조목 조목 반격하는 시도조차 하지 못한 것이 역사적인 현실이다. 자기들만이 십사만 사천이라고 주장하는 이단은 저자 요한이 해석해 놓은 계시록을 잘 읽어보라. 그리고 이 책의 설명을 잘 읽고 난 후 회개하고 자기 광신적 이단 집단을 해산하고 정상적인 자리로 돌아와야 한다.

첫째, 과연 십사만 사천을 어떻게 해석할 것인가?

1. 하나님의 종들의 이마에 인치는 사역

3절 "이르되 우리가 우리 하나님의 종들의 이마에 인치기까지 땅이나 바다나 나무들을 해치지 말라 하더라"

2. 인침 받은 자의 숫자 십사만 사천을 들음

1) 이스라엘 자손의 각 지파 중에서 인침을 받은 자들이 A 십사만 사천이다(4절)

(1) 유다 지파 중에 인침 받은 자가 일만 이천이요(5절)
(2) 르우벤 지파 중에 일만 이천이요(5절)
(3) 갓 지파 중에 일만 이천이요(5절)
(4) 아셀 지파 중에 일만 이천이요(6절)
(5) 납달리 지파 중에 일만 이천이요(6절)
(6) 므낫세 지파 중에 일만 이천이요(6절)

(7) 시므온 지파 중에 일만 이천이요(7절)

(8) 레위 지파 중에 일만 이천이요(7절)

(9) 잇사갈 지파 중에 일만 이천이요(7절)

(10) 스불론 지파 중에 일만 이천이요(8절)

(11) 요셉 지파 중에 일만 이천이요(8절)

(12) 베냐민 지파 중에 인침을 받은 자가 일만 이천이라(8절)

이것은 분명히 저자 요한이 역사 속에서 십사만 사천 때문에 야기될 많은 잘못된 해석들을 예상하면서 그들이 어떤 사람들인가에 대하여 분명히 해석해 놓은 본문이다. 여기서 저자 요한이 해석해 놓은 것을 가지고 다른 이야기를 하는 것은 이단적 발상이라고 말할 수밖에 없다. 이런 사실을 배제한 후 자신만이 십사만 사천의 진정한 공동체라고 주장하면서 수많은 이단이 나왔기 때문이다. 우리는 주님의 해석대로 십사만 사천이 구약 성도인 이스라엘의 구원받은 총수로 보면 된다. 또한 누구든지 십사만 사천이라는 정확한 이 숫자에 대한 다른 의미를 부여하는 것도 성경을 훼손하는 심각한 도전이라는 사실이다.

예를 들어 가장 보편적인 입장에서 12 곱하기 12 곱하기 1,000은 십사만 사천 명이라고 해석해 온 것도 문제가 있다. 그 이유는 저자 요한이 직접 이스라엘의 12지파의 숫자 12,000의 합한 숫자라고 해석하고 있기 때문이다. 우리가 억지로라도 구원 받은 총수의 상징이라는 해석에 맞추기 위해서 작위적으로 꿰 맞추기식 해석은 잘못된 방법이다. 이런 인위적인 해석은 너무 억지에 가깝다. 단지 저자 요한이 언급한대로 이스라엘의 인침을 받은 숫자가 십사만 사천이라는 해석을 그대로 수용하면 된다.

한편 십사만 사천을 자의적으로 해석하므로 2000년 교회사에 생겼다가 사라진 이단이 적어도 수천 그룹은 넘을 것이다. 오직 자신들의 그룹만이 십사만 사천에 해당하는 구원 받은 총수라고 말이다. 이런 아전인수식의 해석은 현재도 수백 그룹이 자행하고 있다. 서양은 말할 것도 없고 우리나라에도 수백 그룹은 넘게 생겼다가 사라지고 현재도 진행되고 있고 앞으로도 얼마나 많은 새로운 이단 그룹이 생길지 모른다. 저자 요한은 이런 잘못된 해석을 하지 못하도록 이스라엘의 지파 중에 인침 받은 자 십사만 사천 외에 또 다른 인침 받은 셀 수 없는 큰 무리가 있다고 자체 해석을 하고 있다. 이 해석으로 말미암아 다른 모든 작위적이고 인본주의적인 잘못된 모든 해석을 배격하고 있다. 요한은 또 한번 14장에 인침 받은 십사만 사천을 언급하고 있다.

2) 이스라엘 지파의 인침 받은 수 외에 아무도 능히 셀 수 없는 큰 무리(9절)

9절 "이 일 후에 내가 보니 각 나라와 족속과 백성과 방언에서 A′ 아무도 능히 셀 수 없는 큰 무리가 나와 흰 옷을 입고 손에 종려 가지를 들고 보좌 앞과 어린양 앞에 서서"

(1) 전 세계 나라 인침 해석 "각 나라와"
(2) 전 세계 종족 인침 해석 "족속과"
(3) 전 세계 백성 인침 해석 "백성과"
(4) 전 세계 언어 사용 해석 "방언에서"

(5) 인침을 받는 총수 해석 "아무도 능히 셀 수 없는 큰 무리가 나와"

여기서 아무도 셀 수 없는 큰 무리는 혹시 앞부분의 십사만 사천에 대하여 오해하고 잘못 해석을 하지 못하도록 못을 박는 저자 요한의 계시록 자체의 정확한 해석이다. 더 이상 십사만 사천으로 해석상의 실수를 하지 못하도록 확약하는 자리이기도 한다. 그럼에도 불구하고 수많은 이단들이 자신들의 그룹만이 십사만 사천에 해당된다고 열심을 내는 것은 참으로 불쌍한 절규가 아닐 수 없다. 여기서 아무도 셀 수 없는 큰 무리는 신약의 십자가로 구원받은 성도들의 총수이다. 정말 그 숫자가 많기 때문에 아무도 셀 수 없는 큰 무리라고 선언하는 자리이고 이는 구원의 숫자가 하나님만 아시는 수이기 때문이다. 하나님께서 이와 같이 이중적으로 해석하는 실수를 하지 말라고 했는데 계속해서 이 문제를 자의적으로 해석하는 사람들은 무조건 사탄의 무리가 분명하다.

그러면 이스라엘의 지파 중에서 인침 받은 자 십사만 사천 외에 아무도 셀 수 없는 큰 무리는 어떻게 다른지를 구별해야 한다. 사실 이 문제도 주님은 분명히 구분해서 완전히 다른 무리라고 선언하고 있다. 그 무리는 이스라엘과는 다르게 전 세계의 모든 나라에서 인침 받는 사람들이다. 또한 아무도 셀 수 없는 무리는 전 세계에 퍼져 있는 각 족속 중에서 인침 받는 새사람들이다. 그리고 전 세계에 있는 백성들 중에서 구원 받아야할 모든 사람들이 인침을 받는 사건이다. 마지막으로 각 나라마다 언어와 방언이 다른데 그 가운데 사람들을 주님께서 인치는 신약 시대의 사건이라고 저자는 분명히 해석하고 있다. 신약 시대의 인침 받는 사람들은 전 세계적이라는 점을 선언하고 있는 자리이다.

여기서 A와 A′가 병행되는 히브리 문장구조를 가지고 있다. 먼저 A는 십사만 사천은 인간의 숫자로 셀 수 있는 정확한 숫자이고, A′는 '아무도 셀 수 없는 큰 무리'는 인간이 절대 셀 수 없는 많은 사람이라는 뜻이다. 왜 하나님은 이런 병행적 히브리 문장구조를 통해서 설명하고 있는가가 문제이다. 그것은 주님이 이스라엘 지파 중에 십사만 사천이라는 명확한 숫자를 표기하고 난 후 왜 신약의 구원 받는 사람의 숫자에 대해서는 아무도 셀 수 없는 큰 무리라고 다른 해석을 했는가에 대하여 궁금증이 있을 수 있다. 이것에 대하여 이 책의 저자의 설명은 다음과 같다.

이런 해석의 원리는 하나님이 히브리 인들에게 자주 사용하는 방법 중의 하나이다. 그것은 이미 역사적으로 구약 이라는 과거의 사람들인 이스라엘의 지파 중에서 인침 받은 숫자가 십사만 사천이라고 말하는 것은 분명히 그 숫자가 제한되어 있는 정확한 수치를 밝히기 위함이다. 비록 인간은 그 정확한 숫자를 모르지만 하나님만 아시는 정확한 숫자가 있다는 선언이다. 그래서 십사만 사천이라는 숫자를 지나간 시대인 이스라엘의 지파에다 못 박아 설명해서 우리가 감히 적용할 수 없도록 만드신 것이다. 이미 지나간 시대이기 때문에 신약 시대의 사람들을 십사만 사천에 적용하는 모든 이단 그룹은 이미 잘못된 해석이라고 정죄하는 자리임에 틀림없다. 그럼에도 불구하고 간혹 구원에 대하여 해석할 때 만인 구원론 자들에 대한 경계로 구원 받을 정확한 하나님의 숫자가 존재한다는 선언이기도 하다.

한편 신약 시대의 구원 받은 사람은 아무도 셀 수 없는 큰 무리라고 선언했다는 점에 우리가 관심을 가져야 한다. 하나님께서 인간의 논리로 셀 수 있는 십사만 사천 외에 '아무도 셀 수 없는 큰 무리'와 병행적으로 배치하는 이유는 다음과 같다. 그것은 신약 시대의 구원 받은 숫자는 인간이 도무지 셀 수 없는 숫자이기 때문에 그 어떤 사람도 그 숫자를 헤아리는 어리석은 짓을 하지 못하도록 선언한 하나님의 의도가 담겨있기 때문이다. 그러므로 인간은 그 숫자를 셀 수 없이 많은 사람들인 반면에 하나님만 셀 수 있는 정확한 숫자의 구원자가 있다는 것을 병행적으로 설명하는 문장구조이다.

하나님의 주권을 선포하는 자리

본문의 유대인 중 구원 받는 숫자인 하나님만 셀 수 있는 십사만 사천과 인간의 방법으로 숫자를 헤아릴 수 없는 신약의 구원 받는, 즉 아무도 셀 수 없는 큰 무리에 대한 언급은 하나님의 주권 문제이다. 결국 본문의 구원 받는 무리는 하나님의 주권으로만 가능한 숫자이지 인간적인 어떤 노력이나 의지가 반영될 수 없는 오로지 하나님의 섭리이며 하나님의 자신의 능력임을 선포하는 자리이다. 인간의 구원 문제는 하나님의 주권 문제임을 만방과 만민에게 선포하시는 자리가 바로 여기이다. 이는 십사만 사천과 아무도 셀 수 없는 큰 무리라고 선포하시는 하나님의 주권을 반영하는 히브리 문장구조의 병행적 설명이라고 보면 틀림없다. 하나님의 주권을 드러내는 자리가 바로 계시록 7장과 14장의 십사만 사천을 언급하는 자리이다. 이 자리는 하나님만 말할 수 있는 영역이라 그 어떤 인간도 무엇이라고 설명하고 적용할 수 있는 자리가 아니다. 그 누구도 하나님이 선포하신 이런 말씀의 영역에 자의적인 해석을 첨가하거나 적용하려는 시도는 그분의 주권을 침범하는 자로 모두 사탄의 무리라고 보면 틀림없다. 하나님이 여기서 자신의 절대적인 의지를 담아 십사만 사천과 아무도 셀 수 없는 큰 무리라고 일방적으로 선언하는 본문이기 때문이다.

"즉 인간의 구원은 누구도 간섭할 수 없는 오직 나의 주권 문제이다"

이제 그 어느 누구도 자신들이 십사만 사천의 집단이라고 신약 시대에는 말할 수 없다. 왜냐하면 그 숫자는 아무도 셀 수 없는 큰 무리이기 때문이다. 정말 신약 시대에는 마지막 때 극단적인 성경해석으로 문제를 야기하는 이단들이나 극단적인 종말론자들에 대하여 경계하기 위하여 인간의 머리로는 헤아릴 수 없는 아무도 셀 수 없는 큰 무리라고 단정지어 해석했다는 점이다. 그러므로 주님이 직접 신약 시대에 구원 받는 사람은 아무도 셀 수 없는 큰 무리라고 선언하고 있는데, 자신들의 집단이 십사만 사천이라고 주장하는 것은 스스로 자신을 이단이라고 세상에 공개하고 천명하는 외침이라고 생각하면 틀림없다. 이제 우리는 더 이상 이 문제로 해석상의 무리를 야기하거나 잘못된 해석으로 사람들을 미혹하는 것을 그쳐야 한다. 이것이 주님께서 우리에게 계시록을 주신 목적이기 때문이다.

3) 구원의 큰 무리가 하는 일은 무엇인가?

9b "흰 옷 입고 손에 종려 가지를 들고 보좌 앞과 어린양 앞에 서서 큰

소리로"

(1) 천상의 옷을 입음 "흰 옷을 입고"

(2) 손에 종려가지 듬 "손에 종려 가지를 들고"

(3) 어린양께 구원찬양 "구원하심이 보좌에 앉으신 우리 하나님과 어린양께 있도다"(10절)

(4) 천상의 존재 경배 "모든 천사가 보좌와 장로들과 네 생물의 주위에 서 있다가 보좌 앞에 엎드려 얼굴을 대고 하나님께 경배하니"(11절)

(5) 천상의 찬양 내용 "아멘 찬송과 영광과 지혜와 감사와 존귀와 권능과 힘이 우리 하나님께 세세토록 있을지어다 아멘"(12절)

둘째, 십사만 사천과 아무도 셀 수 없는 큰 무리는 누구며 또 어디서 왔느냐고 장로 중의 하나가 질문한다.(13절)

13절 "장로 중 하나가 응답하여 나에게 이르되 이 흰 옷을 입은 자들이 누구며 또 어디서 왔느냐"

1. 그들은 어린양의 피로 씻어 구원 받은 자들이라고 해석(14절)

14절 "그가 나에게 이르되 이는 큰 환란에서 나오는 자들인데 어린양의 피에 그 옷을 씻어 희게 하였느니라"

천상의 장로 중 하나가 '흰 옷을 입은 자들이 누구며 또 어디서 왔느냐' 고 질문한다. 그런 후 자신이 직접 요한에게 답변하고 있다. 그 사람들은 큰 환란에서 나오는 자들로 어린양의 피에 옷을 씻어 희게 한 자들이라고 해석하고 있다. 어린양의 피에 옷을 씻어 희게 한 사람들은 당연히 신약의 구원받은 성도들이다. 십사만 사천과 아무도 셀 수 없는 큰 무리인 신약의 구원받은 백성들에 대하여 이렇게 분명하게 해석하고 있는데, 그 누구든지 다른 해석을 하는 것은 용납할 수 없다. 우리는 이 문제에 대하여 더 이상 이단적인 해석에 관심을 기울일 필요가 없다.

2. 그들이 하나님의 보좌 앞에서 하나님을 섬긴다고 해석(15절)

15절 "그러므로 그들이 하나님의 보좌 앞에 있고 또 그의 성전에서 밤낮 하나님을 섬기매 보좌에 앉으신 이가 그들 위에 장막[44]을 치시리니"

3. 어린양이 그들의 목자가 되사 생명수 샘으로 인도하신다고 해석(17절)

17절 "이는 보좌 가운데에 계신 어린양이 그들의 목자가 되사 생명수 샘으로 인도하시고 하나님께서 그들의 눈에서 모든 눈물을 씻어 주실 것임이라"

---

44) 하나님이 그들 위에 하늘의 장막을 치신다고 말씀하신다. 여기서 장막은 구약의 성막을 의미하고 있는 '샤칸' (שָׁכַן)이고 이 단어에서 하나님의 임재를 나타내는 '쉐키나' (שְׁכִן)로 발전되었다. 이는 즉 하나님이 임재하는 곳이 바로 주님의 성전이 되신다는 말씀이다. 그래서 천국은 주의 임재가 있기 때문에 주의 장막이 되는 것이라고 볼 수 있다. 천상에서는 전능하신 하나님과 어린양이 계시기에 성전이 되어 주신다는 의미이다.

천상의 예배가 아멘으로 시작하여 아멘으로 끝나는 것은 그 어떤 것도 인간적인 요소가 배제되고 오직 아멘만 할 수 있는 것이기 때문이다. 그리고 병행적인 표현으로 감사가 가장 중앙에 들어 있는 것은 천상의 예배의 핵심이 무엇인지를 알려준다. 천상의 예배가 아멘으로 시작하여 감사를 드리다가 다시 아멘으로 끝나는 찬양을 천사들과 장로들이 우리를 대신하여 드리고 있다. 그 천상의 예배가 지상의 예배에서 병행되고 있어야 하나님이 기뻐하시는 진정한 예배이다.

[특주] 아무도 셀 수 없는 큰 무리의 천국과 요12:13절과 천국입성식 병행구조

계 시 록	요한복음
A 셀 수 없는 큰 무리	A' 예루살렘 입성을 맞이하는 큰 무리
B 흰 옷을 입고	B' 옷을 벗어 길에 깔고
C 손에 종려가지를 들고 찬양 (10절)	C' 손에 종려가지를 흔들면서 환영
D 보좌 앞 어린양 앞에 서서	D' 예수 그리스도의 입성하는 앞에서
E 큰 소리로 구원하심의 찬양	E' 큰 소리로 호산나(여호와여 구원하소서) 외침
F 모든 피조물의 경배	F' 환영하는 사람들의 경배
G 천국에서의 영원한 찬양	G' 모든 사람들이 흩어짐

우리가 알고 있는 예수님께서 예루살렘에 입성하는 장면이 본문의 천상의 십사만 사천과 신약의 구원 받은 아무도 셀 수 없는 큰 무리가 드리는 예배와 너무도 같은 병행적인 연관을 갖고 있다. 이는 예수 그리스도께서 예루살렘 입성을 하는 것이 아니라 천국 입성을 하시는 장

면과 너무도 일치한다. 이제 주님이 마지막 십자가 사역을 마치면 부활한 후 천국으로 입성하는 장면을 연출하면서 하나님께서 예수 그리스도의 구속사역을 이 땅에서 마지막으로 축하하는 자리이다. 그 장면이 오늘 계시록 7장에서 천상의 예배드리는 구약 시대의 구원 받은 사람들 총수와 신약시대의 구원 받은 사람들의 숫자가 함께 드리는 천상의 찬양에서 오버랩(Overlap)되고 정확하게 병행되고 있다는 사실이다.

한편 그들이 손에 종려가지를 들고 찬양하는 장면에서의 겹치는 것이 이 본문의 가장 중요한 병행이 되는 곳이기도 하다. 왜 그들이 예루살렘의 다른 나무를 택하지 않고 종려나무를 가지고 주님의 입성을 환영 했는지에 대하여 생각해 보아야 한다. 먼저 종려나무(Palms Tree)는 헬라어로 '포이닉스' (φοῖνιξ)이다. 이는 천국에 생명나무와 함께 유일하게 나타나는 나무 중에 하나이다. 이 포이닉스는 영어의 '피닉스' (Phoenix)로 이 뜻은 영원히 죽지 않는 불사조 나무를 말한다. 이는 '죽지 않는다' 는 영생하는 나무의 상징으로 주님이 죽었다가 다시 살아나는 부활의 나무인 것이다.

결국 주님은 십자가에서 죽으셨지만 영원히 죽을 수 없는 영생수가 되신 것이다. 그러므로 이 사건은 주님께서 십자가를 지시기 직전에 하나님이 이 땅에 베푸신 천국입성식을 보여주는 영적인 사건으로 병행시킨 자리인 것이다. 이 사건에서 하나님은 예수 그리스도께서 부활하실 것을 미리 보여 주신 사건이다. 물론 성도의 마지막 날에도 천국입성식이 주님과 같은 모습으로 진행될 것이다.

8 -9장
나팔 부는 재앙

8장 역사적 해석의 문제점

1. 나팔 부는 재앙에 대하여 동사를 주목하지 못하고 재앙에 초점을 맞추어 혼란을 더 야기했다.
2. 나팔 부는 재앙과 대접을 쏟는 재앙이 병행되는 문장임을 주목하지 못했다.

첫째, 마지막 일곱 번째 인을 떼는 때(8:1)

1절 "일곱째 인을 떼실 때에 하늘이 반시간쯤 고요하더니"

마지막 일곱 번째 인을 떼는 과정에서 하늘이 반시간쯤 고요한 이유는 바로 다음에 등장하는 성도들의 기도를 담은 제단 앞의 금 향로 때문으로 여겨진다. 이것은 제사장이 성전에서 제사를 드릴 때 성소에서 향을 피울 때의 시간과 병행되고 있다. 이것은 오전에 제사장이 향을 피울 때 그 기간이 반시간이라는 사실에 근거하여 하늘에서 마지막 인을 떼실 때에 하늘이 침묵하는 것으로 볼 수 있다. 이 침묵은 성도의 기도가 보좌 앞에 상달되는 것을 가능하게 한다. 일곱 인을 떼시는 사건은 제사에서 향연(incense offering)이 하늘로 올라가는 동안 침묵이 유지되는 것처럼, 예루살렘 성전에서 예배에서 향연을 올려드리는 동안 침묵이 유지되는 하늘과 땅의 병행적 관계가 유지되었을 것으로 볼 수 있다.[45)]

1. 성도의 기도가 일곱 째 인을 떼실 때 올라감(3-4절)

3절 "또 다른 천사가 와서 제단 곁에 서서 금 향로를 가지고 많은 향을 받았으니 이는 모든 성도의 기도와 합하여 보좌 앞 금 제단에 드리고자 함이라"

4절 "향연이 성도의 기도와 함께 천사의 손으로부터 하나님 앞으로 올라가는지라"

인간의 기도가 불완전하기 때문에 천사가 금 향로에 담은 것은 결코 아니다. 하지만 성도의 기도가 하나님 앞에 올라가도록 천사가 돕는 역할을 한다. 비록 본문이 구약의 희생 제사를 배경으로 하지만 주목할 만한 것은 성도의 기도가 제사와 상관없이 하나님께 직접 상달된다는 사실이다. 여기서 저자가 말하고 싶은 의도는 재앙과 관계되어진 기도에 관한 언급에 있다. 주님께 성도의 기도가 직접 상달되고 직접

45) Aune, "요한계시록 중" p. 277.

응답을 받는다. 그렇지만 아직까지 응답 받지 못한 기도에 관한 문제를 저자 요한이 해석하고 있다는 점이다. 성도의 기도 중에 응답되는 문제는 이미 종료되었기 때문에 상관이 없지만, 응답이 되지 않는 기도에 관한 문제에 대하여 여기서 그 해결책에 대한 내용으로 주님이 해석을 하고 있다.

2. 천사가 향로를 가지고 제단의 불을 담아 땅에 쏟음(5절)

> 5절 "천사가 향로를 가지고 제단의 불을 담아다가 땅에 쏟으매 우레와 음성과 번개와 지진이 나더라"

성도의 응답되지 아니한 기도가 하나님께 열납된 이후에 하나님의 심판을 땅에 가져오는데 핵심적인 역할을 담당한다는 사실을 알 수 있다. 여기서 저자 요한이 이러한 종말론적 심판의 현상을 성도의 기도와 결부시킴으로서 우리의 기도가 종말론에 상당히 중요한 역할을 담당한다는 점이다.

즉, 성도의 기도가 마지막 때 재앙을 진행하는데 중심 축의 하나임을 강조하는 말씀이다. 일곱째 인을 떼실 때에 일어난 성도의 기도는 다섯째 인을 떼실 때에 요한계시록 6장 10절에 언급된 순교자들의 탄원에 대한 응답으로 병행적으로 해석하고 있는 말씀이다. 그러므로 저자 요한이 마지막 인의 재앙을 떼실 때 성도들의 기도를 반복적으로 강조함으로 하나님의 구속 역사를 성취하는데 중요한 결과가 된다는 점이다.

둘째, 일곱 나팔을 받음(8:2)

2절 "내가 보매 하나님 앞에 일곱 천사[46]가 서 있어 일곱 나팔을 받았더라"

6절 "일곱 나팔을 가진 일곱 천사가 나팔 불기를 준비하더라"

한편 '나팔을 불다'(σαλπίζω)는 이제부터 심판이 일곱 번 나누어 시작된다고 선언하는 자리이다. 구약 성경에서 나팔은 항상 부는 것으로 나타나고 그 의미는 이제부터 무엇인가 시작된다는 것은 선언하는 자리이다. 일곱 나팔 재앙마다 나팔을 부는 것이 등장하는데 이것이 바로 이제 주님이 아래와 같이 세상을 심판하는 재앙이 시작됨을 선언하는 자리인 것이다. 비록 나팔을 불고 있을지라도 본격적인 심판이 진행되는 것은 아니다. 주님이 재림하실 때에도 천사장이 나팔을 불어 주님이 오신다는 사실을 우주 전체에 선포하시는 것이다. 나팔은 경고의미와 함께 이제부터 마지막 종말 스케줄이 말씀대로 진행된다는 시작을 알리는 선포이다. 나팔을 부는 것은 이제 본격적으로 재앙이 시작됨을 선포하는 자리이지 아직도 본격적인 재앙이 진행되고 있는 것이 결코 아니다.

그러므로 나팔 재앙과 대접 재앙은 인을 떼는 재앙과 달리 서로 첫 번째부터 마지막 재앙까지 병행적 관계로 보완[47]하고 있다. 마찬가지

46) Aune, "요한계시록 중" p. 279. "Enoch 20:1의 헬라어 사본 전승 중 일부(G2 = Codex Panopolitanus)는 다음과 같이 일곱 천사의 이름을 열거 한다. 우리엘, 라파엘, 라구엘, 미가엘, 사라엘, 가브리엘, 레메이엘 등이다."

47) 나팔을 부는 재앙과 대접을 쏟는 재앙은 병행적 관계를 보여 주는 내용은 특주로 설명하고자 한다.

로 나팔을 부는 재앙도 주님이 마지막 시대를 살아가는 자들에게 종말을 미리 대비하라고 주시는 설교의 메시지라고 보면 된다.

1. 첫째 나팔을 불 때 내용과 해석(8:7)

7절 "첫째 천사가 나팔을 부니 피 섞인 우박과 불이 나와서 땅에 쏟아지매 땅의 삼분의 일이 타 버리고 수목의 삼분의 일도 타 버리고 각종 푸른 숲도 타 버렸더라"

2. 둘째 나팔을 불 때 내용과 해석(8:8-9절)

8절 "둘째 천사가 나팔을 부니 불 붙는 큰 산과 같은 것이 바다에 던져지매 바다의 삼분의 일이 피가 되고"
9절 "바다 가운데 생명 가진 피조물들이 삼분의 일이 죽고 배들의 삼분의 일이 깨지더라"

3. 셋째 나팔을 불 때 내용과 해석(8:10-11절)

10절 "셋째 천사가 나팔을 부니 횃불같이 타는 큰 별이 하늘에서 떨어져 강들의 삼분의 일과 여러 물 샘에 떨어지니"
11절 "이 별 이름은 쓴 쑥이라 물의 삼분의 일이 쓴 쑥이 되매 그 물이 쓴물이 되므로 많은 사람이 죽더라"

4. 넷째 나팔을 불 때 내용과 해석(8:12-13)

12절 "넷째 천사가 나팔을 부니 해 삼분의 일과 달 삼분의 일과 별 삼분의 일이 타격을 받아 그 삼분의 일이 어두워지니 낮 삼분의 일은 비추임이 없고 밤도 그러하더라"

13절 "내가 또 보고 들으니 공중에 날아가는 독수리가 큰 소리로 이르되 땅에 사는 자들에게 화, 화, 화가 있으리니 이는 세 천사들이 불어야 할 나팔 소리가 남아 있음이로다 하더라"

5. 다섯째 나팔을 불 때 내용과 해석(9:1-12)

1) 하늘에서 떨어진 별 하나가 무저갱의 열쇠를 받음(1절)

2) 그가 무저갱을 여니 황충이 연기 가운데 올라옴(2-3절)

3) 황충들이 하나님의 인을 받지 아니한 자들만 해하는 권세 받음(4절)

(1) 사람들을 죽이지는 못하고 다섯달 동안 죽도록 괴롭힘(5절)

(2) 죽고 싶어도 죽을 수 없는 존재(6절)

(3) 황충들에 대한 모양 설명(7-10절)

a. 전쟁을 위하여 준비한 말과 같음(7절)

b. 머리에는 금 같은 비슷한 관을 씀(7절)

c. 얼굴은 사람의 얼굴 같음(7절)

d. 여자의 머리털 같은 머리털이 있음(8절)

e. 이빨은 사자의 이빨 같음(8절)

f. 철 호심경 같은 호심경이 있음(9절)

g. 그 날개들의 소리는 병거와 많은 말들의 전쟁터로 달려가

는 소리(9절)로 설명하는 것을 볼 때 영적인 악한 영의 존재이다.

h. 전갈과 같은 꼬리와 쏘는 살이 있음(10절)

4) 황충들의 대장은 무저갱의 사자인 헬라어 이름 아볼루온(11절)

5) 첫째 화가 지나갔다고 선언(12절)

무저갱의 대장의 이름이 등장하는 이유는 그가 사탄과 병행되는 존재임을 선언하고자 한다. 물론 황충들은 사탄의 수하의 졸개들에 불과하다. 왜냐하면 황충에 대한 저자 요한의 해석에서 이것을 설명하고 있기 때문이다. 혹시 사람들이 황충이 메뚜기처럼 생긴 곤충이기 때문에 이것을 해석할 때 잘못하면 이 땅의 어떤 것으로 대입할 가능성이 많지만 이런 적용은 본문의 의도를 떠난 해석일 뿐이다. 왜냐하면 본문에 황충을 설명하면서 날개들이 있다고 한다면 이는 천사이거나 사탄일 수밖에 없기 때문이다. 또한 황충들이 무저갱에서 나오기 때문에 세상적인 대입을 하는 것은 모두 잘못된 해석임이 틀림없다. 그러므로 황충은 사탄을 따르는 악한 영들이라고 저자 요한이 설명하고 있기 때문이다.

6. 여섯째 나팔을 불 때 내용과 해석(9:13-21절)

1) 유브라데 강에 결박한 네 천사를 놓아 주라 함(14절)

2) 그들은 그 년 월 일 시에 이르러 사람 삼분의 일을 죽이기로 준비된 자들(15절)

3) 마병대의 수는 이만만 즉, 이억명(16절)

4) 불과 연기와 유황 세 재앙으로 사람 삼분의 일이 죽임 당함(18절)

5) 이 재앙에서 죽지 않고 살아난 자들이 더 강퍅해 짐(20절)

6) 그리고 회개하지 않음(21절)

나팔부는 재앙과 대접쏟는 재앙 도표

	나팔부는 재앙 A	대접 쏟는 재앙 A′
1	피 섞인 우박과 불이 땅에 쏟아 짐(8:7)	그 대접을 땅에 쏟음(16:2)
2	불 붙는 큰 산과 같은 것이 바다에 던져짐(8:8)	그 대접을 바다에 쏟음(16:3)
3	큰 별이 하늘에서 강과 물샘에 떨어짐(8:10)	그 대접을 강과 물 근원에 쏟음(16:4)
4	해, 달, 별의 삼분의 일이 타격을 받아 어두어 짐 (8:12)	그 대접을 해에 쏟음(16:8)
5	황충이 무저갱에서 나옴(8:2-3)	그 대접을 짐승의 보좌에 쏟음(16:10)
6	큰 강 유브라데에 결박한 네 천사가 나와 전쟁을 일으킴(8:12-14)	그 대접을 큰 강 뷰브라데에 쏟음(16:12)
7	하나님의 성전이 열리며 동시에 번개와 우레가 지진과 큰 우박이 있음(11:19)	그 대접을 쏟으매 번개와 우레 소리가 큰 지진과 큰 우박의 재앙(16:18-21)

나팔 부는 재앙은 대접 쏟는 재앙과 병행되는 것을 도표를 통해서 확실히 알 수 있다. 첫 번째부터 일곱 번째 재앙까지 두 재앙이 장소적인 병행과 더불어 내용적인 병행이 되는 것을 알 수 있다. 결국 나팔을 부는 재앙은 A로 이제부터 재앙이 아래와 같이 시작된다는 것을 선언하고 있음을 알 수 있다.

그후 대접을 쏟는 재앙은 A′로 이미 나팔 부는 재앙에서 예고된 대로 이 땅에 실제로 실현되는 구조로 진행되고 있음을 알 수 있다. 결국 이 두 재앙은 별개의 재앙이 아니라 하나의 재앙에 대한 히브리 문장 구조를 가지고 강조 형태의 독특한 그들만의 설명 기법이다.

10장
작은 두루마리

1. 하늘에서 내려오는 천사의 손에 펴 놓인 작은 두루마리(2절)

2절 "그 손에는 펴 놓인 작은 두루마리를 들고 그 오른 발은 바다를 밟고 그 왼 발은 땅을 밟고"

2. 그 천사는 살아 계신 이가 심판을 지체하지 않겠다고 선언(6절)

6절 "세세토록 살아 계신 이 곧 하늘과 그 가운데에 있는 물건이며 땅과 그 가운데에 있는 물건이며 바다와 그 가운데에 있는 물건을 창조하신 이를 가르켜 맹세하여 이르되 지체하지 아니하리니"

1) 하늘과 그 가운데 있는 피조물 모두 창조하신 이
2) 땅과 그 가운데 있는 피조물 모두 창조하신 이
3) 바다와 그 가운데 있는 피조물 모두 창조하신 이

4) 그분이 지체하지 않겠다고 하심

3. 일곱째 나팔을 불려고 할 때에 복음과 같이 하나님의 비밀이 성취됨(7절)

7절 "일곱째 천사가 소리 내는 날 그의 나팔을 불려고 할 때에 하나님이 그의 종 선지자들에게 전하신 복음과 같이 하나님의 비밀이 이루어지리라 하리라"

1) 선지자들에게 전하신 복음은 하나님의 비밀이라고 해석
2) 이러한 하나님의 비밀이 심판 전에 다 성취된다고 말씀

4. 천사가 요한에게 자기 손에 있는 작은 두루마리를 가지라 명령함(8절)

8절 "하늘에서 나서 내게 들리던 음성이 또 내게 말하여 이르되 네가 가서 바다와 땅을 밟고 서 있는 천사의 손에 펴 놓인 두루마리를 가지라 하기로"

1) 요한이 천사에게 두루마리를 '달라' 하니 '갖다 먹어 버리라' 고 하심(9절)

9절 "내가 천사에게 나아가 작은 두루마리를 달라 한즉 천사가 이르되 갖다 먹어 버리라 네 배에는 쓰나 네 입에는 꿀같이 달리라 하거늘"

2) 이것이 “네 배에는 쓰고 네 입에는 꿀같이 달리라” 하심(9절)

여기서 이 두루마리를 가져다 먹어 ‘버리라’ 는 헬라어로 ‘까테스띠오(κατεσθίω)’ 인데 이는 명령형 동사이다. 주님이 명령형 동사를 저자 요한에게 쓴 이유는 절대적인 순종을 의미한다. 이는 주님의 명령이 취사선택을 하는 것이 아니라 무조건 순종해서 가져다가 먹어야 하는 절대적인 요구이다.

주님이 저자 요한에게 하나님의 말씀을 먹으라는 뜻은 ‘내 것으로 완전히 소화하여 내 능력이 되게 하라’ 는 의미이다. 하나님의 말씀은 단순히 듣는 차원이 아니라 우리의 입으로 먹어서 소화를 시키고 내 삶에 말씀이 드러나야 한다는 의미이다. 이것은 우리의 삶에 하나님의 말씀이 주인이 되도록 의식화 훈련이 되어야 한다는 뜻이다. 마지막 때에는 단순히 성도가 되는 정도로는 이 시대를 이길 수 없다. 그러므로 하나님의 말씀이 내 것이 되어 말씀으로 무장된 영적성장의 거장이 되어야 한다는 말씀이다.

하나님의 말씀은 입에서는 꿀같이 달지만 배에서는 소화되는 과정을 통해서 쓴 경험을 가져야 됨을 말하고 있다. 하나님의 말씀은 입으로는 너무도 천사와 같이 말할 수 있다. 하지만 그것이 내 배에서 소화되는 과정에서 쓰다고 한 것은 결코 말씀대로 사는 것이 결코 쉽지 많은 않다는 것을 비유하고 있다. 이같은 설명은 입에 단 것보다는 입에서 쓴 것들이 내 몸에 더 좋은 한약과 같은 비유로 말할 수 있다.

실제로 저자 요한이 입에 먹을 때는 꿀같이 달았지만 배에서는 쓰게 되었다고 자기 경험을 그대로 고백하고 있다. 역사적으로 유대인들은 다윗 왕이 '하나님의 말씀이 내 입의 송이꿀보다 달도다' 라고 고백한 것과 같은 경험들을 했다. 하지만 그 하나님의 말씀이 삶의 의식화 작업이 되고 그대로 살아가는 것은 굉장히 힘겨운 영적 싸움이라고 고백하고 있다. 역사적으로 유대인들은 하나님의 말씀을 그대로 입으로 암송하고 배에서 소화시키는 과정이 결코 쉬운 일이 아닌 것을 삶으로 증명했다.[48] 주님은 저자 요한에게 하나님의 말씀이 입에서 삶의 의식화의 단계까지 발전할 것을 간접적으로 명령하고 있는 것이다.

3) 요한이 이것을 먹으니 입에서는 달지만 배에는 쓰다라고 고백(10절)

10절 "내가 천사의 손에서 작은 두루마리를 갖다 먹어 버리니 내 입에서는 꿀같이 다나 먹은 후에 내 배에서는 쓰게 되더라"

4) 주님은 많은 백성과 나라와 방언과 임금에게 다시 예언해야 한다고 함(11절)

11절 "그가 내게 말하기를 네가 많은 백성과 나라와 방언과 임금에게 다시 예언하여야 하리라 하더라"

---

48) 지난 수천년 동안 유대인들은 자기 민족적 정체성을 지키기 위해 자녀들에게 말씀을 전수하는 방법으로 영적인 자녀로 키웠다. 이런 유대인 만의 성경전수 방법을 테필린(TEFILLIN)이라고 하는데, 이것에 관해서는 저자가 쓴 책에서 구체적인 도움을 받을 수 있다. 그 책은 "유대인의 천재교육 프로젝트"(프레이온 콘텐츠)이다.

11장
두 증인

첫째, 두 증인에게 준 권세(1-13절)

1. 하나님의 성전에서 경배하는 자들을 측량하라 하심(1절)

2. 성전 바깥 마당은 이방인에게 주어 마흔두 달 동안 짓밟을 동안 측량하지 말라 하심(2절)

2절 "성전 바깥 마당은 측량하지 말고 그냥 두라 이것은 이방인에게 주었은 즉 그들이 거룩한 성을 마흔두 달 동안 짓밟으리라"

3. 두 증인에 권세를 주리니 그들이 천이백육십 일을 예언하리라 하심(3절)

3절 "내가 나의 두 증인에게 권세를 주리니 그들이 굵은 베옷을 입고 천이백 육십 일을 예언하리라"

1) 두 증인에 대한 주님의 해석은 두 감람나무와 두 촛대(4절)

4절 "그들은 이 땅의 주 앞에 서 있는 두 감람나무와 두 촛대니"

이방인이 성전 마당을 짓밟는 기간인 마흔두 달 동안과 두 증인이 예언하는 천이백 육십일은 병행구조로 동일한 기간이다. 계시록에 나타나는 숫자 중에 마흔두 달이나 천이백육십 일과 삼년 반, 그리고 한 때 두 때 반 때, 두 증인이 죽은 사흘 반(11:11)은 모두 같은 기간을 말하는 의미적으로 병행에 해당되는 내용이다. 이 기간에 하나님의 성전이 더렵혀지고 동시에 하나님의 종들은 말씀을 전하면서 핍박을 받게 되는 종말의 급박한 시대에 해당한다. 물론 대환란도 이 기간에 속하는 삼년 반에 속한다. 이 기간 동안 역사 이래로 대환란과 주님의 마지막 추수가 시작되는 기간이다.

이렇게 계시록은 같은 기간 안에 다양한 일들이 동시에 일어나는 것을 각기 다른 방향에서 기록하고 숫자를 말하는 것을 볼 수 있다. 우리가 계시록을 잘 읽고 이해하기 위해서는 이런 병행적인 표현들과 상징들에 대한 자체의 해석을 그대로 받을 때에 가능한 일이다.

주님은 마지막 때에 두 증인에게 권세를 주어 예언하도록 하신다고 말씀하셨다. 그러면 과연 두 증인은 누구인가를 아는 것이 중요하다. 주님은 친절하게 두 증인에 대하여 해석하고 계신다. 저자 요한의 해석에 따르면 그들은 이 땅의 주님 앞에 서 있는 두 감람나무와 두 촛대라고 말씀 하셨다. 한 가지 주님의 해석을 적용하면 두 촛대는 바로 해결할 수 있다. 촛대에 대한 해석은 주님께서 1:20절에 분명히 교회라고 말씀하셨기 때문에 두 증인은 두 교회라는 적용이 가능해 진다. 그러나 그 두 교회가 과연 무엇인지는 다시 해석하지 않고 침묵하고 있다. 우리의 답답함이 여기에 있다. 과연 우리가 또 다시 그 교회가 무엇인지 해석을 해야 하는가의 문제이다.

주님은 다시 한 번 두 증인이 누구인가에 대하여 호칭의 변화를 통한 해석을 시도하고 있다. 그것은 11:10절에 '두 선지자' 라는 말로 두 증인의 호칭이 병행적으로 표현하여 바뀐 것을 볼 수 있다. 결국 두 증인은 두 선지자라고 할 수 있다. 이런 호칭의 변화는 그들이 하는 사역이 삼년반 동안 예언하는 일이기 때문에 어쩌면 당연한 호칭일 수밖에 없다. 그들은 구약의 선지자들이 선포한 예언을 마지막 때 가장 큰 재앙이 있는 기간에 복음을 전해야하는 사명이 있다. 그런 면에서 두 증인은 두 선지자이고 또한 주님의 해석대로 두 교회이다. 따라서 두 교회의 사명이 바로 마지막 때에 최후까지 복음을 전하는 사역을 감당해야 한다. 그렇다면 두 교회에 대한 주님의 병행적인 설명은 주의 종과 교회라는 도식이다. 그러므로 두 교회는 그 교회의 사자와 교회로 병행되어 설명하고 있는 대로 그 두 증인이 마지막 때 예언의 사명을 다해야 한다.

2) 누구든지 그들을 해하지 말라 만약 해하고자 하면 죽임을 당하리라 하심 (5절)

5절 "만일 누구든지 그들을 해하고자 하면 그들의 입에서 불이 나와서 그들의 원수를 삼켜 버릴 것이요 누구든지 그들을 해하고자 하면 반드시 그와 같이 죽임을 당하리라"

4. 두 중인의 권능(6절)

6절 "그들이 권능을 가지고 하늘을 닫아 그 예언을 하는 날 동안 비가 오지 못하게 하고 또 권능을 가지고 물을 피로 변하게 하고 아무 때든지 원하는 대로 여러 가지 재앙으로 땅을 치리로다"

1) 엘리야 선지자의 사역 암시 "하늘을 닫아 그 예언을 하는 날 동안 비가 오지 못하게 하고"

2) 모세 선지자의 사역 암시 "물을 피로 변하게 하고 아무 때든지 원하는대로 여러 가지 재앙으로 땅을 치리로다"

한편 본 절에서 엘리야의 사역을 암시하는 내용이 나오고 바로 이어 모세 선지자의 사역이 나오는 것을 볼 수 있다. 이런 이유로 인해 두 중인을 모세와 엘리야 선지자로 해석하는 부류의 사람들도 있다. 정말 모세 선지자가 사역한 병행 구절이 나오고 엘리야 선지자가 사역한 기적이 병행되는 것은 사실이다. 하지만 그것을 가지고 두 중인을 해석하는 것은 너무도 아전인수격인 해석이 아닐 수 없다. 주님이 직접 해석하는 확실한 설명이 있는데도 말이다.

따라서 우리가 성경을 해석할 때 본질적인 내용과 비본질적인 내용의 구분을 할 줄 아는 안목은 너무도 중요하다고 할 수 있다. 이 기적의 암시는 단지 모세와 엘리야의 기적과 같은 내용과 일치하는 것이지 그들과는 완전히 다른 신약 시대 중에도 마지막 때 되어 질 내용이기 때문이다.

5. 두 증인이 예언[49]을 마칠 때에 무저갱의 짐승이 나와 전쟁을 일으킴(7-13절)

1) 짐승이 전쟁에서 승리하고 두 증인이 십자가의 자리에서 순교로 죽음(7절)

7절 "그들이 그 증언을 마칠 때에 무저갱으로부터 올라오는 짐승이 그들과 더불어 전쟁을 일으켜 그들을 이기고 그들을 죽일 터인즉"

2) 두 증인의 시체를 십자가에 못 박힌 곳에 버려둠(8절)

8절 "그들의 시체가 큰 성 길에 있으리니 그 성은 영적으로 하면 소돔이라고도 하고 애굽이라고도 하니 곧 그들의 주께서 십자가에 못 박히신 곳이라"

3) 그 시체를 사흘 반 동안 장례를 치르지 못하게 함(9절)

9절 "백성들과 족속과 방언과 나라 중에서 사람들이 그 시체를 사흘 반 동안을 보며 무덤에 장사하지 못하게 하리로다"

4) 삼일 반 후에 그 시체에 생기가 들어가 살아남(11절)

49) 존 웨슬리는 자신의 87세 때 동역자인 알렉산더 메더에게 편지를 보냈다. 이는 백전노장 목사가 마지막에 영적전쟁에서 함께 싸울 수 있는 필요한 동역자를 하나님께 달라는 기도의 편지이다. "주님, 나에게 죄가 아니고는 두려워하지 않고, 하나님이 아니고는 원하는 것이 전혀 없는 동역자를 100명만 주십시오. 그들이 성직자어건 평신도이건 상관이 전혀 없습니다. 그런 사람들이라야 마지막 영적 전쟁에서 지옥문을 쳐부술 수 있으며, 지상에 하나님 나라를 세울 수 있기 때문입니다."

11절 “삼 일 반 후에 하나님께로부터 생기가 그들 속에 들어가매 그들
이 발로 일어서니 구경하는 자들이 크게 두려워하더라”

5) 하늘의 음성을 듣고 하늘로 올라갈 때 원수들도 구경(12절)

12절 “하늘로부터 큰 음성이 있어 이리로 올라오라 함을 그들이 듣고
구름을 타고 하늘로 올라가니 그들의 원수들도 구경하더라”

6) 이 땅에 큰 지진이 나서 죽은 자가 칠천이고 그 남은 자들이 하늘의 하나님께 영광을 돌림(13절)

13절 “그때에 큰 지진이 나서 성 십분의 일이 무너지고 지진에 죽은
사람이 칠천이라 그 남은 자들이 두려워하여 영광을 하늘의 하
나님께 돌리더라”

둘째, 일곱째 나팔을 불 때 내용과 해석(14-19절)

일곱째 나팔을 불 때는 재앙의 문제가 아니라 하늘이 열리고 하늘의 선포 메시지가 이 땅에 보내는 것으로 대신하고 있다. 결국 일곱째 나팔은 주님의 재림이 시작되기 전에 하늘에서는 계속되는 찬양과 경배의 사역이 진행되고 있다는 사실을 세상에 알리는 것이다. 즉 일곱째 나팔을 부는 것은 직접적인 재앙이 아니라 이제부터 재앙이 시작된다고 선포하는 일종의 선전포고와 같은 의미이다.

1. 일곱째 나팔을 불 때 하늘이 열리고 큰 음성으로 선포(15절)

15절 "일곱째 천사가 나팔을 불매 하늘에 큰 음성들이 나서 이르되 세상 나라가 우리 주와 그의 그리스도의 나라가 되어 그가 세세토록 왕 노릇 하시리로다 하니"

2. 하늘의 이십사 장로가 엎드려 하나님께 경배 찬송(16-18절)

16절 "하나님 앞에서 자기 보좌에 앉아 있던 이십사 장로가 엎드려 얼굴을 땅에 대고 하나님께 경배하여"

17절 "이르되 감사하옵나니 옛적에도 계셨고 지금도 계신 주 하나님 곧 전능하신이여 친히 큰 권능을 잡으시고 왕 노릇 하시도다"

18절 "이방들이 분노하매 주의 진노가 내려 죽을 자를 심판하시며 종 선지자들과 성도들과 또 작은 자든지 큰 자든지 주의 이름을 경외하는 자들에게 상 주시며 또 땅을 망하게 하는 자들을 멸망시키실 때로소이다 하더라"

3. 하늘의 하나님 성전이 열림(19절)

19절 "이에 하늘에 있는 하나님의 성전이 열리니 성전 안에 하나님의 언약궤가 보이며 또 번개와 음성들과 우레와 지진과 큰 우박이 있더라"

12장
하늘의 영적전쟁 설교

12장 역사적 해석의 문제점

1. 사탄이 결박되었다는 사실과 그의 사자들인 귀신들이 지금도 활동하고 있는 사실에 대하여 분명한 이해가 부족했다.
2. 사탄과 그의 사자들인 귀신들에 대한 분명한 이해가 부족해서 혼란이 왔다.

첫째, 하늘의 큰 이적 주인공 한 여자와 해석

1. 해의 영광을 옷 입은 한 여자(1절)

1절 "하늘에 큰 이적이 보이니 해를 옷 입은 한 여자가 있는데 그 발 아래는 달이 있고 그 머리에는 열두 별의 관을 썼더라"

2. 이 여자가 아이를 배어 해산함(2절)

2절 "이 여자가 아이를 배어 해산하게 되어 아파서 애를 쓰며 부르짖더라"

3. 그 아이를 하늘의 주인공 메시야로 해석(5절)

5절 "여자가 아들을 낳으니 이는 장차 철장으로 만국을 다스릴 남자라 그 아이를 하나님 앞과 그 보좌 앞으로 올려가더라"

1) 메시야의 권세 "철장으로 만국을 다스릴 남자라"
2) 메시야의 나라 "하나님 앞과 그 보좌 앞으로 올려가더라"

3. 여자가 광야로 도망가서 천이백육십일 동안 예비한 곳에서 양육(6절)

6절 "그 여자가 광야로 도망하매 거기서 일천이백육십일 동안 그를 양육하기 위하여 하나님께서 예비하신 곳에 있더라"

둘째, 하늘의 또 다른 이적 주인공 한 큰 용의 해석[50)]

1. 그 여인이 해산하는 아이를 그 용이 삼키려 하나 실패함(4절)

4절 "그 꼬리가 하늘의 별 삼분의 일을 끌어다가 땅에 던지더라 용이 해산하려는 여자 앞에서 그가 해산하면 그 아이를 삼키고자 하더니"

2. 하늘의 영적 전쟁에서 패배 후 사탄의 쫓겨남(7-9절)

7절 "하늘에 전쟁이 있으니 미가엘과 그의 사자들이 용과 더불어 싸울
새 용과 그의 사자들도 싸우나"

8절 "이기지 못하여 다시 하늘에서 그들이 있을 곳을 얻지 못한지라"

9절 "큰 용이 내쫓기니 옛 뱀 곧 마귀라고도 하고 사탄이라고도 하며
온 천하를 꾀는 자라 그가 땅으로 내쫓기니 그의 사자들도 함께
내쫓기니라"

3. 그리스도의 권세로 사탄이 쫓겨남(10절)

10절 "내가 또 들으니 하늘에 큰 음성이 있어 이르되 이제 우리 하나님의 구원과 능력과 나라와 또 그의 그리스도의 권세가 나타났으니 우리 형제들을 참소하던 자 곧 우리 하나님 앞에서 밤낮 참소하던 자가 쫓겨났고"

4. 메시야가 그의 피로 사탄을 이김(11절)

11절 "또 우리 형제들이 어린양의 피와 자기들이 증언하는 말씀으로 그를 이겼으니 그들이 죽기까지 자기들의 생명을 아끼지 아니하였도다"

---

50) 사탄의 기원과 마지막 때의 영적 전쟁에 관하여는 특주에서 자세히 다룰 것이다. 12장 설명이 끝나는 다음의 특주에서 이 문제의 해답을 독자들이 얻기 바란한다.

여기서 '이겼으니' 는 과거 완료 시제로 이는 주님이 십자가에서 죽으시고 부활하시는 순간 사탄과의 영적 전쟁에서 승리했다는 말씀이다. 이 말씀은 창세기 3장 15절에 예언되어 있는 메시야가 그의 피로 사탄의 권세를 이긴다고 약속한 것에 대하여 성취되어진 구절이다. 이는 사탄이 십자가와 부활로 패배하였음을 증명하는 구절이다. 정말 사탄이 십자가에서 결박되었음을 증명할 수 있는 근거가 여기에 있다. 사탄이 예수 그리스도께서 지신 십자가로 말미암아 패배하고 승리하였기 때문에 성도의 영적싸움은 이미 승리한 싸움을 전제하고 전투한다. 성도가 영적 전쟁을 할 때마다 승리할 수 있는 근거가 여기에 있다.

5. 마귀가 자기 때가 얼마 남지 않은 줄을 알고 땅에 내려감(12절)

12절 "그러므로 하늘과 그 가운데 거하는 자들은 즐거워하라 그러나 땅과 바다는 화 있을진저 이는 마귀가 자기의 때가 얼마 남지 않은 줄을 알고 크게 분내어 너희에게 내려갔음이라"

6. 용이 자기가 내 쫓긴 것을 보고 남자를 낳은 여자를 박해함(13절)

13절 "용이 자기가 땅으로 내쫓긴 것을 보고 남자를 낳은 여자를 박해하는 지라"

7. 그 여자가 뱀의 낯을 피하여 한 때와 두 때와 반 때를 양육 받음(14절)

14절 "그 여자가 독수리 날개를 받아 광야 자기 곳으로 날아가 거기서 뱀의 낯을 피하여 한 때와 두 때와 반 때를 양육 받으매"

8. 뱀이 여자에게 입으로 물을 토하여 떠내려 가게 할 때 땅이 도움 (15-16절)

15절 "일곱째 천사가 나팔를 불매 하늘에 큰 음성들이 나서 이르되 세상 나라가 우리 주와 그의 리스도의 나라가 되어 그가 세세토록 왕 노릇 하시리로다"

16절 " 하나님 앞에서 자기 보좌에 앉아 있던 이십사 장로가 엎드려 얼굴을 땅에 대고 하나님께 경배하여"

9. 용이 분노하여 그 여자의 남은 자손과 싸우려고 바다 위에 서있음(17절)

17절 "용이 여자에게 분노하여 돌아가서 그 여자의 남은 자손 곧 하나님의 계명을 지키며 예수의 증거를 가진 자들과 더불어 싸우려고 바다 모래 위에 서 있더라"

1) 구약의 개념 "그들은 하나님의 계명을 지키며"
2) 신약의 개념 "예수의 증거를 가진 자들"

여기서 우리가 볼 때 그 여자와 그 여자의 남은 자손이 다르다는 것을 알 수 있다. 그 여자는 분명히 예수 그리스도가 이스라엘의 구약 교회를 통해서 이 땅에 오셨다는 것을 보면 틀림없다. 성경은 그것을 그 여자가 나은 아들이라고 상징적으로 해석하고 있다. 분명히 아들은 메시야가 틀림없는데 그 여자가 누구냐는 것이다. 한편 천주교에서는 그 여자가 분명히 예수의 어머니 마리아라고 해석을 한다. 하지만 이런 해석은 전체적인 설교의 흐름을 볼 때 너무도 지엽적인 경향을 드러내고 있다. 그 여자는 개인이 될 수 없다. 그 여자는 예수 그리스도를 이 땅에 보낸 구약의 이스라엘 교회 공동체라고 보면 무리가 없다. 이는 창세기 3장 15절에서 보면 '뱀 즉 사탄과 여자의 후손과 원수' 가 되게 한다고 예언하고 있다. 분명한 것은 '여자의 후손' 이라고 할 때 그 대상은 분명히 메시야를 염두에 두신 말씀이다. 이는 '여자의 후손' 이라고 할 때 그 공동체가 개인을 지칭하는 것이 아니라 이스라엘 공동체를 지칭하는 성경 해석학의 원리를 적용할 수 있기 때문이다.

그리고 그 여자와 그 여자의 남은 자손이 누구인지 분명하게 해석하고 있다. 그들의 정체성에 대한 설명으로 우리는 신약 교회의 성도임을 알 수 있다. 왜냐하면 신약 교회의 성도는 하나님의 계명을 지키며 즉 구약의 계명과 더불어 예수의 증거를 가진 자 곧 신약의 성도 들이라고 확실히 증언하고 있기 때문이다. 먼저 저자 요한의 해석을 우리가 그대로 받으면 무리가 없다. 그것은 그들이 하나님의 계명을 지키며 예수의 증거를 가진 자들이라고 저자 요한은 해석하고 있다. 먼저 그 여자의 남은 자손이 하나님의 계명을 지킨다고 전제하고 있다. 이는 그들이 하나님의 계명을 지킨다고 하는 것은 구약의 율법을 지키는 자들이라고 해석한다는 점이다. 그리고 이어서 신약의 성경에 충족이 필요한 예수의 증거를 가진 자들은 신약의 요구라는 점이다. 그리고 14:12절에도 병행구절이 동일하게 등장한다. 이는 "성도들의 인내가 여기 있나니 그들은 하나님의 계명과 예수에 대한 믿음을 지키는 자들이라" 고 동일하게 말씀하고 있다.

요한이 해석하는 그들은 구약적인 배경을 가지면서 신약의 증거를 가지고 살아가는 사람들이다. 다시 말해서 하나님의 계명은 구약의 말씀을 지키는 사람들이 전제된다. 구약 교회의 사람들이 아니라 구약의 계명을 무시하지 않는 신약 시대의 사람을 말한다. 또한 그들은 구약의 율법을 절대 무시하지 않는 사람들을 말한다. 이는 테필린의 사람으로 확대할 수 있는 사람들이다.[51] 실제로 신약의 사람들이 가져야할 윤리적 기준이 무엇인가는 구약의 하나님의 계명이라고 계시록의 저자는 증명하고 있다. 유대인들이 수천 년간 하나님의 말씀을 가지고 자신들은 물론 자녀들에게 암송하게 해서 삶의 기준으로 삼았다. 오늘날 유대인들은 많은 사람들이 성경의 일부분이나 전부를 암송하기 때문에 자신들을 표현할 때 "움직이는 성경" 이라고 말한다. 그들이 입을 열면 성경적인 삶이요, 그들이 움직이고 손을 대며 발걸음을 뗄 때마다 성경이 삶아서 움직이는 것을 그대로 볼 수 있기 때문이다. 이런 유대인들이 적용하며 실제적으로 살아가고 있는 문제에 대하여 테필린의 깊이 있는 삶에 대하여 저자가 쓴 책을 참고하면 좋겠다.[52]

---

51) 김형종, 정관창 "테필린 블렉박스" 프레이온 콘텐츠, 2007. "이 책은 유대인들이 수천 년간 테필린의 삶을 어떻게 살아 왔는지에 대하여 자세하게 설명했다. 그리고 이 책은 70여 항목을 분류하여 자세한 설명과 함께 사진들을 수록하고 있다."

52) 김형종, "유대인의 천재교육 프로젝트" 프레인온 콘텐츠, 2007. "이 책은 이스라엘 사람들이 어떻게 수천 년간 하나님의 말씀을 자녀들에게 전수해 왔는지에 대하여 최초로 공개한다. 우리는 이 책에서 유대인들이 자기 자녀들에게 말씀을 어떻게 전수하고 암송하고 적용하는 삶을 살아가는지에 대하여 구체적으로 설명해 놓았는데 이점이 그 특징이라고 할 수 있다. 오늘날 신약의 교회의 성도들에게 어떻게 하나님의 말씀을 암송하고 성도답게 살아 갈 수 있는지에 대한 구체적인 적용 방법들을 배울 수 있을 것이다."

오늘날 그들이 누구인가 하면 계명을 지키면서 예수의 증거를 가진 자가 바로 그 여자의 남은 자손이 된다. 다시 말해서 계명 즉 율법은 옛 것이고 폐한 것이기 때문에 율법으로는 구원을 못 받는다고 주장하는 사람들은 정상적인 크리스천이라고 말할 수 없다. 사실 율법을 지키는 것으로 구원을 받을 수 없는 것은 당연하다. 하지만 이런 것 때문에 율법이 필요 없다고 주장하는 것은 사실 하나님의 말씀인 구약이 필요 없다고 주장하는 것과 다를 바가 없다. 이런 사람들 즉, 구약의 율법이 필요 없다고 주장하는 사람들은 이단과 다를 바가 없다. 정작 구약은 구원 받기 위한 책이 아니라 구원 받은 사람들이 어떻게 살아가야 하는지가 너무도 자세하고 구체적으로 나와 있는 책이다. 이런 구약적인 특징을 모르고 구원 문제에 대입하는 것은 너무도 자신의 무지를 드러내는 것이다. 신약의 성도가 구약의 율법을 무시하는 순간 그 사람은 하나님의 사람으로 의롭게 살아가는 것이 불가능하다. 이런 사람은 더 이상 크리스천답게 살아가는 것이 불가능하기 때문에 무늬만 그리스도인일 가능성이 크다. 어떤 것이 성도답게 사는 것인지를 바로 알기 위해서 구약의 계명이 절대적으로 필요한 것이다.

그러므로 그 여자의 후손의 특징은 하나님의 계명을 지키며 예수의 증거 즉, 십자가에서 예수 그리스도의 피로 구속함을 받은 자를 말한다. 예수의 증거는 예수 때문에 갖게된 증거들을 말한다. 바울은 자신이 예수의 흔적을 가졌노라고 말하는 것이 바로 그 증거들이다. 예수로 인해 구원 받은 사람들이 다시 예수의 사람답게 살아가는 기준이 바로 구약 하나님의 계명을 말하는 것이다. 이런 특징이 바로 신약 교회 성도들의 표지가 된다.

[특주] 사탄에 대한 성경적 증거

첫째, 사탄도 시작이 있는 하나님의 피조물

먼저 우리가 알아야 하는 진실은 하나님의 심부름을 하는 천사조차도 하나님의 피조물로 영적 존재에 해당한다는 것이다. 여기서 사탄을 따르던 그 천사들의 일부가 타락하여 악한 영들이 되었다. 이러한 암시가 구약에서는 이사야 14장에 나타나 있다. 하지만 이런 구절의 해석에 근거한 것으로 좀 더 정확한 성경적 근거는 신약의 유다서 1장 6절에 정확하게 나타나 있다. 이는 "또 자기 지위를 지키지 아니하고 자기 처소를 떠난 천사들을 큰 날의 심판까지[53] 영원한 결박으로 흑암에 가두셨으며"라고 유다서 기자가 해석하고 있기 때문이다. 또 한 구절은 베드로 2장 4절에 "하나님이 범죄한 천사들을 용서하지 아니하시고 지옥에 던져 어두운 구덩이에 두어 심판 때까지 지키게 하셨으며"라고 베드로는 범죄한 천사들이라고 분명히 언급하고 있기 때문이다. 이런 말씀의 근거를 가지고 볼 때 처음에 하나님이 천사들을 창조하셨으나 그 중의 일부가 하나님을 대적하여 타락한 천사들이 되고 말았다. 그들이 사탄과 그를 추종하는 악한 영들이다.

그럼 언제 이런 일이 발생했는가 하는 문제는 성경이 침묵하고 있다. 이 책의 저자는 성경이 침묵하는 곳에서는 반드시 침묵하고 성경이 해석하고 있는 것까지만 말하는 것을 원칙으로 한다. 다만 성경에

---

53) 천사들이 타락해서 큰 날의 심판까지 영원한 결박으로 흑암에 가두었다는 것은 번역상의 문제가 있다. 그것은 '큰 날의 심판까지' 라는 전치사의 번역을 잘 못했기 때문이다. 이 단어는 헬라어 '에이스'(εἰς)인데 이는 시간을 알리는 전치사로 '까지' 가 아니라 '에, 때에' 로 번역하여야 한다. 이 단어가 신학적인 지식이 부족한 사람이 번역하면 그 의미가 완전히 뒤 바뀌는 결과를 가져오기 때문이다. 그러므로 이 문구는 '큰 날의 심판 때에' 라고 번역해야 정확하다.

서 힌트는 창세기 1장 2절에서 찾아 볼 수 있다. 그것은 "땅이 혼돈하고 공허하며 흑암이 깊음 위에 있고 하나님의 영은 수면 위에 운행하시니라" 고 언급한 내용에서 찾아 보고자 한다. 그것은 하나님이 창조한 하늘과 땅은 가장 완벽한 질서를 가지고 있었다. 왜냐하면 '창조하다' 는 히브리어로 '바라' (בָּרָא)라고 하는데 이는 '하나님이 완전한 이 세상의 질서를 세우다' 라는 의미를 가지고 있기 때문이다. 이는 1장 1절에 처음 만드신 하늘과 땅은 완전한 질서 위에 창조하셨다는 말씀이다. 하지만 2절에 하나님이 완전하게 만드신 하늘과 땅이 무질서의 극치를 표현하고 있다. 이런 면에서 볼 때 1절의 창조와 3절 사이에 천사들의 무리가 하나님을 대적하다가 이 땅이 무질서의 세계로 바뀌었다고 해석하는 학자들의 주장을 간격이론[54]이라고 말한다. 따라서 만약 사탄이 언제 타락했느냐는 질문에 대한 대답은 바로 여기에서 그 성경적 근거를 찾을 수 있다고 볼 수 있다.

둘째, 하늘의 영적전쟁으로 사탄의 내어 쫓김(계 12:7-9)

> 7절 "하늘에 전쟁이 있으니 미가엘과 그의 사자들이 용과 더불어 싸울새 용과 그의 사자들도 싸우나"
>
> 8절 "이기지 못하여 다시 하늘에서 그들이 있을 곳을 얻지 못한지라"
>
> 9절 "큰 용이 내쫓기니 옛 뱀 곧 마귀라고도 하고 사탄이라고도 하며 온 천하를 꾀는 자라 그가 땅으로 내쫓기니 그의 사자들도 함께 내쫓기니라"

54) 간격이론(Gap Theory)은 일부 신학자들이 천사들의 일부가 하나님을 대적하다가 하나님의 심판으로 타락한 천사의 무리가 되었다고 주장하는 것으로 이곳이 본문이다.

본문은 하늘에 영적전쟁이 있었다고 설교하고 있다. 하지만 이 영적 전쟁이 언제 있었는지에 대한 설명은 더 이상 없다. 단지 이 영적 전쟁에 동원된 존재들이 사람이 아닌 하나님의 천사들인 천사장 미가엘과 그의 사자들이 용으로 언급하는 사탄과 그의 사자들 사이에 하늘에서 엄청난 전쟁이 벌어졌다. 그러나 이 전쟁이 어떻게 진행되었는지에 대한 구체적인 내용이 없지만 우리가 생각해 보면 엄청난 전쟁임에는 틀림없다. 다만 우리는 그 전쟁의 결과만 저자 요한의 설교로 전해 들을 뿐이다. 이 전쟁에서 사탄과 그의 사자들은 패하게 된다. 그 결과로 그들은 더 이상 천상에 있을 곳이 없이 하나님의 심판으로 말미암아 이 땅으로 내어 쫓기게 된다. 여기서 우리가 주목해야 하는 표현은 사탄과 그의 사자들인 추종자들이 모두 함께 하늘에서 쫓겨났다는 점이다.

저자 요한은 그 큰 용은 아담과 하와를 유혹했던 에덴동산의 옛 뱀이고 또한 마귀라고도 부르는 사탄이라고 해석하고 있다. 이런 히브리 문장구조는 병행적 표현으로 같은 의미의 단어들을 다른 단어의 표현으로 설명하는 기법이다. 따라서 사탄과 큰 용과 옛 뱀 그리고 마귀는 이름만 다르게 불리 우는 악한 영들의 대장이다. 어떤 사람들은 이것조차 다른 것으로 해석하는 어리석은 사람들을 보게 된다. 여기서 큰 용과 옛 뱀은 상징적인 표현으로 저자 요한은 바로 해석하여 사탄이면서 하나의 영적 악한 존재인 마귀라고 단호하게 선언하고 있다. 이런 해석에 다른 구차한 설명을 하는 것은 참으로 바보스러운 일이 아닐 수 없다. 이렇듯 성경은 상징적인 표현이 등장하면 바로 해석하여 우리로 하여금 해석상의 혼란을 막아주는 것이 계시록의 특징 중에 하나라고 보면 된다.

그들은 더 이상 하늘에 있을 곳이 없어 그들 모두가 지상에 내어 쫓겨났다. 이때부터 사탄은 지상에서 성도들을 이용하여 하나님을 대적하는 일의 악의 주역이 된다. 하나님을 대적하는 모든 배후에는 항상 사탄과 악의 세력들이 존재한다. 이것들이 바로 사탄들이 자행하는 주요한 사역이기 때문이다. 사탄은 언제나 성도들을 조정하여 하나님을 공격하고 하나님의 나라를 파괴하는 일을 스스럼없이 주도한다. 그것도 모르고 성도들은 사탄의 도구가 되어 이 땅에서 수많은 죄를 자행하면서 살아간다. 물론 사탄이 성도들만 조정하는 것이 아니라 이 땅의 불신자들에게 조차 동일하게 하나님을 대적하고 믿지 못하게 하는 배후로 존재한다. 어떤 때는 가장 전면에서 조정하기도 하고 어떤 때는 가장 은밀하게 숨어서 조절하는 것이 사탄이 가진 가장 큰 전략에 해당한다. 성도가 하나님의 도움이 없이는 사탄의 조정에서 승리할 수 없다는 사실이다.

셋째, 사탄의 예수께 대한 대적 십자가 사건(창 3:15)

1. 옛 뱀에 대한 예언과 성취(창3:15)

> "내가 너로 여자와 원수가 되게 하고 네 후손도 여자의 후손과 원수가 되게 하리니 여자의 후손은 네 **머리를 상**하게 할 것이요 너는 그의 발꿈치를 상하게 할 것이니라 하시고" (창3:15)

학자들은 이 구절을 원시복음이라고 말한다. 즉 원시복음이라고 불리 우는 것은 메시야에 연관된 최초의 복음적인 예언이기 때문이다. 옛 뱀은 곧 사탄이라고 계시록에 해석하는 것으로 볼 때 여기서 뱀에 대한 예언은 언제나 메시야의 사역과 관련이 있다고 보아야 한다. 하나님이 뱀에 대한 저주의 예언을 하실 때 여자의 후손과 뱀의 세력과 원수가 될 뿐만 아니라 사탄은 여자의 후손 즉, 메시야의 발꿈치를 상하게 할 것이지만, 여자의 후손 즉, 메시야는 뱀인 사탄의 머리를 상하게 할 것이라고 예언한 것이 예수 그리스도의 십자가 상에서 성취되었기 때문에 원시복음이라고 말하는 것이다. 다시 말해서 사탄은 십자가에서 예수 그리스도를 죽게 하므로 그의 발꿈치 정도를 상하게 하는 경미한 타격을 주었다는 점이다. 물론 사탄은 예수만 십자가에서 죽이면 모든 것이 끝나는 것으로 생각했을 것이다. 하지만 그것은 결국 십자가에 죽으신 것이야 말로 주님이 인류구원의 모든 기본적인 사역을 완성한 것으로 도리어 사탄에게 그의 머리에 결정적인 타격을 주는 것으로 이 예언이 성취되었기 때문이다.

여기서 사탄이 인간을 충동하여 하나님을 대적할 때 뱀이 심판을 받은 내용은 뱀이 여자의 후손(예수 그리스도)의 발을 상하게 하지만, 뱀은 여자의 후손에 의하여 머리가 상하게 되었다. 한편 뱀의 머리가 '상한다' (שׁוּף)는 히브리어로 사악한 영의 머리인 사탄에게 '악의 우두머리를 결박하여 결정적인 타격을 준다'는 의미이다. 이것은 계시록에서는 사탄이 결박된다는 표현으로 발전하고 있다(20:2). 결국 메시야인 예수 그리스도가 십자가에서 돌아가시고 부활하실 때에 사탄은 무저갱에 결박되는 사건으로 해석하고 있다. 또한 이 사실에 대하여 12장 11절에는 예수 그리스도의 피가 사탄을 이겼다고 표현하고 있다. 이런 다양한 표현을 통해서 사탄은 창세기 3:15절의 예언이 성취되는 사건으로 종결되게 된다. 그러므로 사탄은 현재 결박된 상태로 무저갱에 감금되어 있다. 십자가에 사탄이 결박되어 있는 기간은 신약시대로 복음이 땅 끝까지 전파되는 기간과 동일하게 겹쳐지는 기간이기도 하다. 그러나 대환란의 기간이 되면 사탄은 잠시 풀려나서 마지막 발악하여 지옥 백성을 유혹하는 활동을 시작할 것이다.

신학자들은 사탄의 결박을 예수 그리스도의 말씀에 근거하여 해석하고 있다. 그것은 마태복음 12장 29절에 보면 "사람이 먼저 강한 자를 결박하지 않고서야 어떻게 그 강한 자의 집에 들어가 그 세간을 강탈하겠느냐 결박한 후에야 그 집을 강탈하리라"고 말씀하신 것을 그 근거로 삼고 있다. 주님은 제자들이 귀신들을 추방하는 사건에 대하여 바리새인들의 의문에 대한 답변으로 이 말씀을 하신 것이다. 결국 사탄이 정상적으로 활동하는 곳에서는 그의 나라를 무너뜨리고 귀신들을 추방하는 일이 불가능한 일이라고 말씀하시면서 악한 영들의 머리인 사탄을 결박해야만 마음대로 우리가 사역할 수 있다고 약속하시는 자리이다. 따라서 사탄의 결박은 십자가 상에서 구속 사역의 결과로 성취된 일이다. 그럼에도 불구하고 아직도 활동하는 것은 사탄의 하수인들인 귀신들의 사역일 뿐이다.

한편 이 문제에 대한 신학자들의 주석은 아주 놀랍다고 표현할 수밖에 없다. 그 예로 "옥스퍼드 원어대전"의 요한계시록 주석(p. 526)에서는 정리되지 않은 내용에 대하여 신학적으로 해석한 이론을 다음과 같이 적고 있다.

"그것은 사탄이 결박되어 있음에도 불구하고 오늘날 사탄은 왕성하게 활동한다(계13:7, 눅22:3, 엡2:2). 그렇다면 이것은 논리적인 모순이 아닌가? 비록 논리적인 모순처럼 보일지라도 이러한 현상은 결코 모순이 아니다. 그 이유는 본문은 사탄의 이중적 관점' 에서 취해진 요한 특유의 서술 방식에 기인하기 때문이다. 사탄에 대한 이중적 관점은 '교회에 대한 이중적 관점' 못지않게 본서의 일관된 이해를 위해서 주지해야 한다. 다시 말해 하나의 단일한 대상이나 사건의 양상에 대해 이중으로 묘사하고 있는 요한의 서술 방식을 제대로 이해하지 못하면 본서를 명료하게 해석하는 것은 불가능하기 때문이다. 즉 사탄에 대한 이중적 관점 역시 예수 그리스도의 사역으로 인해 이미 패배했지만, 그러나 다른 한편 세상에 대한 사탄의 활동은 예수 그리스도의 재림 때까지 연장된다. 그러므로 사탄은 이미 패배했으나 아직 멸망하지 않았기 때문에 이런 이중적 설명으로만 해석할 수 있는 것이다."

저자가 보기에 이러한 입장은 아직까지 계시록이 어떤 책인지 모르는 모든 사람들이 가지는 공통적인 딜레마가 아닌가 생각된다. 물론 계시록은 앞에서 설명한대로 이중적 관점이 필요한 것은 당연한 일이라고 본다. 하지만 계시록을 설명하기 애매한 곳마다 이런 입장으로 해석을 한다면 저자는 그것이야 말로 너무 무책임한 행동이 아닌가 말하고 싶다. 그 이유는 계시록은 분명히 저자 요한을 통해서 하나님은 분명하고 확실한 해석을 제시하고 있기 때문이다. 다만 우리가 계시록을 잘 이해하지 못하고 알지 못해서 바르게 설명하지 못할 뿐이다. 저자가 설명한대로 사탄은 주님의 십자가의 구속 사역으로 결박되었고 다만 그의 사자들인 악한 영들 곧 귀신들이 대장 없이 오합지졸로 역사하고 있기 때문에 많은 교회와 성도들이 악한 영들을 대적하며 신앙생활을 할 수 있는 것이다.

넷째. 사탄의 결박과 천년동안 무저갱(계 20:1-3)

1절 "또 내가 보매 천사가 무저갱의 열쇠와 큰 쇠사슬을 그의 손에 가지고 하늘로부터 내려와서"

2절 "용을 잡으니 곧 옛 뱀이요 마귀요 사탄이라 잡아서 천 년 동안 결박하여"

3절 "무저갱에 던져 넣어 잠그고 그 위에 인봉하여 천년이 차도록 다시는 만국을 미혹하지 못하게 하였는데 그 후에는 반드시 잠깐 놓이리라"

예수 그리스도가 십자가에서 죽음을 당해서 발이 상한 것 같았지만 부활하심으로 죽음을 이기고 사탄을 결박하여 무저갱에 천년동안 가두었다(20:1-3). 여기서 사탄을 '결박하여'는 헬라어 'δέω'(데오)로 이는 "악한 자의 우두머리를 하나님의 능력으로 묶다"라는 뜻이다. 우리가 분명히 기억해야 할 것은 사탄만 무저갱에 결박이 되었고 사탄의 사자들은 결박된 적이 없다는 사실이다. 따라서 사탄은 지금 활동할 수 없이 결박되어 있을지라도 나머지 악한 영들인 귀신들은 여전히 지금도 사람들을 미혹하고 유혹한다는 사실이다. 그 무저갱에 결박되어 있던 사탄이 계시록의 대환란의 기간에 잠시 풀려 나와 마지막 발악을 한다. 이 발악이 이마에 짐승의 표를 받은 자들을 지옥에 집단 추수하는 시기이다. 이 기간은 마찬가지로 주님이 믿는 자들을 추수하는 시기이기도 하다. 이렇듯 대환란의 시기는 이렇게 영적 전쟁의 긴장상태로 우리가 서서 활동하는 때이다. 지금은 사탄이라는 대장이 없는 때에 귀신들과 악령들이 무질서하게 이 땅의 성도들을 미혹하는 사역을 감당한다.

우리가 알아야 하는 사실은 사탄의 무저갱 결박은 천년동안 만국을 미혹하지 못하게 하는 목적 때문이다(3절). 여기서 '천년 동안'[55]은 하나님만이 아는 시간으로 저자 요한은 그 기간이 문자적인 천년인지 아니면 상징적인 천년인지에 대한 분명한 해석이 없다는 점이다. 하지만 이 기간은 사탄이 무저갱에 결박된 기간과 동일한 시기가 신약시대의 은혜의 기간 전체를 말하는 것으로 이는 하나님께서 역사 속에 강력하게 개입하신 기간이다.

이 기간 동안은 하나님께서 십사만 사천과 아무도 셀 수 없는 큰 무리를 구원하는 시간이다. 천년동안 악의 대장인 사탄을 결박하는 것은 기독교 시대의 구원 받은 자들이 문제없이 선교 활동할 수 있도록 하신 하나님의 깊으신 은혜의 배려의 기간이다. 그러므로 주님의 설명은 사탄이 만국을 미혹하지 못하도록 하기 위한 목적으로 천년동안 결박한 것이다. 사탄이 이 땅에서 마음껏 활동하면 성도가 정상적으로 신앙생활하기가 힘들기 때문이다.

55) 천년왕국과 그 기간에 대하여는 계 20장에서 자세하게 적용적으로 설명할 것이다.

다섯째, 마지막 심판 전 대재앙 때 사탄이 잠깐 풀려남(계20: 7-10)

7절 "천 년이 차매 사탄이 그 옥에서 놓여"

8절 "나와서 땅의 사방 백성 곧 곡과 마곡을 미혹하고 모아 싸움을 붙이리니 그 수가 바다의 모래 같으니라"

9절 "그들이 지면에 널리 퍼져 성도들의 진과 사랑하시는 성을 두르매 하늘에서 불이 내려와 그들을 태워버리고"

10절 "또 그들을 미혹하는 마귀가 불과 유황 못에 던져지니 거기는 그 짐승과 거짓 선지자도 있어 세세토록 밤낮 괴로움을 받으리라"

정말 성경대로 천년 만에 잠깐 풀려난 사탄은 이 땅에서 자신의 마지막 사명을 다하는 기간이다. 여기서 사탄이 풀려나는 잠깐의 기간이 바로 계시록에 등장하는 삼년 반, 일천이백육십 일, 한 때 두 때 반 때, 삼일 반 등으로 표현되고 있는 기간으로 마지막으로 활동할 수 있는 기간이다.

계시록의 많은 내용이 이 기간을 사탄이 활동하는 기간으로 보고 있다. 이 때 사탄이 어떤 때는 마귀라는 이름으로 표현되기도 하고 용이라는 상징적인 이름으로 위장하여 활동하는 모습으로도 볼 수 있다. 결국 사탄이 대부분의 시간은 결박되어 있다가 잠시 풀려나서 활동할 수 있는 기간은 한정적으로 제한하고 있는 대재앙 때뿐이다. 이 기간이 끝나면서 주님이 이 땅을 심판하시기 위하여 재림하게 되고 사탄과 그 졸개들은 영원한 유황 불 못에 보내지는 심판을 받게 된다.

사탄은 대재앙이 시작되는 때에 먼저 곡과 마곡을 미혹하여 아마겟돈 전쟁을 일으키게 된다(8절). 그때 사탄이 전 세계에서 모으는 숫자는 바다의 모래같이 많은 사람들이다. 이 사건은 마지막 전쟁으로 예언된 에스겔 38장의 예언 성취라고 볼 수 있다.

한편 사탄이 모은 그 연합군들이 성도들의 진과 사랑하시는 성을 둘러싸매 하늘에서 불이 내려와 그들을 태워 버렸다(9절). 이 전쟁에서 사탄은 패하게 되고 하나님은 그들을 미혹하던 마귀를 불과 유황 못에 던져 버린다(10절). 거기는 먼저 가있는(계19:20) 그 짐승과 거짓 선지자도 있어 세세토록 밤낮 괴로움을 당한다(10절). 마지막 전쟁이 예언되어 있는 에스겔 38장이 어떻게 계시록의 마지막 전쟁과 연결되고 있는가를 잘 알 수 있다.

13장
두 짐승

13장 역사적 해석의 문제점

1. 두 짐승이 이미 해석되어 있다는 사실조차 인식하지 못해서 혼란이 커졌다.
2. 두 짐승이 적그리스도라고 무리한 해석을 해서 혼란이 커졌다.
3. 두 짐승을 역사적으로 사람에게 적용하는 해석으로 인해 더 큰 혼란이 있었다.
4. 짐승이 무저갱에서 올라온 영적 존재라는 사실을 몰라서 큰 혼란이 있었다.

첫째, 바다에서 나오는 짐승(1-10절)

1. 그 머리들에는 신성모독하는 이름(1절)

1절 "내가 보니 바다에서 한 짐승이 나오는데 뿔이 열이요 머리가 일
곱이라 그 뿔에는 열 왕관이 있고 그 머리들에는 신성 모독하는

이름들이 있더라"

2. 그 짐승이 사탄의 능력과 보좌와 권세를 위임 받음(2절)

2절 "내가 본 짐승은 표범과 비슷하고 그 발은 곰의 발 같고 그 입은 사자의 입 같은데 용이 자기의 능력과 보좌와 큰 권세를 그에게 주었더라"

3. 그 짐승이 죽었다가 살아나는 쇼(Show)**로 온 땅이 짐승을 따름**(3절)

3절 "그의 머리 하나가 상하여 죽게 된 것 같더니 그 죽게 되었던 상처가 나으매 온 땅이 놀랍게 여겨 짐승을 따르고"

그 짐승의 머리 하나가 상하여(σφάζω) 죽게 된 것 같더니 죽게 되었던 상처가 나아 온 땅의 사람들이 놀랍게 여겨 짐승을 따르는 일이 일어난다. 여기서 '짐승의 머리가 상하여' 라고 할 때 창세기 3장 15절의 '뱀의 머리가 상하여' 라는 단어와 병행이 되고 있다. 이것은 앞에서 사탄의 결박을 인용할 때에 설명한 것의 연장으로 볼 수 있다.

이는 짐승이 예수 그리스도의 십자가와 부활을 모방한 사탄의 깜짝 쇼에 해당되는 패러디일 뿐이다. 그럼에도 불구하고 온 땅은 사탄의 쇼에 환호하고 부르짖고 경배하며 절대적으로 따르는 사건이 이어서 일어난다.

4. 용이 그 짐승에게 권세를 주므로 사람들이 용과 짐승을 함께 경배 (4절)

4절 "용이 짐승에게 권세를 주므로 용에게 경배하며 짐승에게 경배하여 이르되 누가 이 짐승과 같으냐 누가 능히 이와 더불어 싸우리요 하더라"

5. [짐승의 일한 기간] **그 짐승이 마흔두 달 동안 일할 권세를 위임 받음**(5절)

5절 "또 짐승이 과장되고 신성 모독을 말하는 입을 받고 또 마흔두 달 동안 일할 권세를 받으니라"

6. 그 짐승이 하나님과 하늘에 사는 자들을 비방(6절)

6절 "짐승이 입을 벌려 하나님을 향하여 비방하되 그의 이름과 그의 장막 곧 하늘에 사는 자들을 비방하더라"

7. 또 권세를 받아 성도들과 싸워 이기고 세상을 다스리는 권세까지 받음(7절)

7절 "또 권세를 받아 성도들과 싸워 이기게 되고 각 족속과 백성과 방언과 나라를 다스리는 권세를 받으니"

8. 어린양의 생명책에 기록되지 못한 자들은 모두 그 짐승을 경배(8절)

8절 "죽임을 당한 어린양의 생명책에서 창세 이후로 이름이 기록되지 못하고 이 땅에 사는 자들은 다 그 짐승에게 경배하리라"

9. 누구든지 귀 있는 자는 들으라는 하나님의 경고 말씀(9절)

9절 "누구든지 귀가 있거든 들을지어다"

10. 성도들의 인내와 믿음이 여기 있어야 할 것을 권면(10절)

10절 "사로잡힐 자는 사로잡혀 갈 것이요 칼에 죽을 자는 마땅히 칼에 죽을 것이니 성도들의 인내와 믿음이 여기 있느니라"

둘째, 땅에서 올라오는 다른 짐승

1. 또 다른 짐승은 어린양 같이 두 뿔이 있고 용 같이 말함(11절)

11절 "내가 보매 또 다른 짐승이 땅에서 올라오니 어린양같이 두 뿔이 있고 용처럼 말을 하더라"

1) 적그리스도의 반영적 비유 : 어린양 같이 두 뿔이 있고(짝퉁)
2) 적그리스도의 말 : 용처럼 말을 하더라(진짜 신분)

2. 땅의 짐승은 바다 짐승의 모든 권세를 행하고 그 짐승을 경배하게 함(12절)

12절 "그가 먼저 나온 짐승의 모든 권세를 그 앞에서 행하고 땅과 땅에 사는 자들을 처음 짐승에게 경배하게 하니 곧 죽게 되었던 상처가 나은 자니라"

3. 큰 이적을 땅의 짐승이 행함(13절)

13절 "큰 이적을 행하되 심지어 사람들 앞에서 불이 하늘로부터 땅에 내려 오게 하고"

4. 큰 이적의 목적은 사람들을 미혹하여 바다 짐승을 위하여 우상을 만듦(14절)

14절 "짐승 앞에서 받은바 이적을 행함으로 땅에 거하는 자들을 미혹하여 땅에 거하는 자들에게 이르기를 칼에 상하였다 살아난 짐승을 위하여 우상을 만들라 하더라"

5. 그가 권세를 받아 우상에게 생기 주어 말하고 경배하지 않은 자는 다 죽임(15절)

15절 "그가 권세를 받아 그 짐승의 우상에게 생기를 주어 그 짐승의 우상으로 말하게 하고 또 짐승의 우상에게 경배하지 아니하는 자는 몇이든지 다 죽이게 하더라"

6. 그 짐승이 세상 모든 사람들에게 오른손이나 이마에 표를 받게 함(16절)

16절 "그가 모든 자 곧 작은 자나 큰 자나 부자나 가난한 자나 자유인이나 종들에게 그 오른손에나 이마에 표를 받게 하고"

7. 누구든지 이 표를 가진 자 외에는 매매를 못하게 함(17절)

17절 "누구든지 이 표를 가진 자 외에는 매매를 못하게 하니 이 표는 짐승의 이름이나 그 이름의 수라"

8. 그 짐승의 수는 육백육십육 임(18절)

18절 "지혜가 여기 있으니 총명한 자는 그 짐승의 수를 세어 보라 그 것은 사람의 수니 그의 수는 육백육십육이니라"

셋째, 그 짐승에 대한 성경의 해석

1. 그 짐승은 무저갱에서 올라 옴(11:7)

"그들이 그 증언을 마칠 때에 **A 무저갱으로부터 올라오는 짐승**이 그들과 더불어 전쟁을 일으켜 그들을 이기고 그들을 죽일 터인즉"(11:7)

“내가 보니 A′바다에서 한 짐승이 나오는데 뿔이 열이요 머리가 일곱 이라 그 뿔에는 열 왕관이 있고 그 머리들에는 신성 모독하는 이름들이 있더라”(13:1)

저자 요한은 그 짐승의 정체가 무엇인지를 계시록에서 자체 해석해 주고 있다. 우리가 이런 저자 요한의 해석을 무시하고 지금까지 잘못 해석해 온 것이 사실이다. 이런 점만 보아도 우리가 계시록에 대한 이해가 얼마나 심각했는가를 잘 알 수 있다. 계시록은 짐승이 누구인가를 해석하면서 바다에서 올라오는 짐승이 어디에서 올라오는 지를 해석하고 있다는 사실이다. 저자 요한이 짐승을 해석하면서 A는 ‘무저갱에서 올라오는 짐승(11:7)을 말하고 다시 한 번 A′가 ‘바다에서 올라오는 짐승(13:1)’ 이라고 설명을 덧붙이고 있다.그것은 바로 짐승이 무저갱에서 올라온다는 점이 아주 특별하다. 우리는 지금까지 그 짐승을 해석할 때 자의적으로 적그리스도라고 적용해서 해석한 것이 보편적인 방법이었다. 그렇게 해석할 때 짐승은 영적인 존재가 아닌 사탄의 권세를 위임 받은 강력한 존재로 등장하는 사람으로 보았다는 점이다. 그런데 저자 요한은 절대로 그 짐승이 사람이 될 수 없는 무저갱 즉, 지옥에서 올라오는 존재라고 단정지어 해석하고 있다는 점이다. 그렇다고 한다면 그 짐승은 사탄이거나 아니면 사탄과 같이 강력한 영적인 능력을 가진 영적 존재라는 것을 확인할 수 있다. 절대로 그 짐승은 사람으로 해석할 수 없는 존재이다. 그는 무저갱 곧 지옥에서 올라오는 영적인 존재이다.

성경은 더 이상 그 짐승에 대하여 구체적인 해석을 하지 않는다. 이

것이 그 짐승이 구체적으로 무엇인지를 규명하는데 한계가 그어진 자리이다. 하지만 저자는 이 책에서 그 짐승의 존재가 사탄이거나 그와 같은 능력을 가진 악한 자라고 적용하고 싶다. 왜냐하면 사탄이 예수 그리스도의 구속 사역의 결과로 무저갱에 결박되어 있다가 대재앙 때 잠시 동안 풀려나기 때문에 그 시기가 정확하게 맞아 떨어지기 때문이다. 하지만 저자가 사탄이라고 단정 지을 때 한 가지 문제가 풀리지 않는다. 그것은 그 짐승이 용 즉 사탄으로부터 권세와 능력과 보좌의 위임을 받는다는 13장의 해석 때문이다. 따라서 사탄 자신이 자신에게 능력과 권세를 위임 받는 다는 것이 너무 어색하고 모양새가 맞지 않기 때문이다. 그렇지 않으면 무저갱에 사탄이 아니지만 사탄과 같은 정도의 능력을 가진 존재가 또 있다는 전제를 인정해야 한다. 하지만 성경은 이 존재에 대하여 더 이상 언급하지 않고 있다.

2. 두 짐승에 대한 계시록 자체 해석(17:7-17)

1) 두 짐승의 비밀에 대한 해석(7절)

> "천사가 이르되 왜 놀랍게 여기느냐 내가 여자와 그가 탄 일곱 머리와 열 뿔 가진 짐승의 비밀을 네게 이르리라" (17:7)

2) 그 짐승은 대환란 때에 나올 자(8절)

> "그 짐승은 전에 있었다가 지금은 없으나 장차 무저갱으로부터 올라와 멸망으로 올라갈 자다. 이전에 있었다가 지금은 없으나 장차 나올 짐

승을 보고 놀랍게 여기리라" (17:8)

3) 그 짐승은 여덟째 왕(11절)

"전에 있었다가 지금 없어진 짐승은 여덟째 왕이니 일곱 중에 속 한자라 그가 멸망으로 들어가리라" (17:11)

4) 그들이 한 뜻으로 능력과 권세를 짐승에게 줌(13절)

"그들이 한 뜻을 가지고 자기의 능력과 권세를 짐승에게 주더라" (17:13)

5) 그 짐승은 하나님의 말씀이 다 성취되기까지 일함(17절)

"이는 하나님이 자기 뜻대로 할 마음을 그들에게 주사 한 뜻을 이루게 하시고 그들의 나라를 그 짐승에게 주게 하시되 하나님의 말씀이 응하기까지 하심이라" (17:17)

3. 땅에서 올라온 다른 짐승 계시록 자체 해석(13:11)

1) 거짓 선지자 입에서 귀신의 영이 나옴(16:13)

"또 내가 보매 개구리 같은 세 더러운 영이 용의 입과 짐승의 입과 거짓선지자의 입에서 나오니" (16:13)

2) 짐승이 잡히고 그 앞에서 표적을 행하던 거짓 선지자(짐승)도 잡힘(19:20)

"짐승이 잡히고 그 앞에서 표적을 행하던 거짓 선지자도 함께 잡혔으니 이는 짐승의 표를 받고 그의 우상에게 경배하던 자들을 표적으로 미혹하던 자라 이 둘이 산 채로 유황불 붙는 못에 던져지고" (19:20)

저자 요한은 여기서 '짐승이 잡히고' 는 바다에서 올라온 짐승이 영원한 불 못에 던져지는 사실을 해석하고 있다. 그리고 '그 앞에서 표적을 행하던 거짓 선지자' 는 땅에서 올라오는 짐승을 병행해서 해석하는 구절이다. 그러므로 저자 요한은 땅에서 올라온 짐승은 분명히 거짓 선지자라고 해석했다. 그렇다면 땅에서 올라온 짐승은 분명히 거짓 선지자로 사람 중의 하나라는 해석이 분명하다. 그리고 그 거짓 선지자는 '어린양과 같이 두 뿔이 있고' (13:11)라고 해석하기 때문에 메시야인 어린양을 흉내 내고 있는 것을 볼 수 있다. 저자에게 굳이 적그리스도가 누구인가라고 적용하라면 땅에서 나온 짐승으로 해석하는 거짓 선지자가 예수 그리스도를 흉내 내는 자로 이가 바로 적그리스도라고 말 할 수 있다고 본다. 사도 요한은 요일 2장 18절에 적그리스도를 다음과 같이 넓게 적용하여 해석하고 있다. "적그리스도가 오리라 하는 말을 들었으나 지금도 많은 적그리스도가 일어났으니 그러므로 우리가 마지막 때인 줄 아노라" (요일2:18)

짐승을 적그리스도로 해석할 때 다음과 같은 실수를 하게 되어 있다. 과연 이 시대나 앞으로의 시대에 적그리스도가 누구인가를 해석하는 것은 역사의 미스테리 중의 하나였다. 그 중에서도 숫자 육백육십육이라는 짐승의 표식이 무엇인가에 대한 문제인데, 이것을 사람에게 적용하여 적그리스도라고 해석한 것은 지상 최대의 실수라고 생각한다. 역사적으로 짐승에 해당하는 적그리스도, 즉 로마 황제나 가톨릭의 교황 또는 히틀러나 그 외의 어떤 사람에게 초점을 맞추는 시도는 완전히 본문의 오해의 시작이다. 그러므로 짐승이 적그리스도라고 해석해서 사람에다 적용하는 것은 큰 해석상의 실수이다. 사실 육육육은 역사적으로 각 사람의 이름에 적용하여 해석을 했으나 다 잘못된 적용이었다. 왜냐하면 그것은 그가 오른손이나 그 이마에 표를 받게 한다고 저자 요한이 분명한 해석을 했기 때문이다.

또한 육육육은 마지막 대환난 심판 때에 일어나는 사건이기 때문에 역사적으로 지나간 사람들에게 적용하는 것 자체가 무리가 된다. 사탄이 자기 백성의 오른손이나 이마에 찍는 육육육의 표시는 마지막 심판 때에 사탄이 자기 사람에게 주는 표식이다. 사탄이 자기를 추종하는 사람들의 이마에 찍는 것이지 결코 자신에게 찍는 것이 아니기 때문이다. 왜냐하면 정작 사탄이 자기의 이마에 인을 찍을 필요가 없고 오직 그의 추종자들에게 찍는 행위이다.

육육육을 사탄 자신에게 적용하려는 그 어떤 시도는 결코 잘못된 적용이다. 사실 육육육 자체가 무엇인지 바코드가 될 수도 또는 다른 무엇이 나올 수도 있다. 실제로 바코드가 육육육의 표식이라고 한다면 사람의 손이나 이마에 찍고 난 직후 바로 찍히지 않은 사람들에 대하여 경제 행위를 못하게 되는 사건이 연속해서 나와야 한다. 한편 육육육은 '게마트리아' (Gematria, 히브리어와 헬라어 문자 값)로 해석해 왔다. 여기서 '표'(χάραγμα)는 소유권을 표시하는 것으로 사탄이 자기 소유임을 표시하며 이는 사람이 결코 지울 수 없도록 영원히 조각하는 사탄의 소유임을 의미한다. 마치 하나님께서 성도의 이마에 표를 하는 것처럼 사탄도 자신의 소유에 대하여 표시하는 것을 흉내 낸다. 하나님 자신에게 인을 찍지 않고 오직 그의 자녀들에게 인을 표시하는 것처럼 사탄도 자기 소유물임을 각 사람에게 표시하는 것이다. 그러므로 사탄은 언제나 하나님의 방법을 자신의 것처럼 흉내 낸다.

14장
십사만 사천이 누구인지에 대한 설교

14장 역사적 해석의 문제점

1. 십사만 사천을 이단들이 자기 집단이라고 잘못 해석하므로 큰 혼란이 있었다.
2. 십사만 사천이 천상의 존재라는 사실을 오해하고 지상의 존재로 적용하여 큰 혼란이 있었다.

첫째, 십사만 사천이 다시 부르는 천상의 찬양은 7장과 병행구조

1. 시온 산에 서있는 어린양과 십사만 사천이 누구인가를 해석(1절)

1절 "또 내가 보니 보라 어린 양이 시온 산에 섰고 그와 함께 십사만
사천이 서 있는데 그들의 이마에 어린양의 이름과 그 아버지의 이

름을 쓴 것이 있더라"

또 한 번의 십사만 사천이 7장의 십사만 사천과 병행구조로 설교하고 있다. 이 말씀은 13장에서 짐승이 사람들의 오른손이나 이마에 육백육십육의 표시를 하는 것과 반대적인 병행구조를 통해서 하나님이 그의 종들의 이마에 어린양의 이름과 그 아버지의 이름으로 인친 자들이 천상의 새 노래를 부르는 장엄한 장면이다. 여기서 십사만 사천이라는 단어적인 병행과 더불어 사탄의 세력을 표시하는 것에 대한 의미적 병행을 통해서 하늘에 속한 자의 영광을 대비하여 설명하는 독특한 문학구조의 해석을 하고 있는 장면이다. 한 가지 분명하지 않은 것은 7장에서는 십사만 사천이 이스리엘 지파 중에서 인침을 받은 자라고 말씀하고 있지만, 14장에서 십사만 사천이 이스라엘 지파와 동일인이라는 해석은 하고 있지 않다는 점이다. 그러나 십사만 사천 외에 아무도 셀 수 없는 큰 무리와 병행되는 것은 처음 익은 열매에 포함된 구속받을 자가 동일하게 많다는 암시는 분명히 알 수 있다.

1) 그들이 천상에서 부르는 새 노래 찬양을 부르고 배움(3절)

2절 "내가 하늘에서 나는 소리를 들으니 많은 물 소리와도 같고 큰 우렛소리와도 같은데 내가 들은 소리는 거문고 타는 자들이 그 거문고를 타는 것 같더라"

3절 "그들이 보좌 앞과 네 생물과 장로들 앞에서 새 노래를 부르니 땅에서 속량함을 받은 십사만 사천 밖에는 능히 이 노래를 배울 자가 없더라"

2) 이들은 땅에서 속량함을 받은 '처음 익은 열매' 라고 해석(4절)

4절 "이 사람들은 여자와 더불어 더럽히지 아니하고 순결한 자라 어린 양이 어디로 인도하든지 따라가는 자며 사람들 가운데에서 속량함을 받아 처음 익은 열매로 하나님과 어린양에게 속한 자들이니"

이 사람들은 저자 요한의 해석대로 여자와 더불어 더럽히지 않은 순결한 자들이다. 또한 어린양이 어디로 인도하든지 무조건 따라가는 자들이다. 특히 십사만 사천인 이 사람들은 구속함을 받은 처음 익은 열매로 이는 하나님과 어린 양에게 속한 자들이라고 특별히 해석하고 있는 장면이다. 여기서 주님이 처음 익은 열매(고전15:20, 23)라고 선언하신 말씀 속에는 이것으로 다가 아니라 계속해서 열매를 맺을 것을 포함하고 있다. 예를 들어 예수 그리스도가 잠자는 자들의 부활의 첫 열매인 것은 앞으로 모든 성도들이 예수처럼 부활할 것을 예고하는 선언의 내용을 포함하고 있다는 점이다(고전15:20, 23).

이는 십사만 사천은 구속함을 받은 첫 열매일 뿐이고 그 후에는 너무도 많은 사람들을 그 다음에 포함하고 있다는 사실을 저자 요한이 선언하고 있는 십사만 사천에 대하여 분명히 해석하는 자리이다. 앞으로 구약의 이스라엘 사람들이나 신약의 성도 가운데 구원 받을 사람이 셀 수 없는 큰 무리가 된다는 사실을 전제하고 있다. 또한 이 사람들은 신약시대의 어린양의 피로 구속함을 받은 분명한 사람들이다. 그러므로 구원받은 숫자가 엄청나게 많은 것을 알 수 있다. 인간의 판단으로 십사만 사천만 한정하는 자기 독단적인 모든 해석을 배격하는 자리이다.

3) 십사만 사천과 아무도 셀 수 없는 큰 무리의 특징(5절)

5절 "그 입에 거짓말이 없고 흠이 없는 자들이더라"

2. 이 땅에 다시 선포되는 심판의 메시지(6-13절)

1) 천사가 이 땅의 모든 백성에게 전한 영원한 복음을 가짐(6절)

6절 "또 보니 다른 천사가 공중에 날아가는데 땅에 거주하는 자들 곧 모든 민족과 족속과 방언과 백성에게 전할 영원한 복음을 가졌더라"

2) 그 천사가 심판의 시간이 이르렀으니 하나님만 경배하라고 외침(7절)

7절 "그가 큰 음성으로 이르되 하나님을 두려워하며 그에게 영광을 돌리라 이는 그의 심판의 시간이 이르렀음이니 하늘과 땅과 바다와 물들의 근원을 만드신 이를 경배하라 하더라"

3) 둘째 천사가 큰 성 바벨론의 심판 선포 : 18장의 병행 구절(8절)

8절 "또 다른 천사 곧 둘째가 그 뒤를 따라 말하되 무너졌도다 무너졌도다 큰 성 바벨론이여 모든 나라에게 그의 음행으로 말미암아 진노의 포도주를 먹이던 자로다 하더라"

4) 셋째 천사가 육육육의 표를 받은 자에게 불 못 고난의 심판 선포(9-11절)

9절 "또 다른 천사 곧 셋째가 그 뒤를 따라 큰 음성으로 이르되 만일 누구든지 짐승과 그의 우상에게 경배하고 이마에나 손에 표를 받으면"

10절 "그도 하나님의 진노의 포도주를 마시리니 그 진노의 잔에 섞인 것이 부은 포도주라 거룩한 천사들 앞과 어린양 앞에서 불과 유황으로 고난을 받으리니"

11절 "그 고난의 연기가 세세토록 올라가리로다 짐승과 그의 우상에게 경배하고 그의 이름표를 받는 자는 누구든지 밤낮 쉼을 얻지 못하리라 하더라"

본 절에 지옥에 누가 가는가에 대한 대답이 나온다. 그 주인공은 사탄의 이름의 표를 받는 자 모두가 가는 곳이다. 또한 지옥의 고통이 얼마나 되는가에 대한 대답을 하고 있다. 그 고통은 진노의 포도주를 마시고 불과 유황으로 영원히 고난을 받는다. 물론 지옥은 밤낮없이 쉴 수 없는 처절한 고난을 받아야 하는 절대적으로 소망이란 없는 곳이다.

5) 성도들이 하나님의 계명과 예수의 믿음으로 인내해야 할 이유(12절)

12절 "성도들의 인내가 여기 있나니 그들은 하나님의 계명과 예수에 대한 믿음을 지키는 자니라"

6) 지금 이후로 주 안에서 죽는 자들은 복이 있다고 성령께서 확정(13절)

13절 “또 내가 들으니 하늘에서 음성이 나서 이르되 기록하라 지금 이 후로 주 안에서 죽은 자들은 복이 있도다 하시매 성령이 그러하다 그들이 수고를 그치고 쉬리니 이는 그들의 행한 일이 따름이라 하시더라”

주님은 이제부터 본격적인 대재앙이 시작될 것이기 때문에 도리어 지금 이후로 주 안에서 죽은 자들이 복이 있다고 해석하고 있다. 물론 성령 하나님도 ‘그러하다’ 라고 동의하시는 문장으로 구성되어 있다. 정말 주 안에서 먼저 죽은 자들은 천국에서 하나님과 함께 영원한 안식을 누리고 있기 때문이다. 어떤 사람들은 기왕에 태어난 인생이 죽지 않고 바로 변화되어 주님의 재림을 맞는다면 얼마나 좋겠느냐며 기대하는데 그 사람들에 대한 주님의 답변이 이에 해당한다.

여기서 주님이 주 안에서 죽는 자가 복이 있다고 말씀하시며 ‘그들이 수고를 그치고 쉬리니’ 라는 문장은 신적 수동태에 해당된다. 신적 수동태 문장은 하나님의 절대적인 은혜로 되어지는 하나님의 배려에 해당하는 것이기 때문이다. 주님은 주 안에서 죽는 것도 하나님이 허락하신 은혜의 축복이라고 언급하신 것이다.

3. 마지막 추수와 심판에 대한 반의적 병행구조(14-20절)

14절 “또 내가 보니 흰 구름이 있고 구름 위에 인자와 같은 이가 앉으셨는데 그 머리에는 금 면류관이 있고 그 손에는 예리한 낫을 가졌더라

15절 “또 다른 천사가 성전으로부터 나와 구름 위에 앉은 이를 향하여

큰 음성으로 외쳐 이르되 당신의 낫을 휘둘러 거두소서 땅의 곡
식이 다 익어 거둘 때가 이르렀음이니이다 하니
16절 "구름 위에 앉으신 이가 낫을 땅에 휘두르매 땅의 곡식이 거두어
지니라"
17절 "또 다른 천사가 하늘에 있는 성전에서 나오는데 역시 예리한 낫
을 가졌더라
18절 "또 불을 다스리는 다른 천사가 제단으로부터 나와 예리한 낫 가
진 자를 향하여 큰 음성으로 불러 이르되 네 예리한 낫을 휘둘러
땅의 포도송이를 거두라 그 포도가 익었느니라 하더라
19절 "천사가 낫을 땅에 휘둘러 땅의 포도를 거두어 하나님의 진노의
큰 포도주 틀에 던지매
20절 "성 밖에서 그 틀이 밟히니 틀에서 피가 나서 말 굴레에까지 닿
았고 천육백 스다디온에 퍼졌더라

A(14a) 구름 위에 인자 같은 이가 앉음	A′(17a) 또 다른 천사가 하늘 성전에서 나옴
B(14b) 그 손에는 예리한 낫을 가짐	B′(17b) 또한 예리한 낫을 가짐
C(15a) 다른 천사가 큰 소리로 외침	C′(18a) 불을 다스리는 다른 천사가 큰 음성 외침
D(15b) 네 낫으로 추수하라는 말씀	D′(18b) 낫으로 익은 포도송이를 추수하라고 함
E(16) 인자가 낫으로 곡식을 추수함	E′(19) 낫으로 포도를 거두어 틀에 던짐 성 밖의 그틀이 밟히니 피가 남 성 밖의 천 육백 스타디온에 펴짐

여기서 천국과 지옥의 추수에 대한 반의적 병행이 극명하게 대비되는 말씀이다. 추수에는 양면성이 있는데 ABCDE는 인자가 곡식을 추수하여 천국에 보내는 비유적 말씀이고 A′B′C′D′E′는 천사가 지옥에 보낼 백성들을 낫으로 추수하는 내용이 대비되어 병행적으로 보여주고 있다. 특별히 인자로 표현되는 예수님과 천사가 동시에 추수하는 반복적인 병행구조를 사용하여 기록한 것은 그 심판이 분명하고 확실함을 선언하기 위함이다.

특히 주목할 것은 지옥으로 가는 백성들의 피가 지옥의 천 육백 스타디온에 퍼졌다고 하는 것을 볼 때 지옥의 규모를 어느 정도 상상할 수 있는 실마리를 제공하고 있다. 이것은 사방 약 삼백 키로 미터 정도의 크기로 대한민국의 남한만한 규모이다. 히브리 문장구조의 키아즘을 통하여 병행과 반복, 강조 등을 계속해서 기록하므로 심판의 확실성을 만방에 선포하는 장면이다.

[특주] 반복되는 세 번의 신적 수동태 문장 구조

1. 이름을 쓴(γράφω, 1절)

여기서 '쓴' 은 헬라어 '그라포' (γράφω)로 '기록하다' 는 신적 수동태 완료 분사형이다. 이 단어는 자력으로는 불가능한 하나님 나라의 백성이 되는 인침이 오직 하나님의 능력으로 된 다는 사실을 선언하기 위해 기록된 것이다. 따라서 어린양의 이름과 하나님의 이름이 쓰여진 것을 그분만이 하실 수 있는 사역임을 보여주는 단어인 것이다. 신적 수동태의 그 효력은 결코 취소될 수 없이 영원까지 간다.

2. 구속함을 얻은(ἀγοράζω, 3절)

'구속함을 얻은' 은 헬라어 '아고라조' (ἀγοράζω)로 이는 "피값으로 대신 지불하고 사다" 는 구속동사 신적 수동태 문장이다. 우리의 구원은 오직 하나님에 의해서 되어지는 사건이기 때문이다. 그리고 한 번 구속 받은 사람은 어떤 경우도 취소되지 않는다는 것을 강조하기 위하여 신적 수동태를 사용하여 기록하고 있다. 이렇게 구속함을 받은 자들은 하나님의 자녀로 이 땅에서 죽어도 천국에서 영원한 구속의 상태에서 살아가는 존재가 되었다는 선언에 신적 수동태 문장의 특징이다.

3. 수고를 그치고 쉬리니(ἀναπαύω, 13절)

'쉬리니' 는 헬라어 '아나파우오' (ἀναπαύω)로 이는 미래 신적 수동태이다. 이 단어가 미래의 시제로 기록되어 있는 것은 앞으로 천국에서 이런 쉼의 상태가 지속된다는 약속을 담고 있기 때문이다. 그러므로 영원히 쉼을 갖는 미래 신적 수동태로 천국에 영원히 쉰다는 약속의 단어이다. 우리가 천국에서 쉬는 것조차 하나님께서 베푸시는 은혜로 되어지는 사건이기 때문이다.

15장
마지막 대접을 쏟는 대재앙 설교

15장 역사적 해석의 문제점

1. 대접을 쏟는 재앙에 나오는 동사에 대한 무관심으로 큰 혼란이 있었다.
2. 대접을 쏟는 재앙은 본격적이고 실제적으로 재앙이 일어나는 재앙이다.

첫째, 마지막 재앙인 일곱 대접을 받음

1. 일곱 천사의 일곱 재앙은 마지막 재앙이라고 해석(1절)

1절 ""또 하늘에 크고 이상한 다른 이적을 보매 일곱 천사가 일곱 재앙을 가졌으니 곧 마지막 재앙이라 하나님의 진노가 이것으로 마치리로다"

2. 마지막 재앙과 병행되는 천상의 승리한 자들의 찬양(2-4절)

2절 "또 내가 보니 불이 섞인 유리 바다 같은 것이 있고 짐승과 그의 우상과 그의 이름의 수를 이기고 벗어난 자들이 유리 바다 바다가에 서서 하나님의 거문고를 가지고"

3절 "하나님의 종 모세의 노래, 어린양의 노래를 불러 이르되 주 하나님 곧 전능하신 이시여 하시는 일이 크고 놀라우시도다 만국의 왕이시여 주의 길이 의롭고 참되시도다"

4절 "주여 누가 주의 이름을 두려워하지 아니하며 영화롭게 하지 아니하오리이까 오직 주만 거룩 하시니이다 주의 의로우신 일이 나타났으매 만국이 와서 주께 경배하리이다 하더라"

1) 짐승의 표에서 벗어난 승리한 자들의 찬양

2) 전능하신 이의 하시는 일이 놀랍다고 찬양(3절)

3) 만국이 와서 주께 경배 한다고 선포(4절)

둘째, 하늘의 성전이 열리고 마지막 재앙의 일곱 대접을 받음(5-8절)

1. 하늘의 성전이 열림(5절)

5절 "또 이 일 후에 내가 보니 하늘에 증거 장막의 성전이 열리며"

2. 일곱 재앙을 가진 일곱 천사가 나와 진노를 가득히 담은 금 대접을 받음(6-7절)

6절 "일곱 재앙을 가진 일곱 천사가 성전으로부터 나와 맑고 빛난 세 마포 옷을 입고 가슴에 금 띠를 띠고"

7절 "네 생물 중의 하나가 영원토록 살아 계신 하나님의 진노를 가득히 담은 금 대접 일곱을 일곱 천사에게 주니"

3. 하나님의 임재로 일곱 재앙이 마치기까지 성전에 들어 갈 자 없음(8절)

8절 "하나님의 영광과 능력으로 말미암아 성전에 연기가 가득차매 일곱 천사의 일곱 재앙이 마치기까지는 성전에 능히 들어갈 자가 없더라"

16장
일곱 대접을 쏟음은 전 우주에 실제적 대재앙이 진행됨

대접 재앙에서 주목해야 하는 동사가 '대접을 쏟다' (ἐκχέω)라는 단어로 이는 이제 심판이 시작되어 구체적으로 펼쳐지고 진행되어 마감하는 모든 실제적인 재앙의 총과정을 말하는 것이다. 여기서 '쏟다' 라는 헬라어 동사는 실제적이고 현장적인 단어로 생방송의 상황이라는 의미가 담겨 있다. 지금까지 인을 떼는 재앙이나 나팔을 부는 재앙은 전조로서 공개와 시작을 알리는데 그 목적이 있다면, 대접은 심판이 땅에 쏟아져서 재앙이 이미 시작되어 진행되고 종결까지 가는 구체적으로 언급되는 실제적인 재앙이다. 대접을 쏟는 것은 재앙의 실제가 우주적 사건으로 진행되고 마감되는 것까지를 말한다. 정말 대접 재앙이야 말로 역사 가운데 행하시는 하나님의 심판의 진행 이야기이다.

그러므로 우리가 알아야 하는 것은 인류를 심판하는 대재앙이 세 번 나누어서 진행되는 구조가 아니라 한 번의 재앙이 구체적으로 적용하는 원리로 이는 재림주께서 심판의 봉인을 열어 세상에 재앙이 있다는 사실을 공개하고, 이어 나팔을 불어 세상에 이제부터 일곱 번의 재앙이 시작됨을 알리고, 대접을 쏟아 우주적인 재앙이 본격적으로 일어나는 일련의 질서를 따라 완벽하게 진행되는 특징이라는 것이다. 이는 결코 재앙이 무질서하게 진행되는 것이 아니라 너무도 완벽한 계획과 진행으로 실현되는 것이 세 개의 재앙의 정확한 적용적인 설명이라고 할 수 있다.

우리는 이제부터 세 개의 재앙을 병행구조로 아래와 같이 하나의 재앙으로 이해하고 적용하고자 한다. 우리가 이렇게 해석해야 하는 이유는 사도 요한이 계시록을 그렇게 설명하고 있기 때문이다. 우리가 이것을 정확히 알려면 히브리 인들에게 인과 나팔과 대접이 무엇인지를 알아야 바른 해석이 가능하다. 또한 계시록은 이미 저자 요한이 설교하는 문장으로 해석을 포함하고 있기 때문이다.

그러므로 우리는 이제부터 인은 떼어 종말을 이 땅에 공개하는 일이고, 나팔은 재앙이 이 땅에 일곱 단계로 나누어 시작됨을 선언하고, 대접은 재앙을 쏟아 붇는 구체적인 심판의 내용으로 보아야 한다. 여기서 해석자가 또 다른 해석을 하면 2000년의 혼란이 계속될 수밖에 없기 때문에 더 이상의 억지 해석은 곤란하다. 그렇다고 우리가 전혀 해석을 하지 말라는 말은 아니고 다만 우리가 당시와 간격이 있기 때문에 계시록에 대하여 히브리적인 사고에 입각한 아주 단순한 적용적인 설명은 꼭 필요하다는 것이다.

“하나님의 진노의 일곱 대접을 땅에 쏟으라” 선포하심과 천사의 실행(1절)

1절 “또 내가 들으니 성전에서 큰 음성이 나서 일곱 천사에게 말하되 너희는 가서 하나님의 진노의 일곱 대접을 땅에 쏟으라 하더라”

모든 심판의 전 과정이 하나님의 명령을 따라 천사들이 그대로 수행하는 것을 볼 수 있다. 이는 대재앙이 하나님의 심판에 대한 약속과 섭리를 따라 완전한 그의 계획에 의해 진행된다는 점이다. 결코 사탄이 대재앙의 주인공도 아니고 천사도 주인공이 될 수 없다. 오직 하나님의 명령을 따라 수동적으로 진행되는 행사보조 요원들의 순종만 존재할 뿐이다. 그리고 마지막 대접 재앙이 ‘하나님의 진노(θυμός)’ 라는 단서가 붙는 것으로 볼 때 이 땅과 사람들에게 내리는 재앙은 하나님의 진노에 대한 결과물이라는 점이다. 여기서 ‘하나님의 진노’ 라고 표현하고 있는 헬라어 ‘뒤모스’ (θυμός)라는 단어는 “끓어 올랐다가 다시 분출되는 화, 흥분시키는 포도주” 라는 의미가 있어서 우리가 하나님의 진노가 얼마나 크고 엄청난 것인가를 알게 된다. 그러므로 하나님의 진노가 이 땅의 마지막 재앙의 결과로 나타나는 것이다.

특히 나팔을 부는 일곱의 재앙과 마지막 재앙인 일곱 대접은 서로 아주 밀접한 병행관계를 가지고 있다. 먼저 내용적인 병행이 구체적으로 나타나고 있다. 이런 내용적인 병행은 8~9장의 도표(p. 164)를 보면 잘 알수 있다. 마찬가지로 대재앙의 실천적인 의미적 병행도 두드러지고 있는데 이는 나팔은 부는 것으로 재앙이 시작됨을 선포하고 있다면, 대접은 쏟는 것으로 이 땅에 구체적으로 시작되는 재앙이 실행되는 병행으로 기록되어 있다. 다만 대접 재앙이 미리 예고되어 있다고 해도 아직 대재앙의 내용들이 이 땅에 실현된 것은 아니다. 어느 날 갑자기 하늘에서 나팔 소리가 나면서 동시에 대접 재앙이 쏟아지는 엄청난 심판이 시작될 것이다. 이때를 대비하는 삶을 살라고 계시록의 예언의 말씀을 우리에게 주신 것이다.

1. 첫째 대접 쏟음(2절)

2절 "첫째 천사가 가서 그 대접을 쏟으매 짐승의 표를 받은 사람들과 그 우상에게 경배하는 자들에게 악하고 독한 종기가 나더라"

2. 둘째 대접 쏟음(3절)

3절 "둘째 천사가 그 대접을 바다에 쏟으매 바다가 죽은 자의 피같이 되니 바다 가운데 모든 생물이 죽더라"

3. 셋째 대접 쏟음 (4절)

4절 "셋째 천사가 그 대접을 강과 물 근원에 쏟으매 피가 되더라"

4. 넷째 대접 쏟음(8-9절)

8절 "넷째 천사가 그 대접을 해에 쏟으매 해가 권세를 받아 불로 사람들을 태우니"

9절 "사람들이 크게 태움에 태워진지라 이 재앙들을 행하는 권세를 가지신 하나님의 이름을 **비방**하며 또 **회개**하지 아니하고 주께 **영광**을 돌리지 아니하더라"

1) 뜨거운 해로 사람들이 크게 불탐(9절)
2) 재앙을 행하는 하나님을 향하여 회개하지 않고 주께 영광돌리지 않음(9절)

5. 다섯째 대접 쏟음(10-11절)

10절 "또 다섯째 천사가 그 대접을 짐승의 왕좌에 쏟으니 그 나라가 곧 어두워지며 사람들이 아파서 자기 혀를 깨물고"

11절 "아픈 것과 종기로 말미암아 하늘의 하나님을 비방하고 그들의 행위를 회개하지 아니하더라"

1) 짐승의 나라에 어둠의 재앙(10절)
2) 사람들이 아파서 자기 혀를 깨무는 고통(10절)
3) 아픈 것과 종기로 말미암아 하늘 하나님을 원망하고 회개하지 않음(11절)

6. 여섯째 대접 쏟음(12-16절)

12절 "또 여섯째 천사가 그 대접을 큰 강 유브라데에 쏟으매 강물이 말라서 동방에서 오는 왕들의 길이 예비되었더라"

13절 "또 내가 보매 개구리 같은 세 더러운 영이 용의 입과 짐승의 입과 거짓 선지자의 입에서 나오니"

14절 "그들은 귀신의 영이라 이적을 행하여 온 천하 왕들에게 가서 하나님 곧 전능하신 이의 큰 날에 있을 전쟁을 위하여 그들을 모으더라"

15절 "보라 내가 도둑같이 오리니 누구든지 깨어 자기 옷을 지켜 벌거벗고 다니지 아니하며 자기의 부끄러움을 보이지 아니하는 자는 복이 있도다"

16절 "세 영이 히브리어로 아마겟돈이라 하는 곳으로 왕들을 모으더라"

1) 큰 강 유브라데에 쏟으매 물이 말라 동방에서 오는 왕들의 길이 예비 됨(12절)
2) 개구리 같은 세 더러운 영이 용의 입과 짐승의 입과 거짓 선지자의 입에서 귀신들의 영이 나옴(13절)
3) 그들이 온 천하 왕들을 하나님의 큰 날에 있을 전쟁을 위하여 모음(14절)
4) 세 영이 히브리어로 아마겟돈이라 하는 곳으로 왕들을 모음(16절)

7. 일곱째 대접 쏟음(17-21절)

17절 "일곱째 천사가 그 대접을 공중에 쏟으매 큰 음성이 성전에서 보좌로부터 나서 이르되 되었다 하시니"

18절 "번개와 음성들과 우렛소리가 있고 또 큰 지진이 있어 얼마나 큰

지 사람이 땅에 있어 온 이래로 이같이 큰 지진이 없었더라"
19절 "큰 성이 세 갈래로 갈라지고 만국의 성들도 무너지니 큰 성 바
벨론이 하나님 앞에 기억하신 바 되어 그의 맹렬한 진노의 포도
주 잔을 받으매 각 섬도 없어지고 산악도 간 데 없더라"
20절 "또 무게가 한 달란트나 되는 큰 우박이 하늘로부터 사람들에게
내리매 사람들이 그 우박의 재앙 때문에 하나님을 비방 하니 그
재앙이 심히 큼이러라"

1) 가장 큰 지진이 이 땅에 있음(18절)
2) 큰 성 바벨론이 세 갈래로 갈라지고 섬도 없어지고 산악도 없어짐(19절) : 17장과 18장의 바벨론 심판과 병행구조
3) 무게가 한 달란트(34Kg)되는 큰 우박이 하늘로부터 사람들에게 내리매 우박의 재앙 때문에 사람들이 하나님을 원망하니 그 재앙이 심히 큼(21절)

이는 18장의 바벨론 심판과 병행되는 구절이다. 일곱 번째 마지막 재앙에 일어나는 심판에 해당한다.

17장
큰 음녀가 받을 심판의 설교

첫째, 큰 음녀가 받을 심판(1–6절)

1. 많은 물위에 앉은 큰 음녀의 심판을 선포(1절)

1절 "또 일곱 대접을 가진 일곱 천사 중 하나가 와서 내게 말하여 이르되 이리로 오라 많은 물 위에 앉은 큰 음녀가 받을 심판을 네게 보이리라"

2. 큰 음녀의 정체

1) 땅의 임금들과 사람들이 음녀와 함께 음행함(2절)

2절 "땅의 임금들도 그와 더불어 음행하였고 땅에 사는 자들도 그 음행의 포도주에 취하였다 하고"

2) 음녀는 붉은 빛 짐승을 탄 여자라고 해석(3절)

3절 "곧 성령으로 나를 데리고 광야로 가니라 내가 보니 여자가 붉은
빛 짐승을 탔는데 그 짐승의 몸에 하나님을 모독하는 이름들이 가
득하고 일곱 머리와 열 뿔이 있으며"

3) 그 여자가 극도의 사치인 더러운 것으로 자신을 꾸몄다고 해석(4절)

4절 "그 여자는 자주 빛과 붉은 빛 옷을 입고 금과 보석과 진주로 꾸미
고 손에 금잔을 가졌는데 가증한 물건과 그의 음행의 더러운 것들
이 가득하더라"

여기서 우리는 음녀의 외적인 모습을 살펴 볼 수 있다. 음녀는 붉은 옷을 입고 자신을 치장하였는데 이는 돈으로 치장하여 마치 돈이 하나님인 것처럼 위장하여 영혼들을 미혹하는 사명을 다하기 위함이다. 또한 자신을 보석으로 치장하였다고 하였는데 이는 극도로 사치하는 것이 음녀의 본 모습이라는 것이다. 특히 음녀 자신이 보석을 '꾸미고' 라는 헬라어 '크뤼소오'(χρυσόω)는 '어떤 악한 의도를 가지고 자신을 위장해서 사람의 영혼 사냥하기 위함' 이라는 뜻을 가지고 있다. 결국 음녀의 이런 모습을 성경은 가증하고 더러움이 가득하다고 설교하고 있다.

4) 그의 이름은 큰 바벨론이고 땅의 음녀들과 가증한 것들의 어미로 해석(5절)

5절 "그의 이마에 이름이 기록되었으니 비밀이라 큰 바벨론이라 땅의

음녀들과 가증한 것들의 어미라 하였더라"

5) 이 여자가 성도들의 피와 예수의 증인들의 피에 취함(6절)

6절 "또 내가 보매 이 여자가 성도들의 피와 예수의 증인들의 피에 취한지라 내가 그 여자를 보고 놀랍게 여기고 크게 놀랍게 여기니"

둘째, 큰 음녀의 비밀에 대한 해석(7-18절)

1. 음녀와 그가 탄 일곱 머리와 열 개의 뿔을 가진 짐승의 비밀 해석(7절)

7절 "천사가 이르되 왜 놀랍게 여기느냐 내가 여자와 그가 탄 일곱 머리와 열 뿔 가진 짐승의 비밀을 네게 이르리라"

천사는 저자 요한에게 그 여자와 그가 탄 짐승의 비밀을 해석해 주겠다고 말했다. 여기서 '비밀을 네게 이르리라(ῥέω)' 고 말한 것이 바로 천사가 저자 요한에게 직접 그것이 무엇인지를 해석해 주겠다는 의미이다. 다시 말해서 천사는 그 여자와 그녀가 탄 짐승을 보고 크게 놀라 있는 요한에게 다음과 같이 구체적인 해석을 제시하고 있다.

1) 먼저 그 짐승에 대한 해석(8절)

8절 "네가 본 짐승은 전에 있었다가 지금 없으나 장차 무저갱으로부터 올라와 멸망으로 들어갈 자니 땅에 사는 자들로서 창세 이후로 그 이름이 생명책에 기록되지 못한 자들이 이전에 있었다가 지금은 없으나 장차 나올 짐승을 보고 놀랍게 여기리라"

여기서 짐승의 정체가 무엇인지 분명하게 천사는 요한에게 설명하고 해석하고 있다. 그것은 마지막 재앙 때 무저갱에서 올라오는 짐승이라는 사실이다. 그러면 무저갱에서 나오는 것은 과연 무엇인가? 한편 무저갱은 지옥의 동의적 병행이 되는 장소이다. 따라서 지옥과 무저갱은 같은 의미로 지옥이라고 생각하면 된다. 여기서 지옥에서 올라오는 것이 사람이라고 해석한다면 그것은 크게 실수하는 것이다. 다시 말해서 짐승은 사람이 아니라 영적인 어떤 존재라는 결론에 이르게 된다. 그러면 무저갱에서 올라오는 짐승은 과연 누구인가에 대한 대답은 의외로 쉽게 해결할 수 있다. 요한계시록 20잘 2절에 무저갱에 천년동안 결박된 사탄이 있다가 대재앙 때 잠시 풀려나는 일이 있는데 두 개의 병행 구절을 보면 이것이 무저갱에서 올라오는 짐승인 사탄일 가능성이 아주 높다. 그는 영적인 존재가 분명한데 그동안 역사는 짐승이 적그리스도라고 사람 가운데 그가 누구인지 찾는 일에 세월을 다 보냈다는 사실이 너무도 한심한 일이 아닐 수 없다.

2) 창세 이후로 생명책에 기록되지 못한 자들이 장차 무저갱에서 나올 짐승을 보고 깜짝 놀람(8절)

8절 "네가 본 짐승은 전에 있었다가 지금 없으나 장차 무저갱으로부터 올라와 멸망으로 들어갈 자니 땅에 사는 자들로서 창세 이후로 그 이름이 생명책에 기록되지 못한 자들이 이전에 있었다가 지금은 없으나 장차 나올 짐승을 보고 놀랍게 여기리라"

3) 그 일곱 머리는 여자가 앉은 일곱 산이며 또 일곱 왕(9-10절)

9절 "지혜 있는 뜻이 여기 있으니 그 일곱 머리는 여자가 앉은 일곱 산이요 또 일곱 왕이라"

10절 "다섯은 망하였고 하나는 있고 다른 하나는 아직 이르지 아니하였으니 이르면 반드시 잠시 동안 머무르리라"

(1) 다섯은 망함(10절) : 애굽, 바벨론, 앗수르, 페르시아, 헬라
(2) 하나는 지금 현재 나라(10절) : 로마
(3) 마지막 하나는 아직 이르지 않음(10절) : 마지막 심판 때 짐승의 나라
(4) 이 나라가 이르면 잠시 동안 있음(10절)

4) 전에 있다가 지금 없어진 짐승은 여덟째 왕이니 그 일곱 왕 중에 속함(11절)

11절 "전에 있었다가 지금 없어진 짐승은 여덟째 왕이니 일곱 중에 속한 자라 그가 멸망으로 들어가리라"

(1) 잠깐 무저갱에서 나올 여덟 번째 왕은 짐승으로 그 일곱의 머리(11절)
(2) 이 짐승이 이 세상을 주관하는 영적인 존재이기 때문이다.

(3) 짐승이 역사 가운데 있었던 모든 나라와 왕들의 실제 주관자이기 때문이다.

(4) 이 짐승이 심판 때 지옥의 멸망으로 들어간다.(11절)

(5) 열 뿔은 열 왕이니 아직 나라를 못 얻었으나 짐승과 더불어 한동안 권세를 얻고 짐승에게 모든 권세를 위임(12-13절)

12절 "네가 보던 열 뿔은 열 왕이니 아직 나라를 얻지 못하였으나 다만 짐승과 더불어 임금처럼 한동안 권세를 받으리라"

13절 "그들이 한 뜻을 가지고 자기의 능력과 권세를 짐승에게 주더라"

2. 그들이 어린양과 더불어 싸우나 상대가 되지 못하고 패함(14절)

14절 "그들이 어린양과 더불어 싸우려니와 어린양은 만주의 주시요 만왕의 왕이시므로 그들을 이기실터이요 또 그와 함께 있는 자들 곧 부르심을 받고 택하심을 받은 진실한 자들도 이기리로다"

3. 음녀가 앉은 물은 백성과 무리와 열국과 방언들이라고 해석(15절)

15절 "또 천사가 내게 말하되 네가 본 바 음녀가 앉아 있는 물은 백성과 무리와 열국과 방언들이라"

4. 열 뿔과 짐승은 음녀를 미워하여 망하게 하고 불로 사름(16절)

16절 "네가 본 바 이 열 뿔과 짐승은 음녀를 미워하여 망하게 하고 벌거벗게 하고 그의 살을 먹고 불로 아주 사르리라"

5. 하나님이 자기 뜻대로 할 마음을 그들에게 주사 한 뜻을 이루고 그들의 나라를 짐승에게 주어 말씀이 성취되기 까지 하심(17절)

17절 "이는 하나님이 자기 뜻대로 할 마음을 그들에게 주사 한 뜻을 이루게 하시고 그들의 나라를 그 짐승에게 주게 하시되 하나님의 말씀이 응하기 까지 하심이라"

1) 이로 하여금 하나님의 말씀이 응하기까지 행하신다.

2) 실제로 사탄이 자기 맘대로 하는 것이 아니라 하나님의 심판의 스케줄에 의해서 진행된다고 선언하시는 것이다.

6. 그 여자는 땅의 왕들을 다스리는 큰 성이라고 해석(18절)

18절 "또 내가 본 그 여자는 땅의 왕들을 다스리는 큰 성이라 하더라"

18장
큰 성 바벨론 심판에 대한 설교

첫째, 큰 성 바벨론이 무너지는 심판 메시지(2절)

1절 "이 일 후에 다른 천사가 하늘에서 내려 오는 것을 보니 큰 권세를
가졌는데 그의 영광으로 땅이 환하여지더라"
2절 "힘찬 음성으로 외쳐 이르되 무너졌도다 무너졌도다 큰 성 바벨론
이여 귀신의 처소와 각종 더러운 영이 모이는 곳과 각종 더럽고
가증한 새들이 모이는 곳이 되었도다"

1) 각종 귀신들의 처소
2) 각종 더러운 영이 모이는 곳
3) 각종 더럽고 가증한 새들이 모이는 곳

저자 요한은 먼저 큰 성 바벨론이 무너졌다고 선언하고 있다. 여기 큰 성 바벨론이 무너지는 내용을 병행적으로 기록하고 있는 곳이 14장

8절로 천사가 바벨론이 무너지는 내용을 그대로 선포하고 있다. 또한 여기서는 그 바벨론의 정체가 무엇인지를 해석하고 있는 구절이다. 이는 그 성의 배후에는 각종 귀신의 영과 각종 더러운 영이 병행 구조로 되어 있는데 그들이 모이는 '곳'(φυλακη)은 헬라어로 "그들이 자리를 잡고 둥지를 틀고 영혼 사냥을 위해 모인 집합소"라는 의미를 가지고 있다. 즉 그곳은 온갖 더러운 귀신들이 총체적으로 모여 있는 영적인 처소이다. 이곳의 주인인 사탄의 하수인들, 즉 더러운 영들이 진을 치고 모든 사건의 배후에서 조정을 해왔다. 그 성을 하나님은 마지막 재앙 때에 심판하셨다고 선언하는 자리가 이곳이다.

둘째, 큰 성 바벨론이 망하는 이유(3절)

3절 "그 음행의 진노의 포도주로 말미암아 만국이 무너졌으며 또 땅의 왕들이 그와 더불어 음행하였으며 땅의 상인들도 그 사치의 세력으로 치부하였도다 하더라"

1) 그 음행의 진노의 포도주로 인하여 만국이 무너짐
2) 땅의 왕들이 그와 더불어 음행하였기 때문
3) 땅의 상인들도 그 사치의 세력으로 치부하였기 때문

셋째, 내 백성아 거기서 나오라는 메시지(4-6절)

4절 "또 내가 들으니 하늘로부터 다른 음성이 나서 이르되 내 백성아 거

기서 나와 그의 죄에 참여하지 말고 그가 받을 재앙들을 받지 말라"

5절 "그의 죄는 하늘에 사무쳤으며 하나님은 그의 불의한 일을 기억하
신지라"

6절 "그가 준 그대로 그에게 주고 그의 행위대로 갑절을 갚아 주고 그
가 섞은 잔에도 갑절이나 섞어 그에게 주라"

A 내 백성아 거기서 나오라(4절) : 첫 번째 명령

B 그의 죄에 참여하지 말라(4절) : 두 번째 명령

C 그가 받을 재앙들을 받지 말라(4절) : 세 번째 명령

D 그의 죄는 하늘에 사무쳐서 받는 재앙이기 때문(5절) : 성도와 상관없는 재앙

D′ 하나님은 그 불의한 일을 기억하시기 때문(5절) : 성도와 상관없는 재앙

C′ 그가 준 그대로 그에게 주고(6절) : 첫 번째 심판의 원칙

B′ 그의 행위대로 갑절을 갚아 주고(6절) : 두 번째 심판의 원칙

A′ 그가 섞은 잔에도 갑절이나 섞어 그에게 주라(6절) : 세 번째 심판의 원칙

넷째, 큰 성 바벨론의 사치 메시지(7절)

7절 "그가 얼마나 영화롭게 하였으며 사치하였든지 그만큼 고통과 애
통함으로 갚아 주라 그가 마음에 말하기를 나는 여왕으로 앉은 자
요 과부가 아니라 결단코 애통함을 당하지 아니하리라 하니"

1) 그가 얼마나 자기를 영화롭게 하였는지

2) 그가 얼마나 사치하였든지 그대로 갚아 주라 : 네 번째 심판의 원칙

3) 그가 마음에 말하기를 나는 여왕으로 앉은 자라고 고백 : 자칭 여왕

4) 결단코 자신은 애통함을 당하지 아니하리라 고백 : 자칭 선언

다섯째, 한 순간에 무너진 바벨론의 탄식성 슬픈 메시지(8-19절)

8절 "그러므로 하루 동안에 그 재앙들이 이르리니 곧 사망과 애통함과 흉년이라 그가 또한 불에 살라지리니 그를 심판하시는 주 하나님은 강하신 자 이심이라"

하루 만에 수천 년간 세운 공든 탑이 무너지는 순간이다. 인간의 수고와 노력이 물거품 되는 것은 한순간이면 충분하다. 지금까지 내가 만든 집과 건물과 회사와 가정의 모든 것들이 없어지는 것은 정말 눈 깜짝할 사이면 충분하다는 말을 실감하는 순간이다. 지금까지 인간이 만든 문화와 역사는 많은 시간이 걸려 여기까지 왔다고 한다면 하나님의 심판은 하루 동안에 이 모든 재앙이 임한다고 설교하고 있는 장면이다. 정말 인생의 삶이 허무함을 드러내는 잠깐의 순간이다. 이 모든 심판의 배후에 우리 하나님이 강한 자로 등장하신다.

1. 바벨론이 무너지는 것을 본 정치인들의 탄식(8-10절)

9절 "그와 함께 음행하고 사치하던 땅의 왕들이 그가 불타는 연기를 보고 위하여 울고 가슴을 치며"

여기서 땅의 왕들은 이 땅의 지도자인 정치인들을 의미한다. 그들이 지금까지 즐기던 세상이 하루 아침에 불타고 무너지는 것을 보면서 울고 가슴을 치며 통곡하는 장면이다. 이 모든 일들이 전혀 예상하지 못했는데 한 순간에 졸지에 임한 것이다. 그 땅이 불타는 것을 보면서 탄식하는 자신들의 설교의 메시지가 이것이다. 이는 이제 다시 회생이 불가능하다는 사실을 느끼는 절망에 대한 본능적인 탄식에 해당하는 메시지이다. 언젠가 우리가 생각지 않은 날에 이런 장면을 내 눈으로 확인하며 그들과 같은 탄식을 할 때가 올 것을 늘 예측하면서 살라는 하나님의 경고성 메시지가 정치인들의 탄식이다.

10절 "그의 고통을 무서워하여 멀리 서서 이르되 화 있도다 화 있도다 큰 성 견고한 성 바벨론이여 한 시간에 네 심판이 이르렀다 하리로다"

정치인들은 절망에 대한 부르짖음이 하늘에 닿았다. 그들의 "화 있도다, 화 있도다"(οὐαι)라는 반복적인 고백을 통해서 우리는 그들의 마음을 헤아릴 수 있다. 여기서 '화 있도다' 는 헬라어 '우아이' 인데 이는 "묶여 있는 짐승이 절규하는 소리"를 말한다. 어떤 짐승이 절대로 끊어지지 않는 줄에 묶여 죽을 날을 기다리며 절규하는 본능적으로 절망하는 고백이 바로 여기의 장면이다. 그들은 그 무너짐의 소리가 무섭다기보다 도리어 그 다음에 자신에게 다가올 심판에 대한 두려움으로 가슴을 치며(κόπτω) 절규하는 모습이다. 이는 극도의 자기 학대에 해당하는 것으로 이제 모든 것이 끝나고 지옥의 고통만이 남아 있다는 절규이다.

[단어설명] **'한 시간에' (εἷς ὥρα)**

실로 바벨론이 하나님의 심판으로 무너지는 것은 '한 시간에' (εἷς ὥρα) 모두 끝났다. 여기서 '한 시간에' 라는 단어는 '아무도 예측할 수 없는 순간의 시간' 이란 의미로 정말 인간의 시간으로 상상할 수 없는 하나님의 시간에 모든 것들이 다 사라지고 말았다. 세상 안에 우리가 가진 모든 것은 한 시간이면 끝나는 것들이다. 정치인의 탄식적인 설교에서 우리가 어떻게 마지막 시대를 살아가야 하는지에 대하여 질문하고 있는 것이다. 한편 '한 시간에' (εἷς ὥρα)라는 고백은 정치인과 경제인과 바다의 선주들의 고통적인 고백이 동의적 병행으로 나타난다.

2. 바벨론이 무너지는 것을 본 경제인들의 탄식(11-17a절)

1) 경제인들의 탄식(11절)

11절 "땅의 상인들이 그를 위하여 울고 애통하는 것은 다시 그들의 상품을 사는 자가 없음이라"

2) 상품을 더 이상 사는 사람이 없이 경제 질서가 무너짐(11절)

3) 상품의 종류 : 7종 28품목의 상품이 무너짐(12-13절)

12절 "그 상품은 금과 은과 보석과 진주와 세마포와 자주 옷감과 비단과 붉은 옷감이요 각종 향목과 각종 상아 그릇이요 값진 나무와 구리와 철과 대리석으로 만든 각종 그릇이요"

13절 "계피와 향료와 향유와 유향과 포도주와 감람유와 고운 밀가루 와 밀이요 소와 양과 말과 수레와 종들과 사람의 영혼들이라"

4) 그 시대 사람들의 탐하던 것들(14절)

14절 "바벨론아 네 영혼이 탐하던 과일이 네게서 떠났으며 맛있는 것들과 빛난 것들이 다 없어졌으니 사람들이 결코 이것들을 다시 보지 못하리로다"

(1) 탐식하던 과일
(2) 더 맛있는 음식들
(3) 더 빛난 것들을 다시 보지 못함
(4) 세마포 옷과 자주 옷을 입고 금과 보석과 진주로 꾸민 성이 사라짐(16절)

16절 "이르되 화 있도다 화 있도다 큰 성이여 세마포 옷과 자주 옷과 붉은 옷을 입고 금과 보석과 진주로 꾸민 것인데" 56)

5) 이러한 부가 한 시간에 망하였다고 탄식(17a절)

17절a "그러한 부가 한 시간에 망하였도다"

56) 당시 사회상을 탈무드는 다음과 같이 기록했다. "당시 로마는 세계의 부 10개 중에 9개가 있었다. 그 중에 비텔리우스 황제는 국고 4만조 중 3만조를 10개월에 탕진하고 이 세상에 더 이상 쓸 돈이 없다고 자살하고 말았다. 당시 귀족들이 매일 먹었던 음식은 공작새의 골, 앵무새의 혀, 살아있는 원숭이의 골 등을 먹었다."

6) 하나님은 상인들이 실제로 땅의 왕족들이라고 해석(23절)

"등불 빛이 결코 다시 네 안에서 비치지 아니하고 신랑과 신부의 음성이 결코 다시 네 안에서 들리지 아니하리로다 너의 상인들은 땅의 왕족들이라 네 복술로 말미암아 만국이 미혹되었도다"(18:23)

이 세상에서 경제인들의 위치가 어디인가를 설명해 주는 말씀이다. 그들은 실제로 이 땅에서 왕족들로 살아간다. 그래서 몇 년에 한 번 선거에서 바뀌는 정치인이 왕족이 아니라 영원히 자기들의 왕국을 세워가는 경제인들이야 말로 진짜 영원한 왕족들이라는 해석이 정확한 정의임에 틀림없다.

3. 바벨론이 무너지는 것을 본 해운업자들의 탄식(17b-19절)

1) 바다에서 일하는 자들이 멀리서서 불타는 성을 보면서 탄식(17b-18절)

17절b "모든 선장과 각처를 다니는 선객들과 선원들과 바다에서 일하는 자들이 멀리 서서"

18절 "그가 불타는 연기를 보고 외쳐 이르되 이 큰 성과 같은 성이 어디있느냐 하며"

2) 티끌을 머리에 뿌리며 보배로운 상품으로 치부하더니 망했다고 고백(19절)

19절 "티끌을 자기 머리에 뿌리고 울며 애통하여 외쳐 이르되 화 있도
다 화 있도다 이 큰 성이여 바다에서 배 부리는 모든 자들이 너의
보배로운 상품으로 치부하였더니 한 시간에 망하였도다"

3) 평생의 재산이 한 시간에 끝났다고 고백(19절)

아주 특이한 것은 해운업에 종사하는 사람들이 가장 더 격렬하게 탄식하는 것을 볼 수 있다. 그것은 자기의 머리에 티끌을 뿌리며 탄식하고 있는 장면에서 볼 수 있다. 왜 이렇게 다른 사람들보다 더 격앙되어 탄식하면서 액션이 강렬한가 하는 문제는 현대 해운업의 상황에서 보면 이해할 수 있다. 한국이 가장 효자 수출하는 것이 해운업인 것은 자타가 모두 인정하는 일이다. 지금부터 몇 백 년 전에는 바다를 지배하는 사람이 세상을 지배하던 시대가 있었다. 서구의 몇 나라들이 바다를 장악하면서 세계가 자신들의 식민지가 되었던 것이다. 그러다가 비행기가 생겨나면서 하늘을 지배하는 나라가 세상의 중심이 되는 시대가 도래하였다. 그럼에도 불구하고 상품을 파는 사람들에게는 여전히 바다를 무대로 해야 큰 돈을 버는 시대적 변화는 바꾸지 못한다. 비행기로 운송하는 것은 경제적으로 많은 비용손실이 있지만 선박으로 상품을 수입하고 수출하는 일에는 엄청난 물량이 오고 갈 수 있기 때문이다. 이런 면에서 볼 때 마지막 시대에 해운업에 종사하는 사람들이 심판의 주역으로 등장하는 것은 아주 자연스러운 일이 아닐 수 없기 때문이다. 이렇게 호황하는 사업도 한 순간에 무너지는 장면에서 극렬한 감정을 실어 탄식하는 해운업에 종사하는 사람들의 마음에 절대적으로 동감이 간다.

여섯째, 하늘의 사람들아 너희를 위한 심판으로 인하여 즐거워하라 고 선언(20절)

20절 "하늘과 성도들과 사도들과 선지자들아 그로 말미암아 즐거워하라 하나님이 너희를 위하여 그에게 심판을 행하셨음이라 하더라"

1. 하나님이 우리를 위하여 심판을 행하심(20절)

2. 큰 맷돌 같은 돌을 들어 던져 심판(21절)

21절 "이에 한 힘센 천사가 큰 맷돌 같은 돌을 들어 바다에 던져 이르되 큰 성 바벨론이 이같이 비참하게 던져져 결코 다시 보이지 아니하리로다"

큰 맷돌 같은 돌을 들어 바다에 던져진 것은 하늘에서 유성이 떨어져 쓰나미 현상이 일어나는 것을 말한다. 미 항공 우주국(NASA)의 발표에 따르면 2036년 지구를 향하여 정면으로 날아오는 유성문제를 어떻게 처리할지에 대한 연구를 하고 있는데 아직까지 적당한 방법이 없는 실정이다. 만약 조금 규모 있는 유성이 지구로 날아와 바다에 떨어진다면 상상을 초월한 가공할만한 위력을 지닌다고 말했다.

3. 더 이상 공장 돌아가는 소리와 음악 소리도 들리지 않음(22절)

22절 "또 거문고 타는 자와 풍류하는 자와 퉁소 부는 자와 나팔 부는 자들의 소리가 결코 다시 네 안에서 들리지 아니하고 어떠한 세공업자든지 결코 다시 네 안에서 보이지 아니하고 또 맷돌 소리가 결코 다시 네 안에서 들리지 아니하고"

다시는 공장이 돌아가는 소리도 없고 악기를 부는 사람도 없고, 신랑과 신부 소리가 들리지 않는다. 여기서 어떠한 세공업자도 보이지 아니한다고 한 것에 주목해 볼 필요가 있다. 그 이유가 세공업자(τεχνίτης)라고 말하는 헬라어가 그 당시에는 어색한 단어였지만 21세기에 최첨단 시대가 되면서 이 단어가 가장 적합하다는 사실을 알게 되었다. 여기서 세공업자는 최첨단 기술자(High Technician)로 서술하고 있는 하이테크의 기술자를 말하는 단어이기 때문이다. 또한 본 절에는 번역되지 않았으나 상품들(τέχνη)은 최첨단(High Tech)의 고기술을 요하는 최첨단의 물건을 말한다. 이런 단어에서 우리는 최첨단의 시대에 합당한 BT(Bio-Technology), IT 시대가 바로 대재앙이 일어나는 기간과 일치한 것으로 보면 된다.

4. 땅의 상인들의 복술로 인하여 만국이 미혹 됨(23절)

23절 "등불 빛이 결코 다시 네 안에서 비치지 아니하고 신랑과 신부의 음성이 결코 다시 네 안에서 들리지 아니하리로다 너의 상인들은 땅의 왕족들이라 네 복술로 말미암아 만국이 미혹되었도다"

여기서 '복술' φαρμακεία)은 '약물중독이나 우상숭배 혹은 마술이나 요술' 등으로 사람들을 미혹하는 모든 것들을 말한다. 이는 현대의 장사꾼들이 첨단 기술이나 도무지 팔아서는 안 되는 약물이나 중독성을 가져오는 모든 것들을 통해서 만국의 사람들을 미혹하고 있는 것이다. 이런 모든 현상이 대재앙 때 혹은 대재앙 직전에 장사꾼들을 통해서 일어나는 현실이다.

5. 선지자들과 성도들 및 순교한 사람들의 피가 그 성에서 발견 됨

(24절)

24절 "선지자들과 성도들과 및 땅 위에서 죽임을 당한 모든 자의 피가 그 성 중에서 발견되었느니라 하더라"

19장
천상의 어린양의 혼인잔치 기약

19장 역사적 해석의 문제점

1. 천상의 어린양의 혼인잔치 기약을 결혼식으로 해석함으로 혼란이 커졌다.
2. 천상의 재림주의 심판에 대한 환상을 실제적 재림으로 해석함으로 혼란이 커졌다.

첫째, 천상의 할렐루야 찬양 반복 병행구조(1-10절)

1. 첫 번째 할렐루야는 음녀에 대한 참되신 심판을 찬양(1-2절)

1절 "이 일 후에 내가 들으니 하늘에 허다한 무리의 큰 음성같은 것이 있어 이르되 할렐루야 구원과 영광과 능력이 우리 하나님께 있도다"
2절 "그의 **심판은 참되고 의로운지라** 음행으로 땅을 더럽게 한 큰 음녀를 심판하사 자기 종들의 피를 그 음녀의 손에 갚으셨도다 하고"

2. 두 번째 할렐루야는 그 하나님을 경배하는 찬양(3-5절)

3절 "두 번째로 할렐루야 하니 그 연기가 세세토록 올라가더라"

4절 "또 이십사 장로와 네 생물이 엎드려 보좌에 앉으신 하나님께 경배하여 이르되 아멘 할렐루야하니"

5절 "보좌에서 음성이 나서 이르시되 하나님의 종들 곧 그를 경외하는 너희들아 작은 자나 큰 자나 다 우리 하나님께 찬송하라 하더라"

3. 세 번째 할렐루야는 어린양의 혼인기약이 이르렀음을 찬양(6-10절)

1) 찬양의 주체가 세상의 모든 것으로 하나님께서 통치하심을 찬양(6절)

6절 "또 내가 들으니 허다한 무리의 음성과도 같고 많은 물소리와도 같고 큰 우렛소리와도 같은 소리로 이르되 할렐루야 주 우리 하나님 곧 전능하신 이가 통치하시도다"

2) 어린양의 혼인 기약이 이르렀고 그의 아내가 자신을 준비함을 찬양(7절)

7절 "우리가 즐거워하고 크게 기뻐하며 그에게 영광을 돌리세 어린양의 혼인 기약이 이르렀고 그의 아내가 자신을 준비하였으므로"

3) 어린양의 신부가 빛나고 깨끗한 세마포로 자신을 준비하는 찬양(8절)

8절 "그에게 빛나고 깨끗한 세마포 옷을 입도록 허락하셨으니 이 세마포 옷은 성도들의 옳은 행실이로다 하더라"

4) 어린양의 혼인 잔치에 청함을 받은 자는 복이 있다고 해석(9절)

9절 "천사가 내게 말하기를 기록하라 어린양의 혼인 잔치에 청함을 받은 자들은 복이 있도다 하고 또 내게 말하되 이것은 하나님의 참되신 말씀이라 하기로"

5. 마지막으로 하나님께만 경배하라고 설교(10절)

10절 "내가 그 발 앞에 엎드려 경배하려 하니 그가 나에게 말하기를 나는 너와 및 예수의 증언을 받은 네 형제들과 같이 된 종이니 삼가 그리하지 말고 오직 하나님께 경배하라 예수의 증언은 예언의 영이라 하더라"

둘째, 천상의 백마를 탄 자인 어린양의 심판(11-16절)

1. 백마 탄자는 그리스도(11절)

11절 "또 내가 하늘이 열린 것을 보니 보라 백마와 그것을 탄 자가 있으니 그 이름은 충신과 진실이라 그가 공의로 심판하며 싸우더라"

2. 백마 탄자의 형상과 피 뿌린 옷은 하나님의 말씀(12-13절)

12절 "그 눈은 불꽃 같고 그 머리에는 많은 관들이 있고 또 이름 쓴 것 하나가 있으니 자기밖에는 아는 자가 없고"

13절 "또 그가 피 뿌린 옷을 입었는데 그 이름은 하나님의 말씀이라 칭하더라"

3. 하늘에 있는 군대들이 희고 깨끗한 세마포 옷을 입고 백마 탄자를 따름(14절)

14절 "하늘에 있는 군대들이 희고 깨끗한 세마포 옷을 입고 백마를 타고 그를 따르더라"

4. 백마 탄자는 만왕의 왕이요 만주의 주라고 해석(15-16절)

15절 "그의 입에서 예리한 검이 나오니 그것으로 만국을 치겠고 친히 그들을 철장으로 다스리며 또 친히 하나님 곧 전능하신 이의 맹렬한 진노의 포도주 틀을 밟겠고"

16절 "그 옷과 그 다리에 이름을 쓴 것이 있으니 만왕의 왕이요 만주의 주라 하였더라"

셋째, 심판은 하나님의 큰 잔치로 해석(17-21절) : 어린양의 혼인 잔치와 병행구조

1. 한 천사가 모든 새들을 향해 하나님의 큰 잔치에 모여 먹으라고 명령(17-18절)

17절 “또 내가 보니 한 천사가 태양 안에 서서 공중에 나는 모든 새를
향하여 큰 음성으로 외쳐 이르되 와서 하나님의 큰 잔치에 모여”
18절 “왕들의 살과 장군들의 살과 장사들의 살과 말들과 그것을 탄 자
들의 살과 자유인들이나 종들이나 작은 자나 큰 자나 모든 자의
살을 먹으라 하더라”

1) 왕들의 살(18절)
2) 장군들의 살, 장사들의 살
3) 말과 그것을 탄자의 살
4) 자유인, 종, 작은 자, 큰 자, 모든 자의 살을 먹으라.

2. 그 짐승과 땅의 임금들과 그들의 군대들과 더불어 백마 탄 자와 전쟁(19절)

19절 “또 내가 보매 그 짐승과 땅의 임금들과 그들의 군대들이 모여
그 말 탄자와 그의 군대와 더불어 전쟁을 일으키다가”

3. 그 짐승과 그 앞에서 표적을 행하던 거짓 선지자가 잡힘(20-21절)

20절 “짐승이 잡히고 그 앞에서 표적을 행하던 거짓 선지자도 함께 잡
혔으니 이는 짐승의 표를 받고 그의 우상에게 경배하던 자들을
표적으로 미혹하던 자라 이 둘이 산 채로 유황불 붙는 못에 던져
지고”
21절 “그 나머지는 말 탄 자의 입으로부터 나오는 검에 죽으매 모든

새가 그들의 살로 배불리더라"

[특주] 어린양의 혼인 잔치 / 19:7-10

첫째, 어린양의 혼인 기약 선포(19:7)

"우리가 즐거워하고 크게 기뻐하며 그에게 영광을 돌리세 어린양의 혼인 기약이 이르렀고 그의 아내가 자신을 준비하였으므로"(19:7)

어린양의 '혼인 기약'이 헬라어(ὁ γάμος τοῦ ἀρνίου)로 이는 결혼식 자체가 아니라 결혼식의 날짜가 임박했다는 선포의 날이다. 이제 대재앙이 끝나면서 심판과 함께 어린양의 결혼식이 시작된다는 선언이다. 우리가 잘못 이해하면 여기가 바로 어린양과 신부가 결혼식을 올리는 장면으로 오해할 수 있다. 많은 신학자들이 이 본문을 실제적인 어린양의 혼인 잔치로 이해하고 19장이 예수 그리스도의 심판과 재림하는 본문으로 오해하면서 20장의 천년왕국이 주님의 재림 후에 있어질 사건으로 잘못 해석하는 실수를 했다. 하지만 본문은 어린양의 결혼식에 대한 내용은 전혀 없고 어린양의 혼인 기약이 임박했다고 선언하는 내용이다. 그런 후에 신부의 자격이 무엇인지에 대하여 분명히 구체적으로 설명하고 있다는 점이다. 어린양은 예수 그리스도로 분명한 신랑이다. 그래서 어린양의 혼인 잔치라는 이름이 붙여진 것이다. 여호와 하나님도 자신을 이스라엘의 남편으로 묘사하고 있다(사54:5). 그리고 바울도 예수 그리스도와 교회를 부부관계로 설명하고 있는 것을 볼 수 있다(엡5:32).

둘째, 어린양의 신부의 자격(19:8)

> "그에게 빛나고 깨끗한 세마포 옷을 입도록 허락하셨으니 이 세마포 옷은 성도들의 옳은 행실이로다 하더라" (19:8)

그러면 과연 신부는 누구인가 하는 문제가 남았다. 계시록 저자 요한은 신부는 빛나고 깨끗한 세마포 옷을 입도록 허락했다고 설명하고 있다. 여기서 허락(δίδωμι)이라는 헬라어는 신적 수동태로 오직 하나님이 허락한 자만 입을 수 있는 은혜의 옷을 말한다. 실제로 계시록에서는 구속 받은 천상의 사람은 무조건 예수 그리스도의 피로 깨끗함을 입은 세마포 옷을 입고 있다. 그러면 우리는 여기서 단순히 어린양의 피로 덧입은 그들의 옷과 신부의 옷이 어떻게 다른가 아니면 동일한 것인가 하는 문제도 해결해야 한다. 만약 다르다면 무엇이 다른지에 대해서 분명하게 설명해야 할 것이다.

과연 누가 신부인가?(19:7)

주님은 그의 아내가 자신을 준비한다고 했다. 이는 신랑을 맞이하기 위해 등불 들고 기름을 준비한 지혜로운 다섯 처녀의 비유에서 잘 설명되고 있다. 하지만 미련한 다섯 처녀는 등불은 준비했지만 기름을 준비하지 못하여 신랑이 늦어지므로 결국 맞이하지 못한 것과 같은 비유이다(마25:1-13). 또한 주님은 신부가 입은 빛나고 거룩한 세마포 옷을 입도록 허락하셨다고 했다. 신부가 입은 거룩한 세마포 옷은 성도들의 옳은 행실이라고 했다. 여기서 성도들의 옳은 행실은 두 번째 주님의 해석에 해당한다. 먼저 주님은 세마포 옷이 어린양의 피로 덧입은 의의 옷이라고 해석했기 때문이다. 그렇다고 한다면 신부는 먼저 어린양의 피로 덧입은 의의 옷을 입고 있어야 하고 또한 성도가 당연히 가져야할 옳은 행실이 있어야 한다.

그러므로 첫째로 주님의 신부는 하나님으로부터 의의 세마포 옷을 입도록 허락된 사람만이 될 수 있다. 이 문제에 대하여는 앞에서 이미 설명하였다. 둘째로 주님의 신부는 어린양의 피의 세마포 옷을 입은 사람만이 될 수 있다. 이는 예수의 피로 구속받은 자만 자격이 있다는 말이다. 셋째로 주님의 신부는 성도가 가져야 할 옳은 행실을 가져야 한다. 여기서 성도의 '옳은 행실' 이란 무엇인가에 대하여 언급해보자. 헬라어에서 '옳은 행실' 은 '디카이오마'(δικαίωμα)로 이는 주님이 인정하는 공정한 사람 또는 마지막 때 심판과 상관이 없이 그리스도의 피로 거룩한 삶을 살아간 성도를 말한다. 결국 주님의 신부는 어린양의 피로 흠도 없어야 하면서 동시에 이 땅에서 그리스도의 제자로 흠 없고 깨끗하게 살아서 주님으로부터 인정을 받은 성도를 말한다. 예를 들어 순교자의 삶을 살아간 사람들이나 그리스도의 장성한 인격의 분량에 이른 사람들을 포함해서 주님이 인정하는 성도들로 보면 틀림없다.

셋째, 어린양의 혼인 잔치(결혼식)

정말 흥미로운 점은 성경에 어린양의 혼인 잔치에 대한 약속은 수없이 많지만 실제로 성경 안에 어린양의 혼인 잔치 즉, 결혼식이 정작 기록되어 있지 않다는 것이다. 이것이 주님 재림 후에 대하여 성도가 가지는 혼란이다. 하지만 저자가 생각할 때 이는 당연한 것인지도 모른다. 그 이유는 예수 그리스도의 피로 인한 세마포 옷 곧 신부의 옷을 입고 천국에 입성하는 것이 바로 혼인이기 때문이다. 따라서 예수 그리스도의 재림이 불신자에게는 심판이라고 한다면, 성도에게는 이 날이 어린양인 예수 그리스도와 결혼하는 혼인 잔치라고 보여 진다.

넷째, 성도의 상급은 무엇인가?

우리가 주님 재림 이후에 천국에서 상급을 받을 때 과연 무엇이 상급이 되느냐의 문제도 대단히 흥미로운 일이 아닐 수 없다. 성경이 약속하는 것처럼 각 사람에게 주어지는 면류관이나 이 땅에서 처럼 차별적인 대우는 일반적인 상급이라고 볼 수도 있지만 저자가 볼 때 이는 진정한 상급이 아니라고 본다. 그 이유는 만약 그것이 상급이라면 이 땅과 천국의 차이가 별로 없기 때문이다. 저자가 볼 때 성도의 최고의 상급은 어린양의 신부로 빛나는 세마포 옷을 입는 것이다.

주님은 21장에서 천국에서 어린양의 신부를 보여 주시겠다고 약속하고 나서 그 신부가 구체적으로 누구라는 지적이 없이 다음과 같이 설명해 주신다. 즉 어린양의 신부는 곧 어린양의 아내로 말하면서 먼저 거룩한 성에서 보여 주셨다(21:9). 어떤 신학자들은 이것을 근거로 어린양의 신부는 바로 거룩한 성인 천국이라고 주장하기도 한다. 그러나 조금만 생각해보면 결코 하늘에서 내려오는 거룩한 성이 어린양의 신부라고 주장한다면 앞에서 어린양의 신부가 성도라고 분명히 말하고 있는 문장과 정면으로 충돌하게 된다. 따라서 이런 해석은 전혀 고려의 가치가 없다. 하지만 이런 주장은 근시안적인 접근으로 성경의 히브리 문장구조를 전혀 모르는 상태에서 나올 수 있는 당연한 일이라고 생각한다.

계시록의 저자는 전체 문장에서 신부가 누구인지를 분명히 밝히고 있기 때문이다. 이는 구약의 구원받은 사람의 대표로 이스라엘 열두 지파의 이름들인 각자가 그리스도의 신부가 된다. 또한 이어서 설명하는 신약의 구원받은 사람의 대표들로 언급되는 열두 사도의 이름이 신부이다. 결론적으로 어린양의 신부는 구약 시대의 성도들 중에 주님께 인정함을 받은 사람들 모두와 신약 시대에 주님으로부터 인정함을 받은 모든 성도들을 말한다.

다섯째, 어린양의 혼인 잔치에 축하객으로 청함 받은 자의 복(19:9)

> "천사가 내게 말하기를 기록하라 어린양의 혼인 잔치에 청함을 받은 자들은 복이 있도다 하고 또 내게 말하되 이것은 참되신 하나님의 말씀이라 하기로" (19:9)

한편 주님은 어린양의 신부가 있다면 분명히 축하객도 당연히 있다고 말씀하신다. 이는 어린양의 혼인 잔치에서 신랑과 신부의 결혼식을 축하하는 축하객이 하나님께서 결혼식에 '청함을 받은 자'라고 분명히 선포하고 있기 때문이다. 저자는 주님께서 청한 축하객은 천국에 입성한 것 자체가 하나님의 은혜이기는 하지만 어린양의 신부와는 분명히 구별되는 상급의 차별이라고 보고 싶다.

여기 '청함 받은'의 헬라어 단어 칼레오(καλέω)는 신적 수동태로 하나님의 은혜로만 부르심 받은 성도들을 지칭하는 말이다. 이 사람들에 대하여 주님은 구속함을 받은 "아무도 셀 수 없는 무리는 어린양의 피에 그 옷을 씻어 희게 하였느니라"(계7:14)고 선언하시고 있다. 결국 그들은 어린양의 피의 세마포 옷이 혼인 예식에 입혀주는 축하객의 예복에 해당하는 것으로 볼 수 있다.

이는 예수 그리스도의 피로 겨우 구원만 받은 사람들을 말한다. 이런 사람들을 구체적으로 예를 들면 십자가 상에서 주님께 자신을 기억해 달라고 한 마디를 잘해서 구원 받은 강도같은 사람들이 이에 해당한다. 주님을 위해서 한일이 전혀 없는 겨우 구원만 받은 사람들을 말한다.

20장
천상의 천년왕국(Millenialism) 설교

20장 역사적 해석의 문제점

1. 천상의 천년왕국을 지상의 문제로 끌어 내리는 해석으로 가장 큰 혼란이 왔다.
2. 천상의 천년왕국을 문자적으로 지상의 천년왕국으로 오해하는 해석으로 엄청난 혼란이 있었다.
3. 이사야 65장의 새 하늘과 새 땅의 문제를 지상의 천년왕국으로 계시록 20장에 적용하는 해석의 실수로 말미암아 상상할 수 없는 혼란이 지상에 일어났다.
4. 세대주의와 같이 어린양의 재림 후 천년왕국으로 해석함으로 인한 역사적 혼란의 책임은 실로 엄청나다.

첫째, 천년왕국의 논쟁

1. 기독교 2,000년의 미해결 논쟁 천년왕국설

1) 세대주의적 전천년설 : 지상천년 논쟁에 불을 지름
2) 역사적 전천년설 : 지상천년 논쟁에 기름을 부음
3) 무천년설 : 지상천년 논쟁에 불구경함
4) 후천년설 : 지상천년 논쟁에 불구경함

2. 천년왕국 교리에 따라 교단이 갈리고 수많은 이단이 생겨남

3. 성경해석을 혼미하게 하여 기독교가 논쟁으로 능력을 잃음 : 사탄배후

4. 이사야의 새 하늘과 새 땅의 문제를 천년왕국에 연결하여 해석함

(사65:17-25)

둘째, 천년왕국 해석 문제점

계시록의 단지 세 절 때문에 교회는 엉망진창이 되었다. 우리가 성경 전체 중에 세 절은 필요하고 중요하지만 만약 그것이 절대적인 평가의 기준이 되면 천년왕국과 같은 실수를 반복하게 된다. 이 문제는 도리어 간단하게 해결될 수 있는데도 역사의 아이러니는 그렇지 못했

다. 저자가 볼 때 이 문제는 사탄이 배후에서 세 절의 해석을 혼미하게 하여 기독교 수천 년간 논쟁으로 스스로 자멸하는 상태까지 이른 최고의 비극이라고 생각한다. 이 문제는 사탄의 성공이자 교회의 최고의 실패로 단지 세 절 문제 때문에 일어난 교회의 아픔은 너무 큰 상처임에 틀림없다.

이 문제는 의외로 간단하게 해결할 수 있다. 이는 저자가 언급했던 대로 계시록이 해석하고 있는 편지형식의 예언적 설교라고 전제하고 읽으면 된다. 하지만 이런 원칙을 무시하고 천년왕국의 문제를 지난 2,000년간 해석할 때 지상 천년왕국의 문제로만 접근했기 때문에 일어난 논쟁이었다. 이에 대하여 지상 천년왕국이라는 사실에 대하여 다른 의견이나 새로운 해석의 시도를 한 적이 거의 없는 것이 너무도 이상한 일이었다. 비록 헬라어 원어의 실력이 부족해도 자기 나라의 글로 본문을 조금만 주의 깊게 살펴보면 쉽게 해결될 해석인데 말이다.

이렇게 천년왕국 문제로 교단이 갈라지고 신학적 대적자가 되고 이단들이 난리를 피우게 된 배후에는 사탄이 성경해석을 혼란케 한 일이라고 여겨진다. 사탄이 이 땅에서 가장 성공한 일이 계시록을 해석하여 혼란케 한 일이다. 또 하나는 천년왕국설로 기독교가 진흙탕에서 수천 년을 싸워온 사건이다. 그러한 해석의 난맥으로 인해 서로 논쟁하고 싸움하게 하여 진짜 적이 아닌 성도끼리 소모적 싸움을 벌여 힘을 다 소진하게 한 결과라고 본다. 단지 천년왕국이 나오는 세절 때문에 치른 기독교의 희생은 너무도 컸다.

천년왕국의 문제는 계 20장 구조에서 천상과 무저갱인 지옥의 사건으로 설명 된다.

A 사탄을 무저갱에 천년동안 결박하는 문제(1-3)

B 천상의 천년 왕국 문제(4-6)

A′ 천년 결박이 풀린 사탄의 마지막 지상 전쟁 문제(7-10)

C 주님의 재림으로 시작된 백 보좌 심판 문제(11-15) : 결론

셋째, 용과 사탄을 무저갱에 천년동안 결박(1-3)

1. 천사가 무저갱에 큰 쇠사슬로 용을 잡아 천년동안 결박 설교(1-2절)

1절 "또 내가 보매 천사가 무저갱의 열쇠와 큰 쇠사슬을 그의 손에 가지고 하늘로부터 내려와서"

2절 "용을 잡으니 곧 옛 뱀이요 마귀요 사탄이라 잡아서 천 년 동안 결박하여"

1) 큰 용 : 사탄을 대표하는 상징적인 이름
2) 옛 뱀 : 에덴동산에서 인간을 타락하게 할 때 사용한 사탄의 상징의 이름
3) 마귀 : 헬라어와 한문으로 부르는 사탄의 다른 이름
4) 사탄 : 사탄은 원래 공식적인 이름, 영어로 표기하면서 대표적인 이름이 됨

2. 사탄의 무저갱 결박은 천년동안 만국을 미혹하지 못하도록 하는 것이 목적(3절)

3절 "무저갱에 던져 넣어 잠그고 그 위에 인봉하여 천년이 차도록 다시는 만국을 미혹하지 못하게 하였는데 그 후에는 반드시 잠깐 놓이리라"

천년 동안은 천년 왕국의 기간과 같은 히브리 문장 병행구조로 이는 문자적인 천년이 아니라 상징적으로 같은 기간이다. 이는 신약시대의 은혜의 기간 전체를 말하는 기간으로 하나님께서 역사 속에 개입하신 기간이다. 이 기간 동안 하나님은 십사만 사천과 아무도 셀 수 없는 무리를 구원하는 시간이다. 한편 천년동안 악의 대장인 사탄을 결박하는 것은 기독교 시대의 구원 받은 자들이 문제없이 선교 활동할 수 있도록 하신 하나님의 깊으신 은혜의 배려이다. 주님의 설명은 사탄이 만국을 미혹하지 못하도록 하기 위한 목적으로 천년 동안 결박하였다는 것이다. 사탄이 이 땅에서 마음껏 활동하면 성도가 정상적인 생활을 하기가 힘들기 때문이다. 이 전체 그림의 도표를 참조하면 이해가 빠를 것이다.

3. 천년이 차면 사탄이 잠깐 풀려남(3절) : 7-10절 해석 참조

천상의 천년왕국 도표

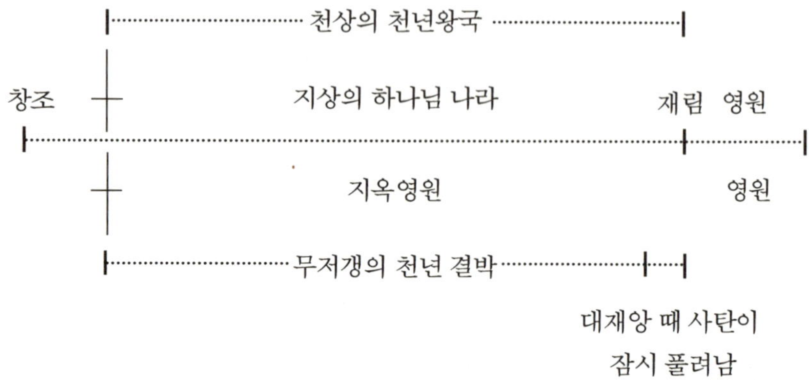

넷째, 그리스도와 더불어 천상의 천년왕국(4-6)

1. 천년왕국이 지상의 사건인가에 대한 문제

가장 아이러니한 일은 본문에 지상에서의 천년이라는 표현은 한군데도 없는데 누군가 지상의 사건으로 해석한 이후 당연하다는 듯이 아무런 의심없이 동일하게 받아들인 것이다. 그들이 지상이라고 당연히 생각한 문제의 발단은 계시록 20장의 위치 문제 때문이다. 왜냐하면 18장까지 대재앙이 끝나고 19장에 주님이 재림하고 20장에서 지상의 천년왕국이 시작된다고 전제하는 문자적 해석 때문에 일어난 해프닝이다. 이는 해석자들이 히브리 사고의 문장구조를 몰랐기 때문에 일어난 해석상의 커다란 실수이다. 실제로 계시록은 요한이 마지막 시대 교회에게 보내는 편지형식의 설교이기 때문에 이미 내용 자체에 분명하고 충분한 해석을 하고 있다는 점이다. 그렇기 때문에 특별한 사건이 아닌 이상 새로운 해석을 할 필요가 없다. 지상에서의 천년왕국이 아니라면 우리가 어떻게 해석해야 하는가하는 문제이다.

2. 장소의 문제인 천상의 천년왕국

4절 "또 내가 보좌들을 보니 거기에 앉은 자들이 있어 심판하는 권세를 받았더라 또 내가 보니 예수를 증언함과 하나님의 말씀 때문에 목 베임을 당한 자들의 영혼들과 또 짐승과 그의 우상에게 경배하지 아니한 자들이 살아서 그리스도와 함께 천 년 동안 왕 노릇 하니"

첫 번째는 저자 요한이 본 것이 천상의 보좌에 앉은 자들을 보았다고 했다. 먼저 이 문장은 이 땅의 이야기가 아니라 천상의 보좌에 앉은 자들에 관한 문제를 저자 요한이 본 것이다. 결국 이 문제는 지상의 사건이 아니라 천상에서의 사건이라는 첫 번째 단서가 된다. 하나님은 지상의 사건이 아닌 천상의 사건에 대하여 말하고자 하는 본문이다.

두 번째는 천년왕국의 주인공들이 누구인가를 보면 장소의 문제가 해결된다. 물론 이들은 천상의 보좌에 앉아있는 자들이라는 점이다. 이것 또한 이 땅의 사람들에 대한 이야기가 아닌 천상의 보좌에 하나님과 함께 앉아 있어 주님으로부터 심판하는 권세를 받은 자들을 말한다. 이것만으로 볼 때도 이 사건은 지상의 사건이 결코 아니라는 점이다. 또한 "이들은 예수의 증언들과 하나님의 말씀 때문에 목 베임을 당한 자들의 영혼들과"라고 선언한다. 여기서 그들은 하나님의 말씀 때문에 목 베임을 당해 순교당한 자들의 영혼들이 천상에 있는 이야기라고 저자 요한이 해석한다.[57] 그렇다고 한다면 천년 동안 주님과 함께 하는 기간이 이땅에서의 문자적인 천년이 아니라 천상에서 천년을 보내는 "천상의 천년왕국" 이라는 설명이 가능하다.

세 번째는 "또 짐승과 그의 우상에게 경배하지 아니하고 그들의 이마와 손에 그의 표를 받지 아니한 자들이 살아서" 라는 말씀 또한 이는 지상의 문제가 아니라 천상의 천년왕국의 문제라는 점이다. '살아서' 라고 말하는 부분도 육체와 함께 영혼이 다시 사는 재림 때에 사건이 아니라 천상에서 영혼들이 살아서 주님과 천상에서 천년 기간을 지내는 말씀이다. 엄밀히 말하면 천년왕국이라는 말 자체가 지상의 사건의 이미지가 강한 것임을 알 수 있다. 그런 면에서 보면 천년왕국이라는 말조차 비성경적인 해석의 관점에서 왔다는 사실을 인식해야 한다. 그러므로 하나님과 함께 하는 천상의 천년왕국의 문제가 지상의 문제로 둔갑해서 계시록 해석에 혼란을 가져온 것은 너무나도 비극적인 사건이 아닐 수 없다.

3. 첫째 부활은 영혼이 부활하는 문제(5절)

5절 "그 나머지 죽은 자들은 그 천 년이 차기까지 살지 못하더라 이는 첫째 부활이라"

57) 윌리엄 핸드릭슨은 '요한계시록' 주석에서 천상의 천년왕국에 대하여 저자의 의견과 동일한 주장을 하고 있다. "천년동안 다스림은 순교자들의 육신에서 벗어나온 영혼들이 있는 천상에서 행해진다. 여기서 '죽임을 당한 영혼들을' 언급할 때 육체의 부활에대해 단 한마디의 언급도 없다. 그러므로 천년동안 왕 노릇하고 다스리는 곳은 하늘에서 행해진다고 안심하고 말해도 좋을 것이다." p. 236.

저자 요한이 다시 한 번 강조하는 것이 첫째 부활이다. 첫째 부활은 육체는 땅에 있고 영혼이 살아서 천국에 가 있는 기간이다. 이는 결코 지상 천년왕국이 아니라는 것을 강조하기 위해서 요한이 다시 한 번 더 병행적으로 기록하여 설교를 하고 있는 문장구조이다. 결국 천년왕국은 지상의 문제가 아니고 모두 천상의 문제이다. 천상에서의 천년동안 그리스도와 더불어 왕 노릇하는 사건이다. 지상에서의 천년왕국이 이뤄지려면 주님의 재림이 있어서 성도들이 부활해야 하는데 여기 말씀에는 재림에 대한 내용이 전혀 없다. 실제로 주님의 재림은 본절 다음에 연속되는 11-15절의 백 보좌 심판 직전에 있는 사건이다.

여기서 천년 동안은 천상의 천년왕국의 천년과 무저갱에 결박된 사탄이 그곳에서 지내는 천년과 병행구조로 기록한 같은 기간이다. 천년은 상징적인 시간으로 긴 시간의 기간을 의미하지 문자적으로 천년으로 보면 성경을 잘못 이해한 것이다. 왜냐하면 이 기간을 문자적으로 해석함으로 주님의 재림이후 천년의 기간이 다시 있는 것처럼 보기 때문이다. 만약 그렇다면 여기 있는 몇 절 때문에 성경의 대역사가 뒤틀어질 수밖에 없기 때문이다.

4. 이 첫째 부활에 참여하는 자들은 복이 있다고 설명(6절)

6절 "이 첫째 부활에 참여하는 자들은 복이 있고 거룩하도다 둘째 사망이 그들을 다스리는 권세가 없고 도리어 그들이 하나님과 그리스도의 제사장이 되어 천 년 동안 그리스도와 더불어 왕 노릇 하리라"

첫째 부활에 참여한 이들은 둘째 사망이 그들을 다스리는 권세가 없다. 여기서 저자 요한이 둘째 사망이 있다고 주장하므로 결국 둘째 부활도 있다는 전제를 하고 있는 자리이다. 그러므로 둘째 부활은 주님의 재림할 때 지금까지 잠들어 있던 성도들이 일제히 부활하는 사건이다. 한편 그들이 하나님과 그리스도의 제사장이 되어 그리스도와 더불어 천년동안 왕 노릇 한다.

다섯째, 천년의 기간이 되어 사탄이 세상을 미혹하려고 옥에서 잠시 풀려남(7절)

7절 "천 년이 차매 사탄이 그 옥에서 놓여"

사탄이 세상을 미혹할 수 있도록 하나님은 그 말씀대로 무저갱의 결박에서 정말 잠시 풀려났다. 그가 세상에 다시 한 번 풀려나는 것은 세상을 마지막 전쟁으로 미혹하기 위한 목적이다. 이는 하나님이 사탄을 이용해서 세상을 심판하시려는 철저한 계획에 대한 섭리적인 역사에 해당한다. 하나님은 어떤 일을 우연히 하시는 일이 전혀 없이 모든 것을 완벽하게 역사하신다.

8절 "나와서 땅의 사방 백성 곧 곡과 마곡을 미혹하고 모아 싸움을 붙이리니 그 수가 바다의 모래 같으니라"

이 전쟁에 대해서는 구약의 에스겔 38장에 예언한 부분과 병행적으로 연결해서 설명해야 한다. 천년 동안 결박된 것에 대한 반발로 사탄이 최후의 발악을 하는 것이 바로 역사의 마지막 전쟁인 계시록에 기록된 아마겟돈이다. 이 전쟁은 사탄과 그의 추종하는 사람들이 세상의 중앙에 거하는 백성인 이스라엘을 치고자 하는 목적으로 시작되었지만 결국은 영적인 전쟁으로 하나님께서 세상을 마지막으로 심판하시는 결과로 마감되는 전쟁이다.

9절 "그들이 지면에 널리 퍼져 성도들의 진과 사랑하시는 성을 두르매 하늘에서 불이 내려와 그들을 태워버리고"

세상의 마지막 전쟁이 에스겔에는 이스라엘의 예루살렘을 공격하는 것으로 기록한 반면 계시록에서는 '성도들의 진' 이라는 문구가 하나 더 삽입되어 설명하고 있다. 여기서 '성도들의 진' 은 신약 시대의 성도들이 하나님을 섬기는 교회로 보는 것이 자연스럽다. 그렇다고 한다면 구약의 배경인 세상 중앙에 거하는 백성인 예루살렘을 공격하고 신약의 배경인 성도들의 진인 교회를 공격한다면 이는 바로 영적전쟁에 해당한다고 볼 수 있다. 그러므로 세상의 마지막 전쟁은 사탄이 하나님의 백성들을 공격하는 것이지만 하늘에서 불이 내려와 하나님이 직접 사탄과 그의 세력들을 영원한 심판의 불 못으로 잡아 던지는 것으로 종결되는 전쟁이라고 보면 된다.

10절 "또 그들을 미혹하는 마귀가 불과 유황 못에 던져지니 거기는 그 짐승과 거짓 선지자도 있어 세세토록 밤낮 괴로움을 받으리라"

하나님은 그들을 미혹하던 사탄과 그의 추종 세력들을 불과 유황 못에 던져 버린다. 그런데 거기는 먼저 가있는 그 짐승과 거짓 선지자도 있어 세세토록 영원한 고통과 괴로움이 있는 장소이다(19:20). 이곳은 영원한 지옥으로 영원히 죽지 않고 영원히 고통만 있는 유황 불 못이라고 표현되어 있다. 우리가 지옥이라고 할 때 보편적으로 예수 믿지 않은 자들의 영혼들이 가는 장소이면서 영원한 멸망이 있는 유황 불 못으로 표현되는 것은 모두 동일한 장소이면서 병행적으로 이중적인 설명을 하고 있는 것으로 보면 된다. 정말 이곳은 하나님을 믿지 않는 사람들이 마지막으로 가는 곳이기도 하다.

여섯째, 마지막 백 보좌 심판(11-15절)

1. 흰 보좌와 그 위에 앉으신 이는 주님이 재림하시는 장면(11절)

> 11절 "또 내가 크고 흰 보좌와 그 위에 앉으신 이를 보니 땅과 하늘이 그 앞에서 피하여 간 데 없더라"

계시록에 주님의 재림이 구체적으로 나오는 곳이 바로 여기로 백 보좌 심판을 언급하는 곳으로 이미 주님의 재림이 있고 심판이 시작되는 장면이다. 이는 바로 천상의 천년왕국이 끝나는 것과 동시에 백 보좌 심판이 시작되고 있다.

주님의 심판이 시작되기 전에 일어난 세상의 변화에 대한 단서가 몇 가지 등장한다. 그 중 하나가 하늘과 땅이 심판의 보좌 앞에서 '피하여' (φεύγω)라는 단어가 21:1의 처음 땅과 처음 하늘이 '없어졌고'

(ἀπέρχομαι)라는 단어와 병행되는 동의어이다. 여기서 하늘과 땅이 '피하여' 라는 헬라어 '퓨고' (φεύγω)는 하나님이 만드신 처음 하늘과 처음 땅이 우리의 시야에서 완전히 사라지는 단어이다. 다시 말해서 주님이 세상을 창조하실 때 무에서 유를 만드셨다면, 이 단어는 유에서 무로 다시 완전하게 처음 하늘과 처음 땅이 사라지는 개념을 포함하는 창조의 단어이다. 이는 주님께서 불완전한 이 땅을 에덴동산처럼 완전한 땅과 하늘로 회복시키는 개념이 아니라 완전히 없애 버리는 새로운 개념으로 이해하면 된다. 혹시 하늘과 땅을 갱신시키는 정도의 해석을 하는 사람들에 의식 속에는 자신도 모르는 사이에 지상의 천년왕국의 개념이 자리 잡고 있다는 것을 알아야 한다. 그러므로 이 단어는 갱신이 아니라 완전하게 옛 것들을 유에서 무로 만드는 새 창조의 개념이 포함되어 있다.

2. 사람들이 보좌 앞에 펴 있는 두 권의 책 앞에 심판 받기 위해 기다림(12절)

> 12절 "또 내가 보니 죽은 자들이 큰 자나 작은 자나 그 보좌 앞에 서 있는데 책들이 펴 있고 또 다른 책이 펴졌으니 곧 생명책이라 죽은 자들이 자기 행위를 따라 책들에 기록된 대로 심판을 받으니"

두 권의 책이 그리스도의 심판대 위에 있다. 한 권은 심판의 책이고 나머지 한 권은 생명책에 해당한다. 심판의 책은 그 행위대로 영원한 유황 불이 있는 지옥에 보내기 위해 각 사람들의 일생의 죄들이 기록된 책이다. 이 책은 그들이 행한 선행은 기록되어 있지 않고 그들이 이 땅에서 행한 모든 죄들이 기록된 책이다. 그 누구도 여기서 자유로운 사람은 없다. 혹시 이단의 집단에 속았다고 해도 핑계할 수 있는 그 어떤 것도 용납될 수 없고 그 죄상들이 낱낱이 기록되어 있다. 지금 이 책을 읽고 있는 이때야 말로 우리가 유일하게 회개할 수 있는 기회일 것이다. 또 하나는 우리에게 주실 상급이 기록되어 있는 생명책이다. 그 기록되어 있는 대로 심판을 받고 또한 상급을 받을 것이다. 백 보좌 심판대 앞에서 죽은 자들이 한명 한명씩 심판과 상급을 받는다고 선포하고 있다.

3. 죽은 자의 육체의 부활 문제(13절)

13절 "바다가 그 가운데에서 죽은 자들을 내주고 또 사망과 음부도 그 가운데서 죽은 자들을 내주매 각 사람이 자기의 행한대로 심판을 받고"

우리가 죽은 자가 어떻게 육체적으로 부활하는지에 대하여 설명해주는 본문이다. 이는 바다가 그 가운데서 죽은 자들을 내준다는 의미가 무엇인지에 대하여 설명해 주는 구절이다. 또한 사망과 음부도 그 가운데서 죽은 자들을 내주어야 한다고 선포하는 내용이다. 그러면 바다와 사망과 음부도 그 가운데 죽은 자들을 내주어야 하데 이는 두 가지의 문제가 해결된다. 먼저 바다가 그 가운데서 죽은 자들을 '내주는' 문제가 헬라어로 '디도미'(δίδωμι)인데 이는 '바다와 땅이 죽은 자의 육체를 삼키고 있었다면 이제 모두 도로 토해내어야 한다' 는 말이다.

정말 죽은 자의 육체가 썩어서 지하수로 가고 강으로 흘러가 바다가 삼키고 있다면 주님 백 보좌 심판대에 서기 직전에 부활 할 때 모두 토해내어야 한다. 바다도 토해내어야 하고 땅도 토해내어야 한다. 그 어떤 것도 여기서 자유로울 수 없다. 혹시 내가 그 육체가 썩은 물이나 음식에 녹아든 것을 먹었다고 할지라도 그 날에는 주님의 명령을 따라 토해내는 작업을 해야 한다. 영혼과 육체가 부활하는 날은 정말 온 세상에 새로운 부활체가 창조되는 엄청난 사건이 벌어질 것이다.

또한 사망과 음부에 있는 영혼도 백 보좌 심판을 위해서 영혼을 내어주는 일이 벌어지게 된다. 더 이상 지옥에 있는 영혼이나 천국에 있는 영혼이 거기 머무를 이유가 없다. 주님의 명령을 따라 지옥에서 수천 년을 영혼으로 고난을 받았더라도 이 순간만은 순종하여 내어 주어야 한다. 그리고 부활체로 그리스도의 백보좌 심판대에서 심판을 받게 될 것이다. 그렇다고 하더라도 지옥에 있던 영혼이 악한 자의 부활로 심판을 받게 될 때 다시 기회가 있어서 천국으로 들어갈 가능성은 제로이기 때문에 기대할 필요가 없다.

이때 일어난 부활은 영원히 유황의 불 못에 보내기 위한 육체와 영혼이 부활체로 합쳐지는 순간에 불과하고 그 후에는 영원한 불의 심판의 처소로 보내진다. 이때 사망과 음부도 불 못에 던져지는데 이것이 둘째 사망이라고 선언하시고 있다. 물론 천국에 있던 영혼도 육체와 함께 만나 부활체가 되어 영원한 천국의 시민이 되는 것도 이때 일어나는 일이다. 누구든지 생명책에 기록되지 못한 자는 '불 못' (πρόφασις)에 던져진다고 선포하셨다. 오로지 기회는 이 땅에 있을 뿐이지 그 후에는 전혀 바꿀 수 없다.

21장
새 예루살렘 천국에 대한 설교

21장 역사적 해석의 문제점

1. 새 하늘과 새 땅을 갱신의 문제로 해석하므로 이단들이 지상천국으로 적용하는 혼란이 왔다.
2. 창세기에서 시작한 것이 계시록 21장에서 마감되는 병행적 구조를 이해하지 못하는 해석을 하게 되었다.
3. 어린양의 신부를 하늘에서 내려오는 새 예루살렘으로 적용하고 해석하는 실수로 인해 혼란이 왔다.

첫째, 새 하늘과 새 땅

1. Chiasm 병행구조

A (1절) 또 내가 새 하늘과 새 땅을 보니

B (1절) 처음 하늘과 처음 땅이 없어졌고

C (1절) 바다도 다시 있지 않더라

D (2절) 거룩한 성 새 예루살렘이 하나님께로부터 하늘에서 내려 오니 그 준비한 것이 신부가 남편을 위하여 단장한 것 같더라

D′ (3절) 하나님이 함께 계시리니 그들은 하나님의 백성이 되고

C′ (4절) 모든 눈물을 그 눈에서 씻기시매 다시 사망이 없고 애통하는 것이나 곡하는 것이나 아픈 것이 다시 있지 아니하리니

B′ (4절) 처음 것들이 다 지나갔음이니라

A′ (5절) 보라 내가 만물을 새롭게 하노라

계시록의 키아즘(Chiasm)은 병행구조로 많이 나타나는 히브리 문학적 문장구조의 특징이다. 특히 본문은 새 하늘과 새 땅인 새 예루살렘이 하늘에서 내려오는 장면을 통해서 구체적인 병행 구조를 보여주고 있다. A와 A′가 '새 하늘과 새 땅' 이 '만물을 새롭게 하노라' 로 동의적 병행관계를 보여주고 있다. 저자 요한은 A와 A′의 병행을 통해서 새 하늘과 새 땅이 어떤 성질의 창조인지를 분명히 알려 준다. 또한 B와 B′에서 처음 하늘과 처음 땅이 '없어졌고' 가 '처음 것들이 다 지나갔음이니라' 로 좀

더 구체적인 동의적 병행을 통해서 유가 무가 된다고 분명히 선포하고 있다는 것을 강조하고 있다. C와 C′는 우리 눈에 보이는 것들과 인생의 희노애락이 '다시 있지 않더라' 라는 언어적 병행을 통해서 이 땅에서의 삶의 방식이 완전히 사라지는 천국의 영원한 삶을 강조하고 있다. 마지막으로 D와 D′를 통해서 구체화된 실체인 새 예루살렘 즉 천국이 바로 하나님과 영원히 함께 있는 곳이라는 개념적 병행을 가지고 설명하는 장면을 연출하고 있다.

2. 처음 하늘과 처음 땅이 없어졌고 새 하늘과 새 땅을 봄(1절)

> 1절 "또 내가 새 하늘과 새 땅을 보니 처음 하늘과 처음 땅이 없어졌고 바다도 다시 있지 않더라"

먼저 '새 하늘과 새 땅' 이 일부 신학자들이 주장하는 갱신 정도의 새로운 것인가 아니면 완전한 새 창조의 모습인가를 해결해야 한다. 여기서 말하는 '새' 는 다른 세상이 아니라 전혀 새로운 세상을 말한다.[58] 저자가 지금까지 주장한대로 어떤 유명한 학자가 이 문제를 어떻게 해석했는지에 대한 관심은 전혀 없다. 다만 저자는 성경이 이 문제에 대하여 무엇이라고 해석하는가에 모든 관심이 있기 때문이다. 학자의 주장은 단순히 그의 주관적인 신학적 관점이기 때문에 절대적이 될 수 없고 단지 참고 정도면 충분하다고 생각하기 한다. 따라서 저자의 관점은 성경이 이 문제를 어떻게 대답하고 있고 어떻게 해석하고 있는가에 대해서만 절대적인 해결책이라고 생각하기 때문이다.

58) 윌리엄 핸드릭슨, "요한계시록" 아가페출판사, 1989. p. 245.

그러므로 새 하늘과 새 땅이 어떤 모습인지는 헬라어 원어부터 살펴보는 것이 그 정상적인 순서이다. 먼저 '새 하늘과 새 땅' 이라고 쓰고 있는 '새' 는 헬라어로 '카이노스' (καινός)인데 이 단어는 "무에서 유를 만드는 의미로 창조하다" 는 뜻을 가진다. 이 단어가 단어적인 병행으로 쓰이는 이사야 65장 17절에 "내가 새 하늘과 새 땅을 창조하나니" 에 보면 창조(בָּרָא)라는 단어와 같은 의미로 사용되는 것을 볼 수 있다. 이 단어는 창세기 1장 1절의 천지를 창조하실 때의 단어로 이는 무에서 유를 만들어 내는 창조의 단어이다. 그렇다고 한다면 새 하늘과 새 땅은 처음 땅과 처음 하늘을 갱신하는 정도의 리모델링하는 수준이 아니라 전혀 새로운 천국을 창조하는 작업이라는 점이다. 하나님이 이전에 만드셨던 것이 불완전했다면 새롭게 만드시는 새 하늘과 새 땅은 정말 완전한 새 창조를 하신 것이다.

헬라어에는 '새' (New)라는 단어가 두 개 있다. 하나는 '네오스' (νέος)로 이는 무에서 유를 만드는 창조가 아니라 있는 것을 가지고 좀 새롭게 만드는 갱신 정도의 새롭게 리모델링하는 수준을 말한다. 이런 정도는 우리나라 어느 주방가구의 이름이 네오스라고 선전하는 것을 보았는데 바로 그 사람이 새롭게 만들어 낼 수 있는 수준의 새것이기 때문에 새 하늘과 새 땅에서의 새로운 것과는 많은 차이가 있다. 이와 같이 인간의 손길로 무엇인가 새롭게 만드는 정도라면 그런 천국은 별 가치가 없기 때문이다.

또한 '새' 라는 또 하나의 헬라어는 '카이노스' (καινός)로 이는 무에서 유를 만드는 수준의 새로움을 말한다. 그런 면에서 보면 본문의 새 하늘과 새 땅은 하나님이 만드시는 완전한 새로운 세계를 말하는 것이다. 주님은 우리가 예수를 영접하고 새사람(καινός)이 되었을 때도 이 단어를 사용한다(고후5:17). 우리가 구원 받은 사람으로 새사람이 되었다고 했을 때 이 단어를 사용하는 것은 우리의 변화가 단지 갱신하는 정도의 변화가 아니라 질적으로 전혀 새롭게 창조되었다는 의미에서 '카이노스' 라는 단어를 하나님이 쓰신다는 사실이다. 한편 우리가 성경을 이해할 때 사람들의 수준에서 설명하는 새 하늘과 새 땅이라는 병행적 표현 때문에 우리가 쉽게 오해하는 것은 처음 하늘과 처음 땅이라는 개념에서 좀 더 발전한 새 하늘과 새 땅이라고 착각하는 경향이 있다. 그리고 우리가 성경을 볼 때 가장 조심해야 할 부분이 이러한 일들이다.

3. '없어졌고' (ἀπέρχομαι)라는 단어의 설명

본문의 처음 하늘과 처음 땅이 '없어졌고' 는 정말 중요한 단어이다. 그 이유는 창세기 1장 1절에 등장하는 '창조하다' (בָּרָא)라는 동사에 반의적으로 병행되는 단어이기 때문이다. 이는 하나님이 천지를 창조하실 때 사용한 성경의 첫 번째 단어가 창조하다라는 '바라' 인데 이 단어를 마감하는 단어가 바로 '없어졌고' 라는 의미적 병행의 단어로 유일하게 나타나기 때문이다. 만약 이 단어가 없다면 처음 하늘과 처음 땅의 존재 자체가 어떻게 되는지에 대한 언급이 없어지는데, 이에 병행하는 단어가 등장하므로 '없어졌고' (ἀπέρχομαι)라는 헬라어에서 '유에서 무로 만드는 의미' 의 뜻을 가지고 있다.

그러므로 이 단어가 처음 하늘과 처음 땅의 존재를 완전히 사라지게 하는 단어로 병행되기 때문에 중요한 의미를 전달하고 있다. 이제 더 이상 하나님이 창조하신 하늘과 땅은 이 세상에 없고 오직 새 하늘과 새 땅만

이 우리 앞에 새롭게 창조되어 존재하는 것이다. 하지만 이 새 하늘과 새 땅이라고 해서 우리가 생각하는 새 하늘과 새 땅의 것과 같은 것이라고 오해하는 것은 곤란하다. 새롭게 창조된 곳은 영원한 천국이기 때문이다.

4. 거룩한 성 새 예루살렘이 하나님께로부터 하늘에서 내려옴(2-8절)

2절 "또 내가 보매 거룩한 성 새 예루살렘이 하나님께로부터 하늘에서 내려오니 그 준비한 것이 신부가 남편을 위하여 단장한 것 같더라"

3절 "내가 들으니 보좌에서 큰 음성이 나서 이르되 보라 하나님의 장막이 사람들과 함께 있으매 하나님이 그들과 함께 계시리니 그들은 하나님의 백성이 되고 하나님은 친히 그들과 함께 계셔서"

4절 "모든 눈물을 그 눈에서 닦아 주시니 다시는 사망이 없고 애통하는 것이나 곡하는 것이나 아픈 것이 다시 있지 아니하리니 처음 것들이 다 지나갔음이러라"

5절 "보좌에 앉으신 이가 이르시되 보라 내가 만물을 새롭게 하노라 하시고 또 이르시되 이 말은 신실하고 참되니 기록하라 하시고"

6절 "또 내게 말씀하시되 이루었도다 나는 알파와 오메가요 처음과 마지막이라 내가 생명수 샘물을 목마른 자에게 값없이 주리니"

7절 "이기는 자는 이것들을 상속으로 받으리라 나는 그의 하나님이 되고 그는 내 아들이 되리라"

8절 "그러나 두려워하는 자들과 믿지 아니하는 자들과 흉악한 자들과 살인자들과 음행하는 자들과 점술가들과 우상 숭배자들과 거짓말 하는 모든 자들은 불과 유황으로 타는 못에 던져지리니 이것이 둘째 사망이라"

1) 천국의 새단장 : 그 준비한 것이 남편을 위하여 단장한 신부(2절)

2) 하나님의 임재 : 하나님이 친히 그들과 함께 계심(3절)

(1) 다시 눈물이 없는 곳(4절)

(2) 다시 사망이 없는 곳

(3) 다시 질병이 없는 곳

3) 첫 세상의 종영 : 처음 세상이 다 지나감(4절)

4) 만물을 새 창조 : 보좌에 앉으신 이가 보라 내가 만물을 새롭게 함(5절)

(1) 다 이루었다(6절) : 십자가상의 주님의 마지막 말의 완성으로 병행됨

(2) 시작과 끝 선언 : 나는 알파와 오메가요, 처음과 마지막(6절)

(3) 생명수 샘물 주심 : 내가 생명수 샘물을 목마른 자에게 값없이 줌(6절)

5) 천국의 상속자 : 이기는 자는 이것들을 상속으로 받음(7절)

6) 이기는 자는 내 아들 : 그는 내 아들이 됨(7절)

둘째, 새 예루살렘은 영원한 천국이라는 설교(9-27절)

1. 어린양의 신부인 아내를 보여 주심(9절)

9절 "일곱 대접을 가지고 마지막 일곱 재앙을 담은 일곱 천사 중 하나가 나아와서 내게 말하여 이르되 이리 오라 내가 신부(A) 곧 어린양의 아내(A′)를 네게 보이리라 하고"

하나님께서 저자 요한에게 어린양의 신부인 아내를 보여 준다고 하면서 성령으로 그를 데리고 높은 산으로 올라가서 하나님께로부터 하늘에서 내려오는 거룩한 성 예루살렘을 보여 주셨다고 했다. 그것을 가지고 어떤 학자들은 문장구조 전체를 보지 않고 단지 어린양의 신부라고 바로 보여 준 것이 거룩한 성 예루살렘이기 때문에 그것이 바로 신부 자체라고 해석하는 것은 성경 해석의 기본이 안 되어 있는 사람들이다. 그 이유는 결코 어린양의 신부는 천국이라는 사물이 될 수 없기 때문이다. 신부는 천국에 있는 인격적인 성도들이지 결코 다른 것이 될 수 없다. 이런 점에서 볼 때 어린양의 신부는 그 거룩한 성 안에 존재하는 인격적인 사람을 소개하는 모습이 계속해서 등장하는 것을 통해서 잘 알 수 있다.

주님은 처음으로 A와 A′ 의 병행을 통해서 아주 놀라운 사실을 유추할 수 있도록 다음과 같은 내용을 포함하여 설명하고 있다. 주님이 처음으로 '어린양의 신부'A는 곧 '어린양의 아내'A′라고 설명하는 부분이다. 그 이유는 지금까지 어린양의 신부라고 소개한 것이 아직 혼인예식을 하지 않았기 때문에 갖는 호칭이었다면 이제부터 아내라고 소개하는 것은 이미 결혼식을 마쳤다는 사실을 전제하는 설명이기 때문이다. 이렇듯 어린양의 신부는 이제부터 아내라고 부른다고 주님이 선포하는 자리이기 때문에 대단히 중요한 호칭이 된다. 앞에서 설명 한 것처럼 어린양의 혼인 기약에 대한 언급도 하고 어린양의 신부가 준비되었다는 사실도 선포하면서 정작 혼인예식 자체가 나오지 않은 것은 바로 천국에 입성하는 것이 결혼예식과 같은 의미를 갖는다는 저자의 주장이 더 설득력이 있다는 사실이다. 그것은 호칭의 변화에서 이미 결혼예식이 끝난 것을 전제하고 있기 때문이다. 따라서 호칭의 변화는 정말 중요한 의미를 가진다는 점이다.

2. 큰 성은 열두 문이 있는데 그 문들 위에 이름을 썼으니 이스라엘 자손 열두지파의 이름이 첫 번째 신부들(12절)

10절 "성령으로 나를 데리고 크고 높은 산으로 올라가 하나님께로부터 하늘에서 내려오는 거룩한 성 예루살렘을 보이니"
11절 "하나님의 영광이 있어 그 성의 빛이 지극히 귀한 보석 같고 벽옥과 수정 같이 맑더라"
12절 "크고 높은 성곽이 있고 열두 문이 있는데 문에 열 두 천사가 있고 그 문들 위에 이름을 썼으니 이스라엘 자손 열두 지파의 이름들이라"

먼저 열두 지파의 이름은 구약의 구원 받은 모든 사람의 대표들이다. 그 문을 통하여 구약에 구원 받은 모든 사람들이 들어올 것이다. 그리고 그 구약의 구원 받은 사람들의 이름을 대표로 기록하고 있는 사람들이 어린양의 신부의 이름들이다. 이 문들은 동쪽과 서쪽, 남쪽과 북쪽에 각각 세 개의 문들이 있는데 그곳에 이스라엘의 열두 지파의 이름들이 기록되어 있다는 것이다. 그 이름을 주님은 어린양의 신부라고 소개하고 있다.

3. 성의 성곽에는 열두 기초석이 있고 그 위에 있는 어린양의 열두 사도의 이름들이 두 번째 어린양의 신부들(14절)

13절 "동쪽에 세 문, 북쪽에 세 문, 남쪽에 세 문, 서쪽에 세 문이니"
14절 "그 성의 성곽에는 열두 기초석이 있고 그 위에는 **어린양의 열두 사도(A)**의 **열두 이름(A′)**이 있더라"

거룩한 성 예루살렘의 열두 기초석이 있고 그 위에는 어린양의 열두 사도의 열두 이름들이 있다고 기록하면서 이들이 바로 어린양의 신부라고 소개한다. 여기서 하나님은 저자 요한에게 아주 중요한 힌트를 A와 A′ 에서 병행적으로 주는 것을 찾을 수 있다.

저자 요한이 자신의 이름까지 천국의 기초석에 소개하는 자리에서 '어린양의 열두 사도' 의 '열두 이름' 을 서로 병행적으로 보완 설명하는 것으로 열두 사도라고 언급할 수도 있는 내용을 좀 더 구체적으로 '어린양의 아내는 곧 열두 사도' 의 이름을 확대 적용하여 저자 요한이 직접 해석하고 있기 때문이다. 결국 주님이 자신의 아내인 사람들이 구약의 열두 지파의 대표적인 사람들과 신약의 열두 사도의 대표로 구성된 사람들 가운데 준비된 아내가 있다고 선포하는 자리이다. 이들은 구원 받은 모든 성도들의 이름이며 어린양의 신부들이다.

새 예루살렘은 주님과 어린양의 신부인 아내와 구약의 열두 지파의 이름과 신약의 열두 사도의 이름들로 세워진 영원한 나라이다.

셋째, 새 예루살렘은 정육면체 구조(15-21절)

1. 그 성은 정육면체 구조(16절)

15절 "내게 말하는 자가 그 성과 그 문들과 성곽을 측량하려고 금 갈
대 자를 가졌더라"
16절 "그 성은 네모가 반듯하여 길이와 너비가 같은지라 그 갈대 자
로 그 성을 측량하니 만 이천 스타디온이요 길이와 너비와 높이
가 같더라"
17절 "그 성곽을 측량하매 백사십사 규빗이니 사람의 측량 곧 천사의
측량이라"
18절 "그 성곽은 벽옥으로 쌓였고 그 성은 정금인데 맑은 유리 같더라"

천국의 모형이 어떤지에 대하여 저자 요한은 구체적으로 설명하고 있는데 그 성은 네모가 반듯하다고 했다. 그 성은 길이와 넓이와 높이가 같은 일만 이천 스타디온의 정육면체 구조이다. 저자 요한이 천국의 구조를 설명하는 새 예루살렘의 정육면체의 구조가 어떤 의미를 갖고 있는지에 대하여 설명하고 있다. 성경에 정육면체는 이 땅에서 가장 완전한 구조로 하나님의 임재가 있는 모든 곳의 구조이다.

예를 들면, 이 땅에 하나님이 임재하시는 유일한 공간이 성막 안의 지성소이다(왕하6:20). 하나님이 이 땅에 계신다고 약속하신 한 곳이 지성소인데 그 규모로 길이가 이십 규빗이요, 그 넓이가 이십 규빗이요, 그 높이가 이십 규빗이라고 했다. 이는 완전한 정육면체 구조로 천국도 이와 같이 일만 이천 스타디온의 정육면체 구조이다.

여기서 스타디온(στάδιον)은 수치를 재는 단위였는데 이것이 영어의 스타디움(stadium)으로 종합경기장의 대표적인 이름으로 바뀌었다. 따라서 스타디움은 185미터로 환산되기 때문에 올림픽 스타디움은 185미터 정도의 규모로 건축한다. 그러므로 천국의 규모를 수치로 환산할 때 일만 이천 스타다온은 사방 약 2,400 키로 미터 정도의 규모이다. 저자가 이것의 규모를 비교해 보니 중국 영토 정도의 크기가 된다. 정말 천국의 규모가 정확하게 그 정도라고 할 수 없을지는 몰라도 작은 크기는 절대 아니다. 성경에 저자 요한을 통해서 정확한 수치가 등장하는 것도 계시록에서 특별한 기록은 아니니다. 과학자들이 통계적으로 제시하는 것을 볼 때 전 세계의 인구인 육십오억 명을 일렬로 한 자리에 세우면 제주도만한 땅으로도 충분하고 여유가 조금 있다고 한다. 이런 면에서 보면 천국의 규모가 수치상으로만 보아도 가히 상상할 수 있다.

결론적으로 하나님은 천국이나 지성소나 새 예루살렘이나 동일하게 정육면체로 완전한 공간에 거하신다. 이 땅에 정육면체만이 가장 완전한 공간이기 때문에 하나님의 임재가 완전한 곳에 계신다고 선포하는 것이다. 하나님은 완전하신 분이기 때문에 그가 계신 곳도 바로 완전한 정육면체의 공간이어야 한다. 만약 천국만 정육면체라면 우리가 이 땅에 적용하는 것이 무리지만 하나님이 유일하게 이 땅에 계신 곳도 정육면체인 지성소라고 말씀하셨기 때문에 확대해서 적용하는 것이 무리가 아니라고 생각되어 진다. 그렇다고 한다면 우리가 교회를 지을 때 하나님의 임재가 있는 유일한 공간인 정육면체로 짓는 것이 좋지 않을까 저자는 생각한다. 기왕이면 하나님의 임재가 완전하게 나타나는 공간으로 성전을 건축하는 것이 더 성경적이기 때문이다.

정말 놀라운 일은 하나님이 정육면체의 완전한 공간에 임재하신다는 사실을 우리는 잘 몰랐는데 사탄은 하나님이 계시는 곳이 정육면체의 완전한 곳임을 잘 알고 있었다는 충격적인 사실이다. 사탄은 인간에게 주사위(Cube)를 만들도록 배후에서 역사하여 수천 년간 그 안에 하나님의 영광을 가두어 놀이기구로 만들고 말았다. 정말 주사위는 인간이 만든 정육면체 중에 가장 작은 놀이기구로 양면마다 숫자를 합하면 모두 칠이라는 숫자가 나오는데 그 숫자가 바로 하나님의 완전한 숫자에 해당되는 것이 더 충격적인 사실이다. 정작 하나님의 임재가 있는 정육면체의 작은 공간에 하나님을 가두어 놓고 사람들로 하여금 수천 년간을 게임도구로 전락시키는 배후에 사탄이 있었다는 것은 무서운 음모의 희생자가 바로 인간이라는 점이다.

좀 더 구체적으로 근거를 가지고 설명하면 바울이 에베소 교회에 보낸 편지의 설교안에 사람의 속임수 곧 마귀의 궤술(엡4:14)이라는 단어가 바로 헬라어로 '큐베이아'(κυβεία)인데 이것이 바로 정육면체의 놀이기구 주사위(Cube)라는 의미이기 때문이다. 사탄이 수천 년간 인간의 주사위에 하나님을 상징하는 놀이기구를 만들어 수많은 인간의 영혼을 사냥하는 도구로 사용한 충격적인 장면이다. 우리는 이 사실을 전혀 모르고 살아왔지만 그 배후에 벌어진 사탄의 술수가 얼마나 정교한지 이제 모두가 알아야 한다.

2. 성곽의 열두 기초석은 열두 보석으로 장식됨(19-20절)

> 19절 "그 성의 성곽의 기초석은 각색 보석으로 꾸몄는데 첫째 기초석은 벽옥이요 둘째는 남보석이요 셋째는 옥수요 넷째는 녹보석이요"

20절 "다섯째는 홍마노요 여섯째는 홍보석이요 일곱째는 황옥이요 여덟째는 녹옥이요 아홉째는 담황옥이요 열째는 비취옥이요 열한째는 청옥이요 열두째는 자수정이라"

이 보석들은 구약의 대제사장이 입는 에봇에 붙인 열두 보석과 동의적으로 병행되는 내용이다(출28:17-20). 물론 몇 가지 보석의 차이는 있지만 그 의미는 거의 동일한 것을 볼 수 있다. 결국 주님은 하늘의 보석이 이 땅의 대제사장의 모습에서 반영되고 있다는 사실을 병행적 문장을 통해서 보여 주고자 하신다는 점이다. 혹시 보석에서 어떤 깊은 의미를 설명하고자 하는 시도는 결코 지향하는 것이 좋다고 생각한다. 이런 영적인 해석의 방법이 계시록을 더욱 혼미하게 만든 장본인들이 되기 때문이다. 단지 천국의 모습이 인간이 보기에 가장 값지게 생각하는 보석으로 되어 있다는 기대만으로도 충분하기 때문이다.

1) 첫째 벽옥(a Jasper) : 천국 보좌의 색
2) 둘째 남보석(a Sapphire) : 맑은 하늘색 보석
3) 셋째 옥수(a Chalcedony) :구리로 된 규산염, 칼케돈이 주산지라 붙여진 보석
4) 넷째 녹보석(a Emerald) : 하나님의 보좌에 둘린 무지개
5) 다섯째 홍마노(a Sardonyx) : 천상의 색인 흰색의 보석
6) 여섯째 홍보석(a Sardius) : 루비(Rubby)라고 알려진 보석
7) 일곱째 황옥(a Chrysolite) : 황금의 돌이라는 보석
8) 여덟째 녹옥(a Beryl) : 천상의 유리바다색 보석
9) 아홉째 담황옥(a Topaz) : 토파즈 섬에서 유래된 이름 보석

10) 열째 비취옥(a Chrysoprase) : 항금 나무 보석으로 비취 보석

11) 열한째 청옥(a Jacinth) : 프리즘의 빛을 발하는 보석

12) 열두째 자수정(a Amethyst) : 신비한 돌이라는 보석

3. 열두 문은 열두 진주로 각 문마다 한 개의 큰 진주임(21절)

21절 "그 열두 문은 열두 진주니 각 문마다 한 개의 진주로 되어 있고 성의 길은 맑은 유리 같은 정금이더라"

4. 성안에는 성전이 없는데 이는 주 하나님과 어린양이 그 성전임(22절)

22절 "성 안에서 내가 성전을 보지 못하였으니 이는 주 하나님 곧 전능하신 이와 어린양이 그 성전이심이라"

5. 성안에는 하나님의 영광이 비치고 어린양이 그 등불이심(23절)

23절 "그 성은 해나 달의 비침이 쓸 데 없으니 이는 하나님의 영광이 비치고 어린양이 그 등불이 되심이라"

넷째, 거룩한 성의 상급의 주인공들

1. 만국과 땅의 왕들이 자기 영광을 가지고 감(24절)

24절 "만국이 그 빛 가운데로 다니고 땅의 왕들이 자기 영광을 가지고 그리로 들어가리라"

25절 "낮에 성문들을 도무지 닫지 아니하리니 거기에는 밤이 없음이라"

2. 사람들이 만국의 영광과 존귀를 가지고 그리로 들어감(26절)

26절 "사람들이 만국의 영광과 존귀를 가지고 그리로 들어가겠고"

땅의 왕들이 자기 영광을 가지고 천국에 들어가는 사건을 소개하고 있다. 사람이 이 땅에서 무엇인가 가지고 천국에 갈 수 있다면 그것은 유일하게 본문에서 말하는 자기의 영광을 가지고 갈 것이다. 여기서 과연 자기의 영광이 무엇인지를 정확히 알 수는 없다. 하지만 이 말씀에서 힌트는 찾을 수 있는데 사람들이 '만국의 영광과 존귀를 가지고' 라는 병행구에서 찾을 수 있다. 그것은 만국에서 얻은 영광이라는 것과 존귀라는 두 가지이다.

그렇다면 만국에서 사람들이 얻을 수 있는 것이 과연 무엇일까를 생각해 보면 쉽게 답을 유추할 수 있다. 그것은 주님의 유언에 해당하는 대위임 명령에서 선교지향적인 삶을 살라고 촉구하는 것이 인간이 가질 최고의 사명으로 적용해서 대입한다면 바로 선교를 통해서 영혼구원의 영광이라고 저자는 생각하고 있다. 그렇지 않으면 성도가 만국에서 영광과 존귀를 얻을만한 그 어떤 것도 존재하지 않기 때문이다. 선교지향적인 삶을 촉구하는 것이 바로 계시록을 우리에게 주신 목적이다. 이것이야말로 주님이 우리에게 허락하시는 진정한 상급에 해당된다고 선포하는 메시지이다.

3. 새 예루살렘은 오직 어린양의 생명책에 기록된 자들만 들어감(27절)

27절 "무엇이든지 속된 것이나 가증한 일 또는 거짓말하는 자는 결코 그리로 들어가지 못하되 오직 어린양의 생명책에 기록된 자들만 들어가리라"

이는 천국에 들어가는 가장 기본적인 요구 사항에 해당한다.

다섯째, 천국에서 세세토록 왕 노릇 함(22:1-5)

1. 생명수 강이 보좌로부터 흘러 나옴(1절)

1절 "또 그가 수정같이 맑은 생명수의 강을 내게 보이니 하나님과 및 어린양의 보좌로부터 나와서"

2. 강 좌우에 생명나무가 있어 열두 가지 열매들이 달마다 맺힘(2절)

2절 "길 가운데로 흐르더라 강 좌우에 생명나무가 있어 열두 가지 열매를 맺되 달마다 그 열매를 맺고 그 나무 잎사귀들은 만국을 치료하기 위하여 있더라"

1) 생명나무는 천국에 있는 나무로 에덴동산의 병행구절
2) 나무 잎사귀들은 만국을 치료하기 위하여 있음

3. 하나님의 보좌와 어린양의 보좌가 그 중앙에 있음(3-5절)

3절 "다시 저주가 없으며 하나님과 그 어린양의 보좌가 그 가운데에 있으리니 그의 종들이 그를 섬기며"

4절 "그의 얼굴을 볼 터이요 그의 이름도 그들의 이마에 있으리라"

5절 "다시 밤이 없겠고 등불과 햇빛이 쓸 데 없으니 이는 주 하나님이 그들에게 비치심이라 그들이 세세토록 왕 노릇 하리로다"

22장
종말지향적인 삶의 촉구 설교

22장 역사적 해석의 문제점

1. 예언의 말씀을 더하는 자와 제하는 자에 대한 해석의 잘못으로 이단들이 창궐하는 것을 막지 못했다.
2. 역사적으로 예배 때마다 고백하던 주님의 재림을 촉구하는 신앙고백을 제거하므로 종말지향적인 성도의 삶의 모습이 사라지는 혼란이 시작되었다.
3. 예배 화답의 계시록 원리를 이해하지 못하여 읽는 자와 듣는 자들의 복을 누리지 못하는 혼란이 시작되었다.

첫째, 첫 번째 종말지향적인 삶 : 보라 내가 속히 오리라(7절)

6절 "또 그가 내게 말하기를 이 말은 신실하고 참된지라 주 곧 선지자들의 영의 하나님이 그의 종들에게 반드시 속히 되어질 일을 보이시려고 그의 천사를 보내셨도다"

7절 "보라 내가 속히 오리니 이 두루마리의 예언의 말씀을 지키는 자는 복이 있으리라 하더라"

8절 "이것들을 보고 들은 자는 나 요한이니 내가 듣고 볼 때에 이 일을 내게 보이던 천사의 발 앞에 경배하려고 엎드렸더니"

9절 "그가 내게 말하기를 나는 너와 네 형제 선지자들과 또 이 두루마리의 말을 지키는 자들과 함께 된 종이니 그리하지 말고 하나님께 경배하라 하더라"

이 예언의 말씀을 지키는 자는 복이 있다고 선언하신다. 주님이 이 예언의 말씀을 지키는 자를 위해서 속히 오신다고 설교하시는 내용이다.

10절 "또 내게 말하되 이 두루마리의 예언의 말씀을 인봉하지 말라 때가 가까우니라"

11절 "불의를 행하는 자는 그대로 불의를 행하고 더러운 자는 그대로 더럽고 의로운 자는 그대로 의를 행하고 거룩한 자는 그대로 거룩하게 하라"

A 불의를 행하는 자는 계속해서 불의를 행함

B 더러운 자는 계속해서 더럽게 행함

A′ 의로운 자는 계속해서 의롭게 행함

B′ 거룩한 자는 계속해서 거룩하게 행함

저자 요한이 마지막 시대의 사람들 삶이 어떤가를 선언하고 있는 장면이다. 그것은 히브리 문장구조에 나타난 ABA′B′가 반의적 병행을 통해서 그들의 삶의 행동을 규정하고 있다. 마지막 시대에는 불의한 자는 계속해서 불의한 행동을 하지만 의로운 자는 계속해서 의롭게 산다는 말씀이다. 또한 더러운 자는 계속해서 더럽게 행하는 반면 거룩한 자는 계속해서 거룩하게 살게 된다고 선언하는 이면에는 사람들이 악한 자는 더욱 악만 행하지만 선한 자는 더욱 더 선한 삶을 추구한다는 주님의 메시지이다.

둘째, 두 번째 종말지향적인 삶 : 보라 내가 속히 오리라(12절)

12절 "보라 내가 속히 오리니 내가 줄 상이 내게 있어 각 사람에게 그가 행한 대로 갚아 주리라"

두 번째 주님이 속히 오신다고 말씀하시는 이유가 내가 줄 상 곧 상급이 있어 각 사람이 행한 대로 값아 주리라는 말씀이다. 주님이 오시는 이유가 악한 자에게는 악에 대한 심판을 위해서 오신다면, 선한 자들에게는 그가 행한 대로 상급을 주시기 위해서 오신다고 선언하신다.

13절 "나는 알파와 오메가요 처음과 마지막이요 시작과 마침이라"

14절 "자기 두루마기를 빠는 자들은 복이 있으니 이는 그들이 생명나무에 나아가며 문들을 통하여 성에 들어갈 권세를 받으려 함이로다"

15절 "개들과 점술가들과 음행하는 자들과 살인자들과 우상 숭배자들과 및 거짓말을 좋아하며 지어내는 자는 다 성 밖에 있으리라"

16절 "나 예수는 교회들을 위하여 내 사자를 보내어 이것들을 너희에게 증언하게 하였노라 나는 다윗의 뿌리요 자손이니 곧 광명한 새벽 별이라 하시더라"

그리고 "나는 알파와 오메가요, 처음과 나중이요, 시작과 마침이라" 고 말씀하시면서 주님이 속히 오신다고 하셨다(13절). 또한 주님은 자신이 속히 오기 때문에 자기 두루마리를 빠는 자가 복이 있다고 메시지를 전하신다. 하지만 개들과 점술가들과 음행하는 자들이나 악을 행하는 자들은 주님의 나라에 들어 올 수 없음을 반의적 병행을 통해서 선포하신다(15절). 주님은 마지막으로 다음과 같은 사람들에게 오라고 초청하시고 있다. 그리고 성령과 신부가 마지막 시대를 살아가는 성도들에게 말하기를 듣는 자도 오고 목마른 자도 오고 또 원하는 자들은 값없이 생명수를 받으라고 선포하신다(17절).

17절 "성령과 신부가 말씀하시기를 오라하시는 도다 듣는자도 오라 할 것이요 목마른 자도 올 것이요 또 원하는 자는 값없이 생명수를 받으라 하시니라"

예언의 말씀에 대하여 더하거나 빼는 자에 대한 마지막 당부

1) 이 예언의 말씀에 더하는[59] 자에 대한 재앙(18절)

59) 이 예언의 말씀을 '더하는' (ἐπιτίθημι) 자는 헬라어에서 "자기 임의대로 더 넣어 혼란케 하다" 라는 의미가 있어 계시록을 자의적으로 해석하는 자에게 주님께서 마지막으로 경고의 메시지를 선포하시는 자리이다. 이 예언의 말씀은 그 어떤 사람도 임의적으로 해석하면서 더하거나 제해서는 안 된다는

18절 "내가 이 두루마리의 예언의 말씀을 듣는 모든 사람에게 증언하
노니 만일 누구든지 이것들 외에 더하면 하나님이 이 두루마리
에 기록된 재앙들을 그에게 더하실 것이요"

저자 요한이 마지막으로 계시록을 마감하면서 확증하여 경고하는 곳이다. 그 경고는 이 예언의 말씀을 듣는 모든 사람이 주 대상이다. 그럼 여기서 이 예언의 말씀을 듣는 모든 사람은 누구인가부터 시작해야 한다. 그들은 1장 3절에 선포한 이 예언의 말씀을 읽는 자와 듣는 자들, 그리고 지키는 자들 모두 그 대상에 해당한다. 이 말은 계시록의 원래의 목적이 해석하고 설교하는 것이 아니기 때문에 저자의 의도대로만 된다면 읽는 자는 크게 문제될 것이 없다. 왜냐하면 그는 성경에 있는 그대로 읽어 주었기 때문이다. 만약 그대로 읽어 준 사람은 실제로 더하거나 뺄 필요가 없기 때문이다. 그러나 만약 읽어주고 난 후 또 다시 해석하여 설교했다면 그 때부터는 심각한 문제가 발생한다. 그 문제는 좀 더 신중하게 접근해야 하지만 만약 더하거나 뺐다면 이 말씀의 심각한 적용이 불가피하기 때문이다.

역사 속에서 저자 요한의 시대인 초대교회 외의 어떤 사람도 계시록의 저자의 의도 곧 하나님의 의도대로 실지로 읽어만 준 사람은 거의 없다. 큰 문제는 우리 모두가 다 해석한다는 이유로 자기 신학적인 선입관에 따라 더하거나 빼는 일을 너무 자연스럽고 당연하게 했다는 점이다. 저자는 여기에 대하여 더 이상 언급할 자격이 없기 때문에 더 이상의 적용은 하지 않겠다. 하지만 이제부터라도 이 문제의 심각함을 인식하고 이 예언의 말씀에 더하거나 빼는 일은 없어야 한다고 확신한다.

또 한 가지 읽는 자도 문제지만 듣는 자도 동일한 문제에 적용을 받게 된다. 그 이유는 분명히 듣는 자의 문제도 동일하게 지적하고 있기 때문이다. 만약 듣는 자가 자신의 필요를 따라 듣고 하나님의 말씀을 더하거나 빼거나 하면 본문에 하나님의 저주가 그대로 임한다고 경고하고 있기 때문이다. 실지로 말씀을 전하는 자나 듣는 자나 예언의 말씀을 더하고 뺄 자격이 없다. 우리는 단지 그 예언의 말씀을 그대로 지켜 복을 받을 자격 밖에 없다. 특히 예언의 말씀인 계시록은 듣는 자가 취사선택할 수 있는 말씀이 아니다. 우리는 수동적으로 받고 마음에 새기고 결단하여 지키는 의무 외에는 다른 아무 것도 전혀 없다.

계시록에 나오는 더하는 재앙과 제하는 재앙을 피하는 것이 어쩌면 세 개의 대재앙을 통과하는 것보다 더 큰 일이 될 수도 있다. 이는 모든 예언의 말씀을 다 공개한 후에 마지막 경고로 현재를 살아가는 우리 모두에게 동일하게 말씀하고 있기 때문이다. 우리는 누구든지 이 하나님의 마지막 경고에 귀를 기울여야 한다. 그것이 성경을 해석하고 설교하는 것보다 우리에게 더 선행되어야 할 일이기 때문이다.

2) 이 예언의 말씀에 제하는 자에 대한 재앙(19절)

19절 "만일 누구든지 이 두루마리의 예언의 말씀에서 제하여 버리면 하나님이 이 두루마리에 기록된 생명나무와 및 거룩한 성에 참여함을 제하여 버리시리라"

셋째, 세 번째 종말지향적인 삶 촉구 : 내가 진실로 속히 오리라(20절)

20절 "이것들을 증언하신 이가 이르시되 내가 진실로 속히 오리라 하시거늘 아멘 주 예수여 오시옵소서"

마지막 시대를 살아가는 사람들에게 주님께서 세번 강조하면서 종말지향적인 삶을 살라고 촉구하는 자리이다. 계시록의 마지막 메시지는 우리에게 종말지향적인 삶을 살 것을 촉구하는 내용이 결론이다. 따라서 종말지향적인 삶을 추구하는 것이 우리가 가질 삶의 가장 이상적인 태도이다. 만약 종말지향적인 삶을 살지 아니하면 우리의 신앙의 긴장이 떨어져 실패의 삶을 살아갈 가능성이 무척 클 것이다.

구약에서 에녹은 하나님과 동행하는 삶을 살았다. 그 이유는 에녹이 65세에 자녀를 낳을 때 하나님께 들은 종말지향적인 삶을 살라는 경고의 메시지 때문이었다. 그가 들었던 마지막 날에 대한 메시지는 그의 아들의 이름에 그대로 나타나 있기 때문이다. 에녹이 낳은 아들은 하나님의 심판의 메시지를 듣고 난후(유1:14-15절) 지어진 이름으로 므두셀라(מְתוּשֶׁלַח) 라고 불렀다. 이 단어는 두 개의 히브리어를 합하여 지어진 이름이다. 즉 무투(מְתוּ)라는 단어와 셀라(שֶׁלַח)라는 단어가 합해진 것이다. 여기서 '무트' 라는 히브리어 단어는 '죽는다' 라는 심판의 의미가 있고 '셀라' 라는 단어는 '보낸다' 라는 의미가 있다. 그러므로 두 단어를 합한 이름은 "그가 죽으면 심판을 보낸다"는 뜻을 가지게 된다. 하나님의 지시가 없었다면 에녹이 자기 자식의 이름을 지으면서 이런 엄청난 이름을 지을 수가 없다. 하지만 하나님의 메시지를 듣고 지은 이 이름 때문에 그는 자기 아들을 보면서 매일 매일 종말지향적인 삶을 살게 된다. 그는 아침에 일어나자마자 가장 먼저 므두셀라를 보고 하루를 시작하고 저녁 때에 그 아들에게 별다른 일이 없는지 생사를 확인한 후에 잠자리에 들었을 정도로 종말지향적인 역사관을 가지고 살았다. 그러자 하나님은 자신과 동행하는 삶을 살고 있는 에녹을 데려가셨다.

마찬가지로 므두셀라의 손자인 노아도 하나님과 동행하며 살았던 구약의 인물 중의 하나이다(창6:9). 노아 역시 할아버지의 메시지를 알고 있었기에 매일 그분을 보면서 하나님과 동행하는 삶을 살았다. 노아 또한 종말지향적인 삶을 살았기에 가능한 일이었다.

우리가 매일 매일 오늘이 마지막 일 수 있다는 마음의 자세를 가지고 살아가면 하나님과 동행하는 삶을 살지 않을 수 없다. 그런 사람은 삶의 매일을 긴장 가운데 진지하게 살아갈 것이 틀림없다. 그러다가 정말 할아버지가 죽은 지 얼마되지 않아서 노아 육백 세에 세상에 홍수 심판이 임했다. 이렇게 육백 년을 하나님과 동행하며 살았던 노아도 홍수 심판이 끝나고 제일 먼저 포도 농사를 짓고 그 술에 취하여 추태를 부리고 그 사건으로 아들을 저주하는 비극적인 삶의 추함을 드러내고 말았다. 그 이유는 이제 더 이상 그는 종말지향적인 삶을 살지 않았기 때문에 벌어진 당연한 죄라고 여겨진다. 그러므로 기독교인의 삶의 태도는 오늘 주님이 오실 수 있다는 긴장 속에서 재림을 맞을 준비를 하며 살아가야 한다.

넷째, 마지막 날의 성도의 신앙고백 : 아멘 주 예수여 오시옵소서! (20절)

Αμήν, ἔρχου κύριε Ἰησου.

[아멘 마라나타! (AMEN MARANATA!)] : 초대교회 때 사용하던 아람어 신앙 고백

1. 초대교회부터 종교개혁 전까지 교회의 고백 : 아멘 마라나타!(Amen Maranata)

초대 교회부터 종교개혁 전까지는 모든 교회가 예배를 마칠 때에 고백했던 신앙고백은 "아멘 마라나타!" 였다. 물론 천주교도 초대교회 때부터 고백한 이 좋은 신앙 고백이 전통적으로 이어져 왔다. 하지만 종교개혁자 루터가 천주교의 의례적인 모든 것을 배제하면서 정말 빼지 말아야 할 종말지향적인 신앙고백의 좋은 전통을 제거했다. 그때부터 교회는 종말지향적인 관심이 약화되었다.

저자가 터키 이스탄불에서 계시록을 강의하면서 그곳에서 사역하는 선교사로부터 아주 놀라운 이야기를 들었다.[60] 그것은 그가 터키에서 아르메니아의 나이 지긋한 할머니에게 기도해줄 기회가 있었다고 한다. 그 선교사가 기도를 마치자마자 그 여자 분이 다음과 같이 터키말로 신앙고백을 했다고 한다. 그 고백의 내용은 다음과 같다.

강력한 메시지이다.

60) 이것은 터키 이스탄불 한인교회를 담임하면서 선교사로 사역하는 박경환 목사로부터 직접들은 내용

주님은 반드시 오십니다.

주님은 빨리 오십니다.

주님 속히 오시옵소서!

저자는 이 고백을 들으면서 그 여인이 초대 교회부터 전통적으로 고백하던 종말지향적인 삶의 신앙고백을 실제로 지금까지 이어오고 있다는 사실에 많이 놀랐다. 어떻게 이런 일이 가능한가에 대해서 연구를 하다가 해답을 찾게 되었다. 그 이유는 초대교회 때부터 고백해 오던 신앙의 전통이 아르메니아 교회는 지금까지 계속해서 고백했다는 증거이다. 이런 고백이 가능했던 것은 아르메니아는 지리적으로 아라랏 산 너머에 있는 관계로 5,500미터가 넘는 산의 천혜적인 지역에 위치해 있기 때문에 외세의 영향을 거의 받지 않고 지금까지 그러한 신앙고백의 전통을 계속할 수 있었다는 점이다. 마찬가지로 지금도 초대교회부터 외세의 영향을 받지 않은 희랍정교회 성도들은 지역별로 동일하게 이러한 고백을 하고 있다. 지금까지 변질되지 않고 신앙고백을 계속한 사람들을 보면 요한계시록의 예배상황의 마지막 고백임을 잘 알 증거가 된다. 그러므로 종말지향적인 신앙고백은 기독교의 초기 교회 공동체가 물려준 가장 좋은 신앙고백임에 틀림없다.

2. 기독교는 시작할 때 끝을 생각하면서 생활하는 종교

복음은 긴박성과 종말지향적인 삶의 태도를 가지게 한다. 우리는 복음의 긴박성으로 말미암아 우리의 신앙을 점검하게 된다. 또한 종말에 대한 기대가 우리로 하여금 좀 더 바른 신앙생활을 하게 한다. 종말지향적인 신앙은 이 땅보다는 저 땅에 대한 소망을 가지고 살게 한다. 종말지향적인 신앙은 천상의 시민으로 살아가는 자부심을 불러 일으킨다. 종말지향적인 신앙은 복음을 땅 끝까지 전해야하는 사명자의 삶을 살게 한다. 종말지향적인 신앙은 선교의 사명을 가지고 살게 하는 원동력이 된다.

다섯째, 계시록은 축도로 끝남(21절)

21절 "주 예수의 은혜가 모든 자들에게 있을지어다 아멘"

계시록은 목회자가 읽어주는 예언의 말씀을 듣고 있다가 마지막 부분에 가면 말씀화답이 계속되다가 마지막으로 목회자가 축도를 하면 모든 회중은 아멘으로 화답하면서 예배가 끝난다. 그리고 모든 성도들은 계시록의 말씀을 따라 종말지향적인 삶으로 순종하면서 삶에서 축복을 받으면 된다. 주일 하루의 예배에서 받은 축복의 말씀을 육일 동안 지킴의 예배로서 축복의 삶을 사는 것에 대한 요청이 계시록을 우리에게 주신 목적이다.

저자는 이 책의 서론에서 언급한 적이 있는 바니(Vanni)의 계시록 시작에 나타나는 예배 형식에 대한 증거로 계시록 마지막 장에서 마지막 신앙고백에 다시 한 번 등장하는 설교자와 회중들의 기원선언과 응답을 가지고 계시록이 예배 가운데 읽는 자와 듣는 자가 인도자와 청중이 되어 서로 화답하는 가운데 신앙의 형태로 고백되어진 설교라는 사실을 증명하고자 한다. 저자는 계시록에 나오는 이러한 예배형식에 대한 병행구조인 하나님의 기원선언에 대한 회중들의 응답을 '예배화답' 이라고 이름을 붙이고자 한다. 저자는 이 내용을 서론에서 한 번 언급한 적이 있다.

설교자 / 예배 인도자

1 : 9 [앞부분 화답의 내용을 넘어서면 인도자가 일방적으로 읽는다.]
—
22:17 [내용생략]
22:18 내가 이 두루마리의 예언의 말씀을 듣는 모든 사람에게 증언 하노니 만일 누구든지 이것들 외에 더하면 하나님이 이 두루마리에 기록된 재앙들을 그에게 더하실 것이요
22: 19 만일 누구든지 이 두루마리의 예언의 말씀에서 제하여 버리면 하나님이 이 두루마리에 기록된 생명나무와 및 거룩한 성에 참여함을 제하여 버리시리라
22:20a 이것들을 증거하신 이가 가라사대 '내가 진실로 속히 오리라'

회중신앙고백 / 예배 참여자

20b 아멘! 주 예수여 오시옵소서.

설교자 / 예배 인도자

21a 주 예수의 은혜가 모든 자들에게 있을지어다.[축도]

다같이 / 인도자와 회중

21b 아멘!

[축도 후 모든 사람들이 함께 고백하는 '아멘' 으로 모든 예배를 계시록 안에서 모두 종결하는 히브리 문장 구조를 볼 수 있다.]

요한은 계시록을 마감하면서 "이것들을 증거하신 이가 가라사대 내가 진실로 속히 오리라"고 예언의 말씀에 주님이 속히 오신다는 종말지향적인 삶을 살라는 선언을 하신다. 이 계시록 예언의 말씀을 듣는 모든 성도들에게 주님은 자신이 진실로 속히 오겠다고 마감 인사를 하고 있다. 여기서 '진실로'는 헬라어 '나이'(ναί)인데 이 말은 아멘과 동의어이다. 주님은 "내가 진실로 속히 오리라"는 높아지신 예수 자신이 종말을 마감하기 위하여 곧 오시겠다는 엄숙한 약속의 선언인데, 이 약속은 2:16, 3:11, 16:15, 22:7, 22:12절에도 동일한 말씀으로 반복하여 강조하고 있다. 이는 계시록의 예배 마지막 부분에 송영 선언하는 예수 자신이 아멘하시며 속히 오겠다고 약속하고 있는 것이 특징이다. 우리는 다시 한 번 마지막 시대에 살아가는 인간의 모든 수고가 주님이 다시 오심이 아니면 아무런 가치가 없다는 사실을 자각해야 한다. 또한 예수의 재림은 우리가 주님의 높아진 주권(Sovereignty)이 절대적으로 반영되는 기원선언의 자리임을 자각해야 한다.

"아멘! 주 예수여 오시 옵소서" 이 구절은 엄밀하게 말해서 기도문이 아니라 대화의 일부로서 앞에 나온 송영선언에 대한 신앙고백적인 회중들의 응답이다. 이 문장은 헬라어 현재 명령형으로 쓰여 있는데, 이는 청중들의 신앙고백이 강렬한 감정에 담겨져 강조되는 상황들에서만 사용되었다(Bakker, Imperative, p.82-83). 요한계시록 22장 20절에서 명령형 '에르코마이'(ἔρχομαι)는 속히 오시겠다는 그리스도의 약속에 대한 예배 상황에서의 화답으로 사용된 것으로 청중들의 간절한 신앙고백적인 간절한 심정을 표현하기 위한 문장 구조이다. 사도 요한은 예배의 청중들이 그리스도께 그분의 약속을 지키겠다는 감정적 고백을 담은 의지적 결단으로 현재 명령형 문장으로 사용하고 있다. 이 구절 전체는 "그렇습니다. 주님 속히 오실 줄로 저는 믿습니다"라고 말할 수 있다. 베커(Bakker)는 이 어구가 기도 상황이 아니라 대화 상황에서 사용되고 있기 때문에 요한이 현재 명령형을 사용하고 있는 것이라고 주장한다.

이 본문에 대해 슐츠(S. Schulz)는 초대 유대인 공동체가 아람어로 '마라나타, 아멘!'으로 고백했다고 주장한다. '마라나타'의 원래 의미는 예배 속에서 하나님의 임재를 환호하며 맞이하는 말이 아니라 예수의 임박한 파루시아(재림)를 바라는 간절한 기도 형식을 띤 신앙고백적 청중들의 화답이 틀림없다고 설득력 있게 주장했다(ZNW 53[1962] p.138.). 이런 일련의 주장들을 볼 때 계시록 마지막 부분은 계시록을 봉독한 설교자가 마지막 송영선언을 할 때 모든 회중들이 화답하는 가운데 예배의 마지막 고백으로 "아멘! 주 예수여 오시옵소서"라고 응답하는 장면이다.

하지만 요한계시록 22장 20절에서 "주 예수여 오시옵소서"는 몇 가지 구별되는 의미가 있다. 1) 이 구절을 성찬식으로 넘어가기 위한 일련의 예전 절차의 도입부로 본다면, 이 어구는 '예배 속에서' 예수의 오심을 기다리는 고백이라고 볼 수 있다. 2) 이 어구는 오로지 '종말론적인' 예수의 오심을 가리킬 수 있다. 3) 이 어구는 예배 속에서 및 종말론적으로 예수의 오심 둘 다 가리킬 수 있다. 이는 우리의 종말론적인 기대가 현재의 예배 체험 속에서 실현되는 차원을 지닌다(Aune, "The Significance of the Delay of the Parousia." p.103-9.).

요한계시록의 저자가 "주 예수여 오시옵소서"라는 문구를 오로지 종말론적인 의미로만 사용하고 있다는 것을 시사해 주는 요소들로는 다음과 같은 것들이 있다. 역사적으로 초대교회부터 종교개혁 때까지 예배 시간마다 "아멘! 주 예수여 오시옵소서"(아람어인 아멘! 마라나타)라고 고백을 하면서 성찬식을 거행했다. 이로 미루어 볼 때 역사적으로 교회가 요한계시록의 봉독을 완료한 후에 성찬식을 거행하였다면, 이 문구는 성찬식의 종말론적인 차원에 초점을 맞춘 것일 수 있다(고전 11:29, 막 14:25, 마26:29, 눅22:16). 이 문구는 신실한 자들에게는 구원의 약속, 신실치 않은 자들과 경건치 않은 자들에게는 심판의 위협을 강조하는 요한계시록의 메시지가 참되고 중대하다는 것을 승인하는 기능을 할 수 있다.

끝으로 계시록 22장 21절은 설교자의 축도의 형식으로 예배를 마감하는 자리이다. "주 예수의 은혜가 모든 성도들에게 있을지어다"는 서신의 형식으로 기록된 글을 예배의 시간에 예언의 말씀을 읽고 듣는 모든 회중들에 대해 끝맺는 축도이다(롬16:20, 고전16:23, 고후13:13, 갈6:18, 빌4:23, 골4:18, 살전5:28, 살후3:18, 몬1:25, 딤전6:21, 딤후4:22b, 딛3:15, 히13:25). 그러므로 예배에 참석한 모든 사람들은 마지막 축도가 끝남과 동시에 '아멘!'으로 화답하며 예배를 마치게 된다. 이에 대하여 캐버너(Kavanagh)는 21절을 예수의 이름으로 말하는 예배 인도자, 즉 설교자에 의해 예전을 끝맺는 축도라고 해석하고 있다(Apocalypse, p.132-33.).

저자가 정의하는 계시록은 이미 해석되어진 예언의 내용으로 편지로 기록한 설교임에 틀림없다. 이 해석된 설교문을 가지고 예배 인도자가 읽고 이것을 듣는 청중들이 화답하는 예배 상황이라는 것을 마지막 시대를 살아가는 우리가 확인할 수 있다. 우리는 지금부터라도 이미 사도 요한에 의하여 해석해서 설교 형식으로 보내진 편지를 가지고 또 다시 해석이라는 알레고리(Allegorical)적인 방법으로 지난 2,000년의 혼란을 가중시키는 일은 그만해야 한다. 이제 우리는 요한계시록이 다시 본래의 저자의 의도대로 해석하는 책이 아니라 읽기만 해도 청중이 모두 알고 주님의 재림을 사모하는 가운데 예배 시에 읽어 주는 주도적인 방향으로 바뀌어야 한다. 그리고 성도 각자는 개인적으로 계시록을 예배의 마음으로 읽고 주님의 재림을 기다리고 고백하는 축복의 책으로 만들어야할 마지막 때의 사명이 있다.

저자는 결론적으로 계시록을 마치면서 다음과 같은 삶을 지향하며 살라고 권면한다.

첫째, 계시록 마지막 주님의 권면은 종말지향적인 삶의 촉구이다.(계22장)
둘째, 계시록 마지막 주님의 권면은 선교지향적인 삶의 촉구이다.(계21장)
셋째, 계시록 마지막 주님의 권면은 신부지향적인 삶의 촉구이다.(계21장)
넷째, 계시록 마지막 주님의 권면은 예배지향적인 삶의 촉구이다.(계21장)

계시록 전체 구조

			천상		인 공개		나팔 붐				삽입된 설명			대접 쏟음			삽입된 설명			천상 재림	
1	2	3	4	5	6	7	8	9	10	11	12	13	14	15	16	17	18	19	20	21	22
계시록선언	일곱교회		천상보좌	어린양과인봉	인재앙공개	십사만사천	나팔을붐		작은두루마리	두증인	여자와용	두짐승	십사만사천	대접을쏟음		음녀심판	바벨론심판	아마겟돈전쟁	천상의천년왕국	새하늘새땅	종말지향신앙

[특주] 하나님의 일곱 영

1. 계1:4 “보좌 앞에 있는 일곱 영”
2. 계4:5 “보좌 앞에 켠 등불 일곱은 하나님의 일곱 영”
3. 계5:6 “그에게 일곱 뿔과 일곱 눈이 있으니 이 눈들은 온 땅에 보내심을 받은 하나님의 일곱 영“

첫째, 하나님의 일곱 영은 성령 하나님에 대한 사역적인 호칭이다.

둘째, 성령 하나님은 일곱 영으로 나타나 성도의 삶에서 은사사역을 주관하신다.

셋째, 성령의 은사가 나타나는 다양성을 완전수인 일곱으로 표현하고 있다.

1. 진리의 성령(요14:17, 26, 요일 4:6)

진리의 성령은 말씀을 가르치는 은사와 밀접한 관계가 있다. 진리의 성령은 사람들에게 진리의 말씀을 듣게 하고 집중하게 한다. 진리인 말씀을 믿게 하고 생각나게 한다. 진리의 성령은 사람들에게 말씀을 깨닫게 하고 지키게 하신다. 설교를 들을 때 말씀에 감동을 받고 믿음을 증진시킨다. 진리의 성령의 등불이 켜져야 진리의 말씀에 집중할 수 있게 된다.

2. 은혜의 성령(히10:29, 고전2:12)

우리의 마음에 은혜의 성령이 임해야 은혜를 받을 수 있다. 은혜의 성령이 임해야 주님께로 더 가까이 다가서도록 역사 하신다. 구원을 받게 하고 신앙을 우리로 하여금 고백하게 한다. 설교를 들을 때 우리로 하여금 깊은 은혜의 자리에 들어가게 한다. 은혜의 개념은 내려오는 개념으로 은혜의 성령이 마음 속에 임재해야 큰 은혜의 자리에 들어가게 된다.

3. 생명의 성령(롬8:2, 8-9, 요6:63)

생명의 성령이 임해야 생명을 살리는 성령의 역사이다. 생명의 성령이 임하시면 우리가 영생을 받았음을 알게 된다. 말씀이 임하면 생명의 성령이 역사하고 임재하신다. 생명의 성령이 사람을 살리는 일에 우리로 하여금 힘쓰게 한다.

4. 양자의 성령(롬8:4-10)

양자의 성령이 임하시면 우리가 하나님의 양자됨을 알게 된다. 이때부터 우리는 하나님을 아버지라고 부른다. 불신자는 하나님을 아버지라 부를 수 없다.

5. 간구의 성령(슥12:10)

간구의 성령이 임하면 성도로 하여금 기도하게 하신다. 간구의 성령이 임하면 성도는 기도의 단계를 넘어 간구의 자리에 들어간다. 간구의 성령이 임하면 습관을 따라 기도하게 된다. 간구의 성령은 기도의 사람으로 호칭을 받게 한다.

6. 성결의 성령(롬1:4)

성결의 성령이 임하면 성도의 삶이 깨끗해 진다. 성결의 성령이 임하면 성도가 거룩한 존재로 변해 간다. 성결의 성령이 임하면 성도가 죄를 멀리하게 된다. 성결의 성령이 임하면 과거의 습관을 버리고 성화의 사람이 되어 간다. 성결의 성령이 임하면 삶의 질서가 바로 잡히게 된다. 성결의 성령이 임하면 우리가 그리스도의 장성한 분량까지 성장하고 성숙의 자리까지 들어가게 된다.

7. 영광의 성령(벧전4:14)

영광의 성령이 임하면 우리를 영광의 자리까지 인도한다. 영광의 성령이 임하면 우리가 하나님께만 영광을 돌리는 도구가 된다. 성도는 먹든지 마시든지 무엇을 하든지 하나님 영광을 위하여 하라. 영광의 성령이 임하면 우리가 무엇을 해야 하나님께 영광 돌리는지 연구만 한다.

넷째, 사탄도 성령 하나님의 흉내로 사역

1. 미혹의 영(요일4:6)

인간을 미혹케 하는 모든 악한 영들이다(딤전4:1). 미혹의 영이 임하면 사람들을 미혹시키는 도구로 사용한다. 미혹의 영이 임하면 자신도 미혹의 자리에 빠져 헤어 나오지 못하게 된다. 미혹의 영은 적그리스도, 과학, 점, 요가, 최면 등을 통해서 역사한다.

2. 거짓의 영(왕상22:21-22)

요한복음 8장 44절에 사탄은 거짓의 아비라고 했다. 모든 거짓이 있는 곳에는 거짓의 영이 강력하게 역사하고 있다. 모든 인류가 가장 쉽게 범하는 죄는 거짓의 영의 역사가 배후이다.

3. 불순종의 영(엡2:2)

불순종의 영이 임하면 하나님을 거부하고 불순종의 자리에 빠지게 된다. 불순종의 영이 임하면 불순종으로 말미암아 원망, 불평, 시기, 분열, 파괴를 일삼는다.

4. 악의 영(엡6:12)

악의 영이 임하면 죄를 짓는 모든 일을 과감하게 행한다. 악의 영이 임하면 세상의 악이 있는 모든 자리의 주인공이 된다.

5. 어두움의 영(엡6:12)

어두움의 영이 임하면 사람은 빛을 싫어하고 어두운 곳만 찾는다. 우울증 걸린 사람들의 특징이 바로 어두움과 음습한 곳만 좋아한다. 죄의 90% 이상은 어두움 속에서 진행된다. 낮에 일어난 범죄조차 은밀하게 음흉한 가운데 일어나는 것이 특징이다.

6. 더러운 영(계16:13, 행8:7)

더러운 영이 임하면 그 주위가 다 더럽다. 더러운 곳에서 악한 영의 역사가 많은 것이 이 때문이다. 마약이나 도박 중독이 있는 사람들도 더러운 영에 사로잡혀 있기 때문이다. 세상의 온갖 더러운 것들이 다 더러운 영이 임했기 때문이다.

7. 세상의 영(고전2:12)

세상의 영이 임하면 사람들은 세상 삶만을 집착하게 된다. 세상의 영은 세상을 사랑하게 만든다. 세상의 영이 임하면 영적인 일에는 도무지 관심이 없고 세상만 추구하는 동물적인 존재가 되고 만다.